내 짧은 일생 영원한
조국을 위하여

내 짧은 일생 영원한 조국을 위하여

초판발행 2017년 4월 14일

지은이 이진삼 펴낸곳 세계문화(주) 인쇄·제본 세계문화(주)
출판등록 2003년 9월 17일 주소 서울 중구 퇴계로36가길 10
전화 02-2275-7733 팩스 02-2275-0030 이메일 world5126@hanmail.net

ISBN 978-89-966361-4-4 03810 정가 18,000원
ⓒ 이진삼, 2017

추천의 글

백선엽(예비역 육군대장)

　1950년 6월 25일에 나는 문산축선 1사단장이었으며, 7대와 10대 육군참모총장을 지냈다. 28대 육군참모총장이었던 이진삼 대장은 많은 후배들 중 초급간부 때부터 특별 관심의 대상이었다.

　1990년 5월 23일, 1군사령관이었던 이진삼 장군은 끈질긴 집념으로 발견한 제4땅굴을 보여주기 위해 역대 군사령관을 초청했다. 제4땅굴 견학을 마치고 UH1H 헬리콥터 4대에 분승, 원통고개를 넘어올 때의 일이다. 갑자기 폭풍을 동반한 폭우가 몰아쳐 헬리콥터 기체가 몹시 흔들렸다. 앞창으로 들이치는 강한 비바람에 시야가 흐려서 조종사가 당황했다. 순간 나는 '아, 이제 죽는구나!' 하는 생각이 들었다. 헬리콥터를 수없이 탔지만 그런 위기 상황은 처음이었다.

　그러자 나와 1번 기에 동승했던 이 사령관은 착용하고 있던 선글라스를 벗더니 나의 왼손을 힘주어 잡아 안심시키고 나서 앞의 두 조종사의 등을 치며 말했다.

　"당황하지 말고 침착해라. 도로를 따라 운행하고, 동쪽 방향 산을 피해 원통 강변에 위치한 12사단 활주로에 착륙하라. 뒤따르는 헬기에 연락해서 동쪽 강과 산을 조심할 것을 전하라."

　나는 그때 이 사령관의 태도와 지시를 유심히 보았다. 선글라스를 벗은 그의 눈은 레이저빔 을 뿜어내는 듯했다. "임무를 수행하지 못한 자는 죽을 자격도 없다"는 평소의 그의 신념을 읽을 수 있었다. 긴박한 상황에서도 한 점 흐트러짐 없이 날카로운 판단을 내리는 것에 신뢰가 가고 안심할 수 있었 다. 덕분에 헬기 3대는 비행 활주로에, 1대는 강변 모래사장에 안착했다.

12사단의 버스로 횡성까지 이동하며 유리창 너머로 바라본 거리는 살풍경 이었다. 가로수 20여 그루가 뿌리째 뽑혀 여기저기에 널브러져 있었다.

1년 뒤 1991년 9월, 28대 육군참모총장이 된 이 장군이 이번에는 계룡대 로 역대 참모총장을 초청했다. 나는 생존한 참모총장 중 좌장이었던 그 자 리에서 이 총장에게 "이 총장, 우리 1년 전 원통 비행장에 불시착할 때 위험 했죠."라고 말을 꺼냈다. 그러자 이 총장은 "그 땐 정말 죄송했습니다."라며 사과했다. 죄송하다는 말을 듣고자 함이 아니라, 당시의 상황이 매우 위험 했고, 그 상황을 이 총장의 기지로 벗어났음을 상기하고자 함이었다. 그때 나는 그를 보며 '이 시대의 참군인'이란 생각을 하였다. 그는 그런 일들에 대 해 '운이 좋아서'라고 말하지만, 그의 면면을 보면 '운이 좋아서'라는 말은 그 의 겸손일 뿐이다.

내가 처음 이 장군을 알게 된 것은 그가 소령이었던 1968년 11월 4일 저 녁 9시 뉴스를 통해서였다. 충남 서산군에 침투했던 공비 2명(임관재, 박일근) 을 수류탄을 던져 사살했다는 보도를 접하면서였다. 공비의 흉탄에 소병민 소령이 전사하자 이진삼 소령은 "후송하라"는 지시와 함께, 대원 2명에게 계 속 적에게 응사하도록 하고는 30m 우측으로 단독 우회해 공비 2명의 후면 으로 접근, 수류탄 2발을 투척해 사살하였다. 그의 용감성과 전투기술에 감탄했다.

그 후, 1968년 1월 21일 청와대를 습격하려 했던 김신조 일당 소탕작전을 총 지휘했던 6군단장 이세호 장군으로부터 당시 방첩부대에 복무 중이던 이진삼 대위가 김신조를 설득, 2주간 소탕작전에 기여한 무용담을 들은 바 있다. 이후에도 이 장군의 애국심과 용기, 그리고 전투기술 등에 대해 많은 이야기를 접하게 되었다.

40년의 세월이 지난 2008년 10월, 기무(보안, 방첩)사령관이 국회에서 공개해 세상에 알려지게 된 이진삼 장군의 대위 시절 '대북 응징보복작전'에 대한 대목은 후배들에게 시사하는 바가 크다.

애국정신, 강인한 체력, 해박한 군사 지식을 바탕으로 생사를 초월하여 임무를 완수한 군인 중의 군인. 불의를 보면 참지 못하는 정의감과 청렴결백한 소신파. 참모총장직에 이르기까지 남다른 파란곡절波瀾曲折을 겪으면서 강인한 성격, 기질, 행동의 삼위일체가 맞아떨어진 참군인이다.

백 마디의 말보다 실천에 옮기는 것이 먼저였던 그의 삶이 수록된《내 짧은 일생 영원한 조국을 위하여》는 독일 롬멜의 저서《보병전술》과 견줄 만큼 실전을 통한 전투 경험서다.

이 장군의 남다른 경험들은 대하드라마를 펼쳐놓은 듯하다. 한 개인의 역사이기보다 우리 군의 아픈 역사를 진솔하게 엮은 것으로 후배들에게 일독을 권하고 싶다.

세계 속의 한반도, 남북의 분단과 함께 동족상잔의 뼈아픈 비극을 목격한 소년의 눈에 비친 조국의 현실은 소년으로 하여금 군인의 길을 꿈꾸게 했다.

꿈은 꾸는 자의 몫으로, 소년은 꿈을 꾸었고 그 꿈을 이루었다. 마침내 육군 사관학교에 입학하고, 그러면서 사람과 사람의 관계에서 인간에 대한 성장통을 겪으며 빚어진 일들이 쌓이고 쌓여 역사의 작은 물줄기로 이어졌다. 지나간 옛 시절의 사람들과 또 그들이 살았던 시대에 있었던 일들, 숨 막히는 긴장의 도가니에서 맺어진 인연들, 그리고 사건과 사건들 속에서 부상 한 번 없이 살아남은 전설의 인물, 과연 그는 풍운風雲의 장군이다.

백선엽

추천의 글

교수 이용환(뉴스티엔티 정치·행정팀장)

처음 이진삼 장군님께 "이 교수가 내 책 추천의 글 좀 써주면 좋겠어."라는 말씀을 듣고 "제가 감히 장군님의 책 추천의 글을 써도 괜찮겠습니까?"라고 여쭈었더니 "당신이 내 책을 가장 많이 봤고, 내용도 가장 많이 알잖아. 그러니까 당신이 써야지 누가 써?"라고 오히려 되물으셨다. 주변에 저명 인사가 많은데도 나에게 추천의 글을 부탁하신 것을 보면, '공은 부하에게, 명예는 상관에게, 책임은 나에게'라는 장군님의 신념처럼 역시 겉치레에 얽매이지 않는 '전설의 장군'다운 말씀이셨다.

'전설의 장군'
6·25전쟁 이후 북한 공산군을 가장 많이 때려잡은 장본인이자 무수히 많은 사지死地를 다니면서도 부상 한 번 당하지 않은 이 장군님을 표현하기에 가장 정확한 표현인 것 같다. 몇 년 전 어느 행사장에서 모 유력 인사가 이 장군님의 따님에게 "아버님이 이진삼 장군님이시냐?"고 묻자 옆에 있던 부산시장이 "장군이면 똑같은 장군인가 살아있는 전설의 장군이시다"라고 대신 말하였다는 내용을 어느 신문에서 본 적이 있다.

21사단에서 부사관 생활을 시작한 주임원사로부터 장군님의 사단장 시절

일화는 이미 들은 터였다. 듣기 전에도 중학교 시절 나는 육군참모총장으로 임명되시는 장면이나 체육청소년부 장관으로서 알베르빌 동계올림픽과 바르셀로나 하계올림픽에서 활약하시는 장면을 TV를 통해 볼 수 있었다.

그런 장군님을 직접 뵙게 된 것도 어느덧 4년이라는 시간이 흘렀다. 처음 자택에서 장군님을 뵙게 되었을 때 연세가 77세라고는 도저히 믿기지 않았다. 이야기 도중에 "장군님! 운동은 자주 하세요?"라고 여쭙자 "이 교수! 내가 하루에 발차기를 100번씩 하는데, 지금도 1m만 이격된 상태면 어떤 놈이 달려들어도 금방 때려눕힐 수 있어."라고 말씀하셨다. 그 말씀을 하실 때 카리스마 작렬하던 장군님의 눈빛을 아직도 잊을 수 없다.

그날 장군님께 친필 서명이 담긴 '가위주먹'을 선물로 받았고, 집으로 돌아와 밤을 새워서 책 전체를 읽었다. 가슴 뛰게 만드는 장면의 연속이었다. 특히 만삭의 사모님과 두 자제 분을 남겨두고 남파된 공비를 전향시켜 세 차례 북한으로 침투하는 장면에서는 나도 모르게 눈물이 나왔다. 누구의 명령에 의해서도 아니고, 자발적으로 사지死地를 찾아가는 군인이 과연 몇이나 될까?

이후 종종 장군님을 뵈면서 여러 가지 우리나라의 사지死地로 남겨야 될 새로운 사실들을 많이 듣게 되었다. 그때마다 이 사실을 나만 들을 것이 아니라 후대를 위한 사료史料로서 남겼으면 하는 바람에 장군님께 몇 차례 책으로 남겨줄 것을 간청했다. 그런 바람이 작년 6월 독일에서 귀국한 직후 이루어졌다. 장군님께서 '별처럼 또 별처럼'을 출간하셨다는 소식을 듣고 매우 기뻤다. 이제야 나만 알고 있는 사실이 아니라 후대를 위한 귀중한 사료史

料로 남을 수 있으니 말이다. 즉시 장군님을 찾아뵙고, 친필 서명이 담긴 책을 선물로 받은 후 집으로 돌아가 밤을 새워 책 전체를 정독했다. 피곤한데도 불구하고 도중에 내용이 끊기는 것이 싫어서 졸린 눈을 비벼가며 읽은 기억이 난다. 대북 응징보복작전의 내용만 소설 형식으로 엮은 '가위주먹'과는 달리 '별처럼 또 별처럼'은 굴곡진 현대사를 단숨에 알아볼 수 있도록 구성되어 있다. 한 편의 대하드라마를 보는 것 같아서 처음 읽은 이후로 지금까지 '별처럼 또 별처럼'을 수차례 정독했다. 기존에 내가 들어서 알고 있는 내용도 많았지만, 이제까지 듣지 못한 내용도 있었다. 내 욕심으로는 현재에도 활동하는 유력 정치인들의 이중적인 행태를 꼬집기 위하여 직접 실명으로 거론했으면 더 생동감이 있지 않았을까 하는 아쉬움도 남는다.

81세의 고령임에도 불구하고, '별처럼 또 별처럼'의 내용이 부족하다고 여기셨는지 이번에 증보판 '내 짧은 일생 영원한 조국을 위하여'를 출간하시게 되었다. 사모님의 표현을 빌리자면 장군님께서는 이번 증보판을 내시느라 밤을 새우는 날이 무척 많았다고 한다. 이 책은 기존의 '별처럼 또 별처럼'에서 다루지 않은 내용들이 많이 들어가 있다. '내 짧은 일생 영원한 조국을 위하여'를 보면서 나는 두 번 눈물이 나왔다. 한 번은 '대북 응징보복작전' 부분이고, 다른 한 번은 가족들 모르게 월남전에 자원하여 떠나기 하루 전날 뒤늦게 월남 파병 소식을 전해 듣고 부산으로 찾아온 사모님을 만나는 장면에서다. 남들이 일부러 피하려는 사지死地를 매번 자청하여 가시는 장군님의 모습에서는 저절로 머리가 숙여진다.

장군님께서는 공직 생활 전체가 '일신우일신 日新又日新'의 자세를 견지하며 살아오셨다. 오늘날 복지부동伏地不動과 무사안일無事安逸에 빠져있는 공직자들이 반드시 귀감으로 삼아야 할 부분이다. 특히 전군의 간부들은 이 책을 필독하여 지휘통솔에 도움이 되었으면 한다.

　작금의 이 나라는 탄핵 반대와 탄핵 찬성으로 국론이 양분되어 마치 8·15 광복 이후의 반탁과 신탁이 대립했던 그런 양상을 보이고 있다. 이런 위기의 순간에 장군님의 강력한 리더십이 더욱 절실히 요구되는 시점이다. 나라의 어른으로서 우리가 나아가야 할 길을 이 책에서 제시해주고 있어 감사한 마음 금할 길 없다. 끝으로 장군님을 내조해주시는 사모님께 감사드리며, 두 분 모두 늘 건강하고 행복한 날들만 함께 하시길 빈다.

프롤로그

나는 칠갑산 기슭에서 태어났다. 산정에서 능선이 여러 갈래로 뻗어 내리며 지천과 계곡을 싸고돌아 일곱 곳의 명당자리를 만들었다 하여 칠갑산이라 불리는 이 산은 '충남의 알프스'라는 이름만큼 산세가 거칠고 험준하면서 아름답다. 내가 자란 곳은 백제의 자주성과 저항의식이 고스란히 깃들어 있는 고란사, 낙화암, 부산서원, 자온대 등의 절경을 가진 백마강 인근의 부여군 은산면 은산리 111번지다. 집을 둘러싼 야산들이 병풍처럼 에둘러 있어 멀리서 보는 마을은 수묵화의 붓 터치처럼 정겹다.

마을의 풍요와 평화를 기원하는 당산堂山 앞 공터는 뛰노는 아이들의 목소리로 언제나 활기찼다. 그 틈에서 어린 시절을 보낸 덕분에 남보다 작은 키였지만 무슨 운동을 하든 으레 대표선수로 끼곤 했다. 축구, 육상, 평행봉 등 뭐가 됐든 지는 걸 싫어했다. 한번은 친구들과 백마강 백사장에서 씨름을 할 때였다. 애당초 덩치 차이가 크게 나서 이기기 어려운 상대였지만 마음먹고 시작한 터라 나는 이길 때까지 계속했다. 결국 나의 끈기에 두 손 두 발 안 든 친구가 없었다.

나는 3남 2녀 중 장자로 태어났다. 비록 우등생은 아니었어도 부모님, 선생님과 동네 어른들의 애정과 기대가 매우 컸다. 공부보다는 운동을 잘하는 편이었으며 어른들께 예의 바르고 착하다는 평은 들었다.

"사람은 정도正道를 걷고, 경우에 틀리는 일은 해서는 안 된다."는 부모님의 가르침을 어려서부터 받았다. 집을 떠나 금 캐는 광산 소장을 하셨던 아버지를 대신해 나는 어려서부터 심부름을 다녔다. 기억에 남는 것은 상갓집 심부름이다. 어머니는 어린 내게 상주에게 하는 "상사喪事 말씀, 무어라고 위로 드릴지 모르겠습니다. 약소하지만 받아주십시오."라는 인사말을 일러주셨고, 나는 그 말씀을 상주에게 전하곤 했다. 그리고 나의 전언傳言은 마을의 유행어가 될 만큼 회자되었다. 가을에 낙엽이 쌓이면 모두 쓸어 담아 불을 지피고, 겨울에 눈이 내리면 집 앞과 길가의 눈을 치우는 일도 내 몫이었다.

부모님의 바람은 내가 대전중학교에 입학하는 것이었다. 운동을 하느라 공부가 부족하고 나보다 공부를 잘하던 학생들도 떨어졌으나 나는 합격했다. 어찌됐든 부여 촌놈인 내가 당시의 대전중학교에 합격한 것은 지금의 미국 하버드대학에 들어간 것보다 더 큰 경사로 마을 전체가 떠들썩했다. 지금이야 부여에서 대전까지 한 시간이면 갈 거리지만, 당시에는 새벽부터 서둘러 시간 맞춰 버스를 타고 논산까지 가서 열차로 갈아타야 했다. 나는 부여에서 대전으로 유학을 간 셈이었다. 하숙을 했고, 집에는 방학 때만 갔다.

대전으로 유학을 가긴 했으나 난 공부보다 운동이 여전히 먼저였다. 삼성동에 가서 대전공업학교 학생과 같이 복싱을 배웠고 더러 싸움질도 했다.

1950년 4월, 중학교 2학년이 된 지 얼마 되지 않아 전교생이 영화를 보러 갔다. 제목이 '38선의 열쇠'로 북한이 휴전협정을 위반하고 38선을 통해 약 680회나 남한을 침범, 거기에 대응하는 우리 군의 모습이 주 내용이었다. 영화의 하이라이트는 북의 정보를 빼내기 위해 북한으로 숨어들어간 우리 군 3명이 북한군과 맞닥뜨리면서 북한군을 사살하는 장면이었다. 그 장면을 보는 순간, 막연하게 꿈꿔왔던 군인이 되겠다는 생각을 갖게 되었다.

두 달 후 1950년 6월 25일 새벽, 북한의 기습 남침으로 전쟁이 발발했다.

1941년 8월, 부모님과 동생 이진백(2살)

1952년 8월, 군내소년축구대회 우승(앞줄 왼쪽 첫 번째)

휴교령이 내려졌고 나는 고향인 부여로 피란을 했다. 하지만 그것도 잠시뿐, 7월 중순이 되자 내가 사는 시골마을까지 인민군들이 밀어닥쳤다. 인민군들은 마을을 점령 후, 유지들을 친일파, 악질 지주, 매판 자본가, 반동 관료배 등으로 규정하고 무자비하게 학살했다. 우리 가족은 마을에서 약 10km 떨어진 산속으로 숨었다.

그해 7월 말, 마을 곳곳에 붓글씨의 삐라(전단지)가 나붙었다. "때려잡자 김일성! 물러가라 인민군! 대한민국 만세!" 마을이 발칵 뒤집혔다. 학교, 면사무소, 장터 등에 같은 전단지가 붙어 있자 내무서원들은 눈에 쌍심지를 켜고 범인 색출에 나섰다. 마구잡이로 마을 사람들을 내무서(북한군이 점령 지역에 둔 치안기관)로 잡아갔다. 그 바람에 나도 친구인 방대현(전 중학교 교장)

과 함께 잡혀갔다. 여러 날 동안 내무서원으로부터 협박과 쇠좆매(수소의 말린 생식기)로 고문을 당하기도 했다. 결국 붓글씨를 써 보이고 전단지의 글씨와 같은 서체가 아니란 것을 증명하고 풀려날 수 있었다.

친구와 나는 그 일을 학교 선배들이 했음을 알고 있었다. 이미 의용군에 자원해 나간 터라 이름을 알려준다고 해도 인민군들은 어쩔 방법이 없었을 테지만, 친구와 나는 끝내 입을 열지 않았다. 만약 당시 내무서에서 친구와 나를 대전교도소로 넘겼다면 우리는 죽었을 것이다. 얼마 후, 인민군이 다시 북으로 도망갈 때 교도소에 있던 사람들을 죄다 죽이고 갔으니 말이다. 처참한 동족상잔의 비극이었다.

열다섯 살이 되었을 때 내게 구체적인 꿈이 생겼다. 전쟁이 일어나면 '아침은 개성에서, 점심은 평양에서, 저녁은 신의주에서' 먹겠다던 정부가, 실제로 전쟁이 일어나자 속수무책으로 당하고만 있었다. 이로써 막연했던 내 꿈은 구체화되었고, 그것은 육군사관학교에 입교하는 것이었다.

차례

추천의 글(백선엽)　05
추천의 글(이용환)　09
프롤로그　13

01 꿈을 이루다

육사 생도 시절 _ 25
꿈을 품다 25 | 입학시험 26 | 합격 27 | 기별期別 호칭 28 | 가치관과 신념 28 | 어려웠던 시절 31 | 직각보행直角步行 33 | 충성의 의미 34 | 군인답다 35 | 축구부 36 | 제가 떠들었습니다 38 | 훈육관 같은 아버지 39 | 부전자전父傳子傳 41 | 졸업 43

국군 장교가 되다 _ 45
무능한 지휘관은 적보다 더 무섭다 45 | 다시 태어나도 군인의 길을 48 | 수색중대 새끼 호랑이 48 | 3·15부정선거와 4·19혁명 50 | 6군단 하사관학교 52 | 중대장 53 | 훈련 시 흘린 땀은 전투 시 피를 대신한다 55 | 휴무일休務日 56 | 연대장 윤필용 대령 59 | 할리우드 상 62 | 아는 만큼 보인다 63 | 깨어 있는 생각 66 | 리더십 67 | 보병 장교 69 | 보병학교 구대장 71 | 특공대장 73

베트남 전선을 가다 _ 76
베트남 전쟁 76 | 갈 사람 없으면 79 | 신원 조사 81 | 베트남전에 참전 82 | 맹호부대 84 | 삶과 죽음 85 | 포탄피砲彈皮 89 | 베트콩 90 | 누명 92 | 맹호 작전 영화 94 | 난민 수용소 96 | 파월 전의 약속 98 | 체격에 안 맞는 전투복과 군화 100 | 쌍권총 이 대위 100 | 좋은 장비는 일하는 사람에게 105 | 이 대위가 있었더라면 105

대북 응징보복작전 _ 108
보복을 결심하다 108 | 무장공비 중에서 110 | 쳐들어간다, 북으로 114 | 담금질 115 | 진심과 실력으로 쌓은 신뢰 116 | 견적훈련見敵訓練 118 | 마지막 점검 119 | 유서遺書 120 | 1차 작전, 사단장 잡으러 가다 122 | 낮엔 비트에서 잠을 자고 123 | 1차 작전 결과 126 | 2차 응징보복작전 126 | 함정과 지뢰 126 | 2차 작전 결과 128 | 3차 응징보복작전 128 | 살아남은 자의 슬픔 131 | 박정희 대통령과의 만남 131

1960년대 후반 주요 사건 — 134

청와대 까부수러 왔수다, 1·21사태의 재구성(응징보복작전 때문에?/김신조와의 첫 대면/김신조 증언/도주로 차단작전/1·21사태 책임) 134 | 윤필용과 김재규 143 | 신임 김재규 사령관 144 | 서로 데려가려는 상관들 146 | 추이와 상상력, 선견적 대적관對敵觀 148 | 간첩 송순영 150 | 무장간첩 임관재, 박일근 사살 150 | 간첩 김재홍, 한인동 일당 검거 154 | 고정간첩 이춘택 검거 154

보안부대 8년 — 156

8사단 보안부대장 156 | 책 사건 159 | 공수부대 마크가 아깝네 161 | 군기반장 162 | 샛길에서 나와 165 | 김재규의 복귀 요청과 강창성의 표창장 166 | 육군대학으로 166 | 대대장 167

02 영광과 파란

유신維新 — 171

8사단 21연대 3대대장 171 | 윤필용 장군의 미련 173 | 위풍당당 3대대 175 | 저희 대대는 이 없습니다 176 | 화장실을 찾은 1군사령관 177 | 윤필용 사건 178 | 칼자루 쥔 강창성 179 | 쫓겨 가는 신세 181

반전 — 183

비밀 편지 183 | 감시 185 | 삼진운수 대표 186 | 버티고 살아남다 187 | 명월리에서 서울로 188 | 산처럼 189 | 육군본부 190 | 진급심사 192 | 축하하는 사람들 194 | 귀성부대 참모장의 오기傲氣 195 | 9공수특전여단장 196

발탁 — 198

오기로 윤필용 예비역 장군을 찾아가다 198 | 3번의 드라마 200 | 전방 연대장 203 | 군의 술 문화 204 | 발탁 208 | 훈련의 시스템화 210 | 국제대회 참가 211

03 장군의 길

10·26과 제5공화국 출범 — 217

혼돈의 시기 217 | 정승화 육군참모총장 218 | 장군이 되다 220 | 구제救濟 221 | 서울의 봄 224 | 5·18 225 | 직언직설直言直說 226 | 정치권의 유혹 227 | 제5공화국의 출범 228 | 후계자가 된 노태우 229

21사단장 – 230

최초 사단장 230 | 운명은 만드는 것 231 | 산악사단장 233 | 심리전으로 귀순시킨 신중철 234 | 남조선 최고의 악질 235 | 귀한 집 자식 237 | 자작시 모음 240

3군단장 – 243

산악 3군단장 243 | 철정 과학화 훈련장 245 | 노태우 후보의 고민 246 | 골프 예찬 259

참모차장 – 251

보안사령관 안 하겠습니다 251 | 군 인사 원칙 252

1군사령관 – 254

진위眞僞 구별법 254 | 대통령과 참모총장 255 | 속도보다 방향 257

제4땅굴 발견 – 259

배경 259 | ○○○ 지역 탐지 활동 259 | 꾀꼬리의 암시 260 | 땅굴에 적중하기까지 261 | 소탕작전 준비 262 | 의인불용 용인불의疑人不用 用人不疑 264 | 소탕작전 실시 265 | 충견 헌트 268 | 교훈과 의의 269

참모총장 – 272

제28대 육군참모총장 272 | 관심과 분석 그리고 의미 272 | 전 국토의 요새화要塞化 273 | 전 장병의 전투요원화 275 | 복음화도 통합을 통하여 275 | UH—60은 세계 최우수 헬리콥터 276 | 부모님 날 낳으시고 스승님 날 가르치셔 277 | 저강도 작전Low Level Operation 279 | 가칠봉 수영장 281 | 인사참모부장 보고 283 | 이진삼심제李鎭三審制 285 | 교육지상敎育至上, 중앙 심사 286 | 전방으로, 학교로 288 | 회장님, 고맙지만 289 | 참모총장 그만 하겠습니다 291

04 또 다른 시작

체육청소년부 장관 – 299

체육청소년부 장관 299 | 변함없는 가치관 304 | 엘리트 체육과 생활 체육의 활성화 306 | 동계올림픽 최초의 메달 306 | 똑똑히 모셔 308 | YS는 안 됩니다 309 | 손 내민 YS 311 | JP(김종필)와의 첫 만남 311

양심을 저버린 검찰과 언론 _ 313

이것이 민주주의인가 313 | 시작된 보복정치 314 | 마녀사냥 314 | 조작된 양순직 의원 사건의 핵심(보고 받은 사실이 없다/증거가 없다) 316 | 참고인에서 피의자로 319 | 권력의 노예 320 | 신속 재판 322 | 화병火病으로 2번의 위궤양 헬리코박터 수술 324 | 아내의 장례식장에 나타난 천성관 325 | 브레이크 없는 벤츠 326 | 이세규 국회의원의 사과 332 | 김영삼의 사과와 유혹 333

15년 만에 국회에 입성 _ 337

국회 입성 337 | 국립종합대학교로 승격 339 | 아프간 파병 동의안 341 | 평택-아산-예산-청양-부여 고속도로 건설 341 | 국방대 논산 이전 342 | 청양 고춧가루의 군납 344

안보, 우리의 나아갈 길 _ 345

가장 취약한 안보환경의 대한민국 345 | 국가안보의 논리 346 | 국방비 지출의 논리 347 | 강력한 응징만이 도발을 방지한다 348 | 평화를 원하거든 전쟁을 준비하라 350 | 북한의 숙원과 주장에 동조하는 작전권 환수 351 | 병력 감축의 모순 352 | 수도권의 비대화規制 완화 353 | 우리의 나아갈 길 354

에필로그 356
이진삼 약력 360
부록 361

1958년 12월 육사 4학년

01
꿈을
이루다

- 육사 생도 시절
- 국군 장교가 되다
- 베트남 전선을 가다
- 대북 응징보복작전
- 1960년대 후반 주요 사건
- 보안부대 8년

육사생도 시절

꿈을 품다

대부분의 사람들은 현실과 타협하여 안주하려는 욕망과 이상의 꿈을 추구하려는 욕구를 동시에 품고 있다. 그런 면에서 나는 '대부분'이란 범주 밖의 부류였나 보다. 육군사관학교(이후 육사로 칭함)에 입학한 이후 지금껏 그래 왔다. 대전중학교를 졸업하고 대전고등학교에 진학, 3학년이 되자마자 부여고등학교로 전학을 했다. 이유는 단지 축구를 하기 위해서였다. 공부보다는 운동을 좋아했고, 축구 선수로는 남들의 부러움을 살 만큼 공을 잘 찼기 때문이다. 누구보다 운동을 잘하고, 또 열심히 하는 내 모습을 보며 선생님과 주위 어른들은 한결같이 '승부 근성 있는 용감한 군인'이 제격이라고 말씀하셨다. 내가 군인이 될 것을 의심하는 사람은 아무도 없었다. 문제는 학과 실력이었다.

본래 육사는 1945년 12월에 설치된 군사영어학교가 전신으로, 남조선국방경비대사관학교, 조선경비사관학교로 잠시 이름이 바뀌었다가 1948년 9월에 육군사관학교로 개명된 후 지금껏 이어지고 있다. 초창기에는 일제강점기의 일본군이나 만주군에 복무했던 군인들을 입교시켜 단기 교육을 실시행다. 6·25 전쟁이 발발하면서 일시 휴교했다가 전쟁 중인 1951년 10월 경남 진해에서 4년제 정규 육군사관학교로 개교했다. 1953년 7월 27일 휴전이 되자 이듬해인 1954년 6월 서울 태릉으로 이전해 현재에 이르고 있다. 1957년 3월에는 화랑대花郎臺라는 이름이 붙여졌다. 화랑대는 본래 일제강점기에 지원병 훈련소였던 것이 광복 이후 국군이 창설되면서 군 장교를 양성하는 교육기관으로 자리매김했다.

입학시험

1954년 부여고등학교 앞에 있는 중정리에서 하숙을 했다. 다른 학생들은 집에서 학교까지 1시간 이상 걷거나 자전거를 타고 다녔지만, 나는 하숙을 하며 다시 내 자신에게 모험을 걸었다. 영어와 수학은 기초부터 다시 시작했고 국어·영어·수학·과학·역사 등 주로 육사 시험 과목 위주로 집중, 몰두했다. 다른 사람은 학교에서 가르쳐준 정답의 공부를 했지만, 나는 3군(육군·해군·공군) 사관학교 기출 문제집을 구입해 공부하며 출제 문제에 대한 유형을 익혔다.

1954년 12월, 육사 입학시험에 응시했다.

충남 지구 병사구사령부(지금의 병무청) 요원의 지원하에 육사 교관들이 파견 나와 충남 지역 응시자 시험을 실시했다. 1차 신체검사를 통과해야 2차 필기시험에 응시할 수 있었다. 나는 대전의 삼성초등학교에서 학과 시험에 응시했다. 최종 3차는 태릉 사관학교에서 체력 검정으로 300m 달리기를 비롯하여 팔 굽혀 펴기, 쪼그려 뛰기, 허리 굽혔다 펴기, 철봉 턱걸이 등을 측정했고, 면접은 구두시험과 인물고사를 치렀다.

합격

　1955년 3월 1일 서울신문에 발표된다는 것은 기억하고 있었으나, 합격할 거라는 생각은 감히 못하고 서울대학교 공대 화공학과 지원서를 접수하러 1955년 3월 1일 아침 대전역으로 향했다. 서울행 열차 개찰 전에 확인한 신문 가판대의 서울신문 광고란 230명 중 충남 지구 16명 합격자 명단에 13번째로 올라 있었다. 나의 눈을 의심하며 동명이인일 수 있다는 생각에 충남 병사구사령부로 달려가 생년월일을 확인했다. 전국의 내로라하는 인재들 틈에 내가 끼었다. 부여고등학교에서 5명이 응시하여 내가 합격했다. 나는 서울행을 접고 가벼운 마음으로 부여행 버스를 탔다.

　부여에 도착했을 때는 벌써 학교 정문과 부여 곳곳에 '축 육사 합격' 포스터가 붙어 있었다. 발 달린 친구 선후배들 모두가 찾아오고 부여고등학교는 축제 분위기였다. 우등생도 아닌 나의 1949년 대전중학교 합격, 1952년 대전고등학교 합격, 1955년 육군사관학교 합격으로 부여군이 떠들썩했다. 혹시 빽으로 합격된 것이 아닌가 하는 소문도 있었다. 당시는 빽back 배경이라는 유행어가 있었다. 나 같은 촌놈에게 무슨 빽이 있었겠나.

　나중에 안 사실로 나는 합격생 230명 중 159등으로 간신히 육사 문턱을 넘어선 거였다. 시쳇말로 꼴등이나 다름없는 합격생이었다. 당시의 그런 나를 보고 장차 장군이 될 거라고는 어느 누구도 예상하지 못했을 것이다. 당시 우리 면에서 최고위직 군인이 육군 중위였기에, 내가 예상하는 미래의 최고 계급은 중령이었다. 육사 입학에 앞서 나는 걱정이 앞섰다. 1년 선배 우등생들인 강길주, 임병수 중 강길주 선배가 1954년 12월 성적成績 불량으로 퇴교 당했는바 우등생이 아닌 이진삼이 졸업할 수 있을까 하는 여론이 확산되기도 하였다.

기별期別 호칭

내가 육사에 입교하기 전인 1955년 4월 27일, 육군본부에서는 재학 중인 생도의 기별 호칭을 변경한다는 결정을 내렸다. 육사 창설일을 5월 1일로 하고, 군의 역사와 전통을 단절 없이 계승한다는 명분으로 정규 육군사관학교 제1기생이 11기생으로 호칭이 변경되었다. 내가 정규 5기 입학 예정자이니까, 입학과 함께 15기생이 되는 셈이다. 정규 1기생들의 반발은 미루어 짐작이 갔다. 정규 1기생들에게 '1이라는 처음의 의미'는 어휘 그 이상의 상징성이었다. 특히 군인에게 있어 '처음'의 의미는 명예이고 자부심이다. 하루아침에 그 상징성을 상실하였으니 육사 내부의 혼란은 엄청났다. 1기부터 10기까지의 단기 과정과 4년제 대학(이학사) 과정이 구분되어야 한다는 것이다. 내가 15기생으로 입학할 즈음에는 어느 정도 혼란은 가라앉았지만 정규 1기생, 아니 11기생이 졸업하기까지는 5개월여 기간이 남아 있던 터라 서운해 하는 분위기는 여전했다.

가치관과 신념

1955년 6월 28일, 나는 마침내 육사 정규 5기생, 아니 15기생으로 입교했다. 내가 성적이 우수해서 합격한 것보다는 축구를 잘하니까 3군 사관학교 체육대회 선수로 뽑지 않았을까 싶다. 3차에서 보여준 체력검정 시험에서 플러스알파가 작용했을 것으로 생각됐다.

막연한 애국심으로 육사를 지원했던 마음과 달리 실제로 육사에 들어와 지휘관으로서의 교육을 받게 되면서 나는 달라질 수밖에 없었다. 조지 버나드 쇼의 말마따나 "사람이 현명해지는 것은 경험에 의한 것이 아니라, 경험에 대처하는 능력에 따른다."는 사실을 깨우친 터였다.

갱스터 영화의 고전 〈더럽혀진 얼굴의 천사〉를 보면, 어릴 적 빈민가의 단짝 악동 로키와 제리가 등장한다. 20년 후 제리는 부랑아들을 선도하는 사제司祭로, 소년원을 제 집처럼 드나들던 로키는 암흑가의 보스로 전혀 다른 운명으로 만나게 된다. 어릴 적 함께 소매치기하다 걸려서 도망칠 때 붙잡히는 건 매번 로키였다. 발이 늦었다. 그런 로키는 끝내 사형을 선고받게 되는데 두 사람의 인생을 가른 건 다름 아닌 뜀박질이었다. 로키처럼 나 또한 공부에 관한 뜀박질이 늦다는 걸 뼈저리게 깨우친 건 육사를 들어가서였다. 우등을 하고 1등을 위한 뜀박질이 아닌, 생도로서 임무를 수행하기 위해선 더 많은 공부를 필요로 했다. 나는 토요일 오후 외출을 마다했다. 다른 생도들이 외출을 나간 그 시간에 책을 읽고 공부를 했다. 다른 사람보다 두 배, 세 배는 노력해야만 된다는 신념을 가졌고 그 신념에 대한 결과는 아주 천천히 그 모습을 드러내기 시작했다. 자만하는 우등생보다 부지런히 노력하는 열등생이 성공할 수 있는 것은 남보다 몇 배 최선을 다한다는 잠재의식이 있기 때문이다. 형편이 어려워 진학을 못 했던 자들의 성공 사례는 내 주변에 부지기수不知其數다.

육사의 학과 제도는 모든 생도들이 철저히 경쟁 대상이다. 테이어Thayer 제도라고도 불린 육사 교육 방식은 공병工兵 기술 교육 중심으로, 공병 장교였던 테이어가 1815년 프랑스의 에콜 폴리테크닉(프랑스의 엘리트 관료를 양성하는 국립공대)에 유학 가서 배운 것을 미국 육사로 도입했다. 미국의 육사(웨스트포인트) 교육은 제1차 세계대전 이후 더글러스 맥아더 장군이 교장이 된 뒤 스포츠의 중요성과 명예 제도를 추가했다. "생도는 거짓말하지 않고, 속이지 않으며, 훔치지 않고, 그런 비리를 묵인하지 않는다."는 명예 제도를 확립했다. 토머스 제퍼슨 대통령의 재가로 1802년 설립된 웨스트포인트는 미국 최대의 공과대학이었다. 당연히 웨스트포인트 출신 장교들이 지휘한 미군의 공병단은 19세기 개척기에 미국의 도로나 철도 항만 등을 건설하는 데 큰 역할을 했다. 한국의 육사 또한 이런 미국의 이공계 시스템을 그대로 가져왔다. 물론 미국 육사의 시스템이 단점이 없는 것은 아니었다. 지나친 경쟁으로 인해 이기심과 협동심 부족이 문제점으로 나타났다. 그럼에도 불구하고 돌이켜 보니까 그런 것들은 결국 군대라는 특수 조직에서 단지 단점으로만 간주할 것은 아니었다. 적어도 내게 있어 그러한 시스템은 군인으로서 '임무수행' 능력과 사생관 정립에 무관하지 않았기 때문이다.

 1959년 5월 27일, 소위로 임관, 40일간 휴가를 다녀온 후 7월부터 6개월간 초등군사반 교육을 받았다. 보병 동기 100명 중에 2등을 했다. 반드시 우등을 하겠다는 목표를 둔 게 아니었다. 소대장과 중대장의 임무수행을 잘 해야겠다는 생각이 나를 자극했고 외출외박을 줄이고 임무수행에 필요한 학과에 매진한 결과였다. 전술학과 지휘통솔, 학술학에 치중했다. 말장난처럼 보일 수 있지만 당시에 내가 임무수행이 아닌, 출세를 위해 우등하겠다는 생각으로만 달려들었다면 내 미래는 달라졌을 것이다. 마음자리가 어디에 있는지가 중요하다. 토끼와 거북이의 이야기에서도 알 수 있다. 토끼는 상대를 보지만 거북이는 목표만 본다. 걸음은 느리지만 시선은 목표를 향해 있다. 집중의 눈길이다. 그러니 발걸음, 시선, 목표가 한 방향으로 일치해 있다. 반면, 토끼의 시선은 주변의 경쟁자를 향해 있다. 앞으로 뛰긴 하는데 두리번거리는 이유가 여기에 있다. 시선과 발길이 어긋나 있다 보니 눈은 목표가 없다.

 그런 면에서 나는 다른 사람과 생각이 달랐다. 애초에 우등하겠다는 욕심이나 출세하겠다는 생각은 언감생심 가져본 적이 없다. 시골 촌놈이 육사의 교육을 받게 되었다는 감사함과 지금 해야 할 일은 군인으로서 임무수행을 하기 위한 노력이라고 여겼을 따름이다.

 실제로 인류의 위대한 발전을 이끈 과학자 뉴턴과 아인슈타인, 그리고 스티븐 호킹 박사 등은 입을 모아 "굳은 인내와 노력을 하지 않는 천재는 이

세상에 있어본 일이 없다."고 했다. 명량해전을 승리로 이끈 이순신 장군에게 열두 척의 배가 있었다면, 내겐 군인으로서 소대장과 중대장의 임무수행을 위한 지식 함양에 슬기와 지혜를 모아 끈질긴 노력이 있었을 뿐이다.

어려웠던 시절

지금처럼 당시에도 육사는 서울 출신 생도들이 대부분이었다. 그런데 서울 생도들은 어느 누구도 나를 자기 집으로 초대할 수 없었다. 서울은 6·25 폭격으로 폐허화되었고 생활도 나보다 어려웠다. 나는 생도 휴가 때마다 동기생들을 시골집으로 데려갔다. 그럴 때면 어머니는 닭을 잡는다거나 소고기와 생선 등 이런저런 먹을거리를 만들어주셨다. 거기에 아버님은 두둑한 용돈까지 쥐어주셨다. 동기생들은 나를 부러워했다. 부여 백마강 뱃놀이를 하는 등 즐거운 휴가를 보냈다. 풍족하진 않았지만 동기생 중 가정형편은 좋았고 상위에 속했다.

1959년 광산을 하시는 아버님 덕분으로 비록 내가 박봉의 월급이었지만 소신껏 군 생활을 할 수 있었다. 당시 군에서는 군 간부들이 박봉에 시달리며 먹을거리인 주主·부식副食을 빼돌리거나 산의 나무를 잘라 팔아먹는 비리가 적지 않았다. 젊은 장교들은 "썩어빠진 군 간부들이 군의 발전을 저해한다."고 개탄했다. 그런 이야기를 들을 때마다 나 스스로 다짐하고 또 다짐했다. '기필코 나는 깨끗하고 정의로운 참다운 군인이 되겠노라'고. 그래서였을까, 초급장교 시절의 나는 이상하리만큼 보급투쟁을 많이 했다. 마치 병사들의 먹을거리를 지켜내야 하는 사명을 띠고 태어나기라도 한 것처럼. 지금 생각하니 가난했던 우리 중대장 윤 대위와 대대장 안 중령에게 큰 죄를 지은 것 같아 죄송스럽다.

육사생도 시절 가족들과 함께 집 앞에서

직각보행 直角步行

1955년 7~8월 무더위를 이겨내며 1학년 과정 기초 군사훈련을 받으면서 가장 중점을 두고 공들여 노력한 교육 중 하나는 직각보행이다. 군인은 모름지기 걸음걸이가 단정하고 늠름하고 절도가 있어야 한다고 여겨 무엇보다 직각보행을 강조했다.

운동장에 횟가루를 뿌려 정사각형을 커다랗게 그린 후, 그 위에 똑바로 서서 눈은 15도 위를 향하고, 턱은 자연스레 목에 붙이며, 팔은 곧게 뻗고, 주먹은 계란 한 개를 부드럽게 쥔 듯하고, 가슴은 당당하게 앞을 향하는 것이 직각보행의 자세다. 맨 처음 얼핏 봤을 때는 '그까짓 거 뭐 어려워'라는 생각이었다. 하지만 직접 보행에 들어가서 자연스레 팔을 앞으로는 12인치 뒤로는 6인치를 흔들며 발과 다리를 곧게 편 채 앞으로 70cm를 내딛는다는 것은 예상 밖의 난제였다.

생도들은 '그까짓 거 뭐 어려워' 하는 표정이었지만 실제로는 그 반대였다. 자기가 어떻게 걷는지는 모른 채 다른 생도가 걷는 모습을 보고 웃어 대곤 했다. 로봇처럼 딱딱하게 걷는 생도, 엉덩이를 쭉 빼고 걷는 생도, 팔자로 걷는 생도, 가슴을 내밀고 걷는 생도, 턱을 흔들며 걷는 생도, 팔을 옆으로 흔들며 걷는 생도 등등. 그중 압권은 같은 쪽의 손과 발이 함께 나가는 생도들이었다.

그런 오합지졸의 걸음이 통일되어야만 모든 제식制式 동작은 일체감이 난다. 매일 하루에 한 시간 이상을 연습한 결과 한 달여가 지나면서 겨우 모양이 잡히기 시작했다. 사관생도의 보행은 항상 직행 혹은 직각이다. 앞으로 직진하다가 모서리를 돌 때도 절도 있게 직각으로 돌아야 하고, 식사할 때의 숟가락질 또한 일직선으로 들고 직각으로 꺾어 입에 넣어야 했다. 그러다 보니 외출을 하게 되면 사람들의 주목을 받기 십상이었다. 기계처럼 움직이는 것을 수군거리며 신기해했다. 우리는 이를 부끄러워하거나 창피하게 여기지 않았다. 오히려 자랑스러워했고, 여학생들의 시선을 의식할라치면 목에 더 힘을 주고 직각보행을 했다. 이는 육사 생도, 우리만이 할 수 있는 하나의 표식^{表式}이었다. 오합지졸의 제각각의 걸음걸이가 어느 순간 '너와 내'가 아닌 '우리'로 하나가 될 수 있었던 것은 군^軍이라는 소속감이었다. 이후에 내가 제식훈련을 통해 절도의 미^美와 힘으로 단련하고 응원단장과 중대장 생도를 맡으며, 외부 학생 견학 인솔 등 다양한 활동을 학교 훈육관 지시에 따라 한 것도 같은 맥락이다.

1학년 복종, 2학년 모범, 3학년 실천, 4학년 인격 도야라는 각 학년마다의 실천 목표를 나는 지금도 생생하게 기억하고 있다.

충성의 의미

우리의 육사 교육은 미국 웨스트포인트의 프라이드가 고스란히 녹아들어 있다. 조국, 명예, 책임, 의무를 강조했다. 거기에 자사^{子思}의 《중용》에서 비롯된 '지^智·인^仁·용^勇'을 우리 육군사관학교 교훈으로 삼고, 인간이 수양을 통해 이룰 수 있는 최고의 덕목을 갖추도록 했다.

육사 교육 중 내 자신이 가장 크게 놀랐던 것은 '충성'의 개념이었다. 지금껏 내가 알고 있던 개념을 완전히 무너뜨렸다. 유교 문화권에서 배웠던 한 개인에게 바치는 의미가 아닌, 국가에 바치는 것이 진정한 충성의 의미였던 것이다.

삼강오륜^{三綱五倫}은 유교의 도덕에서 기본이 되는 세 가지의 강령^{綱領}과 다섯 가지의 인륜^{人倫}을 말한다. 군위신강^{君爲臣綱}·부위자강^{父爲子綱}·부위부강^{夫爲婦綱}의 삼강은 글자 그대로 임금과 신하, 어버이와 자식, 남편과 아내 사이에 마땅히 지켜야 할 도리를 의미한다. 오상^{五常} 또는 오전^{五典}이라고도 하는 오륜은 《맹자》에 실린 부자유친^{父子有親}·군신유의^{君臣有義}·부부유별^{夫婦有別}·장유유서^{長幼有序}·붕우유신^{朋友有信}의 다섯 가지로, 아버지와 아들 사이의

도는 친애에 있고, 임금과 신하의 도리는 의리에 있으며, 부부 사이에는 서로 침범치 못할 인륜人倫의 구별이 있으며, 어른과 어린이 사이에는 차례와 질서가 있어야 하며, 벗의 도리는 믿음에 있음을 뜻한다.

본래 삼강오륜은 중국 전한前漢 때의 거유巨儒 동중서董仲舒가 공맹孔孟의 교리에 입각하여 삼강오상설三綱五常說을 논한 데서 유래되었다. 중국은 말할 것도 없고 한국에서도 과거 오랫동안 사회의 기본적 윤리로 존중되어 왔다. 물론 지금도 우리의 일상생활에 깊이 뿌리박혀 있는 윤리 도덕이다.

이처럼 우리의 삼강오륜 교육은 개인이 개인에게 지켜야 할 도리를 강조하여, 충성의 의미 또한 개인이 개인에게 집중하는 교육으로 이어졌다. 그러다 보니 충성의 의미가 어느 개인에게 잘 보여서 마치 권력의 노예가 되는 꼴이었다. 미리 알아서 긴다거나 아부 등의 도구로 전락되었다.

이 말은 내가 대전중학교 다닐 때의 한상봉 교장선생님이 조회 때마다 하신 말씀과 부합된다.

"이 세상은 없어야 할 사람이 있고, 있으나 마나한 사람이 있고, 꼭 있어야 할 사람이 있다. 우리는 꼭 있어야 할 사람이 되어야 한다."

나는 선생님의 말씀을 가슴 깊이 새겨 두었다. '꼭 있어야 할 사람'이 되기 위해서, 황금이나 권력이 아닌 국가에 충성하려는 사생의 가치관, 필사즉생의 각오를 가져야 한다.

군인답다

4학년이 되면서 5중대장생도 명을 받았다. 훈육관들은 내게 특과가 아닌 보병장교로 임관할 것을 권유했다. 나 역시 같은 생각이었다.

6·25전쟁을 겪은 생도대장 최주종 장군은 나의 생도 생활을 지켜보고는 "중대장, 대대장 하면 잘할 거야."라고 치켜세우는 것을 주저하지 않았다.

그때부터 나는 군인으로서 갖춰야 할 정신 자세와 품성 그리고 실력 배양에 관심을 갖기 시작했다. 그렇다고 내가 처음부터 장군의 꿈을 꾼 건 아니었다. 당시의 시대 상황은 언제 전쟁이 일어날지 모를 만큼 급박했다. 기껏해야 대위(중대장) 혹은 중령(대대장)까진 할 수 있을 거라 막연히 생각했다. 5년 후에 중대장 아니면 10년 후에 대대장으로 전쟁을 할 것 같은 생각이 들었다. 내 실력은 230명 중 159등으로 육사를 입학한 4년 후 176명 임관자 중 서열 120등으로 졸업하였다.

나는 공부 잘한다는 소리는 듣지 못했으나 훈육관들로부터 '지휘관 하면 잘할 것이다.'라는 말은 자주 들었다. 더욱 군인답기 위한 나의 노력은 그때부터 시작되었다. 시간이 누구나 공평하게 가지고 있는 유일한 자본이라면, 나는 그 유일한 자본을 임무수행과 군인답기 위한 노력에 사용하였다.

축구부

나는 특기를 축구라 하고 육사에 들어왔으나 정작 축구부에는 가입하지 않고, 태권도부에 들어갔다. 이유는 축구를 하게 되면 학과 공부를 따라갈 수 없어 퇴교 당할지도 모른다는 걱정에서였다. 그런데 문제가 생겼다. 수요일 체육의 날 오후, 4학년인 축구부 주장 최병진 생도가 신입생 명단을 들고 나를 찾으러 다녔다. 그러다 태권도부에 있던 나를 발견하자마자 감정을 실어 힘껏 주먹을 날렸다. 순식간의 일이었다. 나는 굳이 그의 주먹을 피하지 않았다. 꿈쩍도 하지 않았다. 입술과 입안이 터져 피투성이가 되었으나 뱉지 않고 삼켰다.

"인마, 너 왜 축구부에 오지 않고 엉뚱한 데 와 있는 거야?"

그의 표정은 자신의 주먹을 피하지 않고 맞으면서도 꿈쩍 않는 내 모습에 놀란 모양새였다. 순간 고등학교 때의 어느 날이 떠올랐다. 1954년 국가에서 양력설을 장려하던 시절, 음력설에 한복을 차려 입고 학교에 출근한 법학 선생님을 본 남궁균이 친구 이름을 부르듯 말했다.

"어라? 정용환이 한복 입었네!"

이를 들은 정용환 선생님이 교실로 쫓아 들어와 벌컥 화를 냈다.

"누구야? 누가 그랬어. 앞으로 나와."

아무도 나서지 않았다. 그러자 그가 나를 향해 소리쳤다.

"이진삼이, 이리 나와!"

나는 망설임 없이 자리에서 일어나 앞으로 나갔다. 동시에 선생님의 어퍼컷이 가슴께로 옆구리로 사정없이 날아들었다. 억울했지만 나는 꼼짝 않고 꼿꼿이 서서 선생님의 분풀이를 받아냈다. 25년이 지난 1980년, 장군이 되어 모교 졸업식에 참석했을 때 이를 기억하는 동창회장 심상기는 공식석상 마이크 앞에서 당시를 회상하며 이렇게 말한 바 있다. "저기 앉아 계신 이진삼 장군, 자기가 하지도 않았으면서 그 매를 꼿꼿이 맞는데……, 거기 있던 학생들이 이진삼의 오기에 두 손 두 발 다 들었다. 그런 여러분의 선배 이진삼이 우리 학교에서 최초로 장군이 되었다."

그때나 지금이나 일직선이다. 사내답게 변명하지 않는 것, 물귀신처럼 다른 사람을 물고 늘어지지 않는 것, 비굴하지 않는 것, 이것이 진정한 사나이다. 왜냐하면 진실이란 아무도 모를 것 같아도 최소한 세 사람은 알고 있어서다. 일을 저지른 사람, 억울한 누명을 쓴 사람, 그리고 하느님. 중국의 고전 《후한서 后漢書》에도 비슷한 말이 있다. "하늘이 알고 땅이 알고 당신이 알고 그리고 내가 안다."

나는 축구부 주장 12기 최병진의 동기생이자 고향 선배 이규환의 도움으로 축구부에 들진 않았지만, 대대 대항 축구시합이 있을 땐 대표로 뛰어야 했다. 4학년이 되어서야 내 마음대로 태권도부에만 전념할 수 있었다. 육사에 들어오기 전 이미 축구, 복싱, 기계체조 등 운동은 다른 사람이 1년을 해야 할 것을 나는 한두 달이면 따라잡았다. 보병학교 교관 시절 특공무술, 참호격투, 신총검술 등 교범 제작을 육군본부 명을 받아 창안하였다. 이런 이유로 특공대장을 시작으로 기동대장, 체육부대(사격지도단)장, 공수특전여단장 그리고 체육청소년부 장관 등 체육과 관련된 직책을 맡게 되었다.

제가 떠들었습니다

"이진삼 생도, 생도대 본부로 출두하라."

3학년이었던 1957년 9월, 나는 느닷없이 생도대의 호출을 받았다. 생도대로 가는 내내 오만 가지 생각이 들었다. 호출될 이유가 떠오르지 않았다. 생도대로 들어선 순간 나는 매우 놀랐다. 징계위원회에 회부되었던 것이다. 발단은 병과학교(보병학교) 7~8월 하계 군사훈련을 가던 중에 있었다. 용산에서 열차를 타고 광주로 이동 중 오락회를 했었다. 늘 있던 일이었다. 나는 군가는 물론 다양한 레퍼토리의 가요를 불렀다. 중·고등학교 시절 공부만 했던 다른 생도들로선 내가 많은 가요를 알고 있는 것이 신기한 듯 듣고 있다가 어느 순간부터는 나를 따라 함께 노래를 불렀다. 분위기가 한창 고조될 무렵, 인솔했던 훈육관이 우리가 있던 열차 칸으로 다가와 조용히 하라는 지시를 했다. 그러면서 "누가 떠들었나?"라며 생도들을 훑어봤다. 순간 생도들은 주눅이 들어 모두들 입을 다물었다. 잠깐의 정적을 깨고 나는 자리에서 벌떡 일어났다. "네, 제가 떠들었습니다."라고 대답했다. 그러자 인솔했던 훈육관은 두말없이 내 이름만 메모하였다. 나는 그것으로 끝난 줄 알았다. 두 달간의 하계 군사훈련을 마치고 학교로 돌아온 9월 초 나는 당시 내 이름을 메모해 갔던 훈육관의 보고로 생도대 징계위원회에 회부된 것이다. 나를 징계위원회에 회부한 훈육관은 내가 속한 5중대 소속이 아닌 4중대 훈육관이었다. 나를 퇴교 조치를 하겠다고 고집을 부렸다. 퇴교 당할 처지였다. 변명할 여지가 없었다. 그때였다. 모든 것을 묵묵히 지켜만 보던, 육사 11기로 내가 속한 5중대 훈육관인 김기택 대위와 2중대 훈육관 안재석 대위가 반론을 제기했다.

"혼자 떠들지 않았을 텐데 혼자 책임진다는 건 말이 안 됩니다. 이진삼 생도는 학교생활도 착실하고 모범적입니다. 군인으로서 이진삼 생도를 따라갈 사람이 없습니다. 그 점은 늘 옆에서 지켜본 저희가 보증합니다. 더구나 혼자 모든 걸 책임지겠다는 이 생도의 행동은 훌륭하지 않습니까? 이 일은 불문에 부쳐야 합니다."

본보기로 나를 퇴교 조치해야 한다고 주장하는 4중대 훈육관과 모든 것을 혼자 책임지겠다는 것은 오히려 훌륭한 행동이라며 맞서던 5중대 훈육관의 날 선 공방이 계속됐다. 판결은 위원장이었던 채영철 중령에게 넘어갔다. 모두의 눈과 귀가 그에게 쏠렸다. 드디어 그가 입을 열었다.

"열차 이동 중 오락회 한 것을 소란 피웠다고 하는데 누가, 언제, 어디서, 무엇을, 어떻게, 왜, 육하원칙에 입각해서 말해봐"

4중대 훈육관이 우물쭈물하자 위원장 채영철 중령은 방망이 세 번을 내려치며 말했다.

"적발을 위한 지적인가? 됐어."

채영철 중령의 한마디로 상황은 종결됐다.

변하지 않는 내 삶의 모토, 책임은 나에게! 후에 4중대 훈육관 K 대위는 "징계위원회 회부 건은 일벌백계 차원"이었으니 이해해 달라고 하기에 오히려 "죄송합니다."라고 답했다.

훈육관 같은 아버지

나의 치기稚氣 어린 행동은 그때가 처음은 아니었다.

고등학교 3학년 때인 1954년 가을, 부여로 수학여행을 온 수원농고 학생들과 부여고등학교 학생들 간의 집단 충돌이 있었다. 학도호국단 규율 부장이었던 나로선 지나칠 수 없었다. 가담을 했고 모든 책임을 혼자서 지겠다며 경찰 조사를 받았다. 책임의 대가는 퇴학 처분이었다. 막상 퇴학 처분을 받고 나니 걱정이 이만저만이 아니었다. 부모님 생각을 하니 마음이 무거웠다. 내색하지 않고 조용히 저녁 밥상을 차리는 어머니의 뒷모습을 보자 코끝이 시큰해지면서 목이 꽉 막혔다.

"그만한 일로 세상이 무너지지 않는다. 사내 녀석이 말이야, 괜찮다. 다시 대전고등학교로 가라."

아버님의 말씀은 매 맞는 것보다 더 아팠다. 나는 모든 것을 포기하고 사병으로 입대, 강원도 인제 7사단 보충대 본부 신병 보직계에서 5개월을 근무하고 사관학교 꿈을 가지고 휴가를 얻었으나 졸업예정증명서와 성적증명서에서 제동이 걸렸다. 자격도 없이 육사를 지원하면서 기어이 사달이 나고 말았다. 육군사관학교 응시지원 구비 서류에 차질이 생긴 것이다.

이번에도 해답은 아버지였다. 당당하고 치밀하게 행동하시면서 품위를 떨어뜨리는 법이 없으며, 상대의 입장을 존중하면서 결단할 때는 자로 잰 듯 단호한 아버지는 학교로 향했다. 부탁을 하기 위해서였다. 아버지의 모습은 감동할 만큼 진지했으며 자기의 피로 새끼를 살리는 펠리컨처럼 보였다. 학교장과 훈육주임을 만나 해결하고 오셨다.

"내일 학교에 가서 김달수 훈육주임을 만나고 와라." 하시고는 더 이상 말씀이 없으셨다. 내가 육사에 입학한 것은 부정父情의 결과였다.

육사 생도 때 혼자 책임지겠다는 주의로 내가 만약 퇴교 조치를 당했더라도 아버지는 같은 말씀을 하셨을 것이다.

"사내 녀석이 말이야, 그만한 일로 세상 무너지지 않아. 사내답게 행동했으면 그걸로 충분한 거야."

아버지의 결과보다 과정을 중요하게 여기시던 말과 행동은 복사한 듯 고스란히 내 몸과 내 삶 속으로 스며들었다.

1955년 3월 육사 입학시험에 합격하자 아버지는 내게 라도**RADO** 야광 손목시계를 사주셨다. 4년 후인 1959년 5월 27일 소위로 임관하던 날, 종로 한일관에 모인 가족들 앞에서 내 손목에 새 시계를 채워주시며 기뻐하시던 아버지의 모습이 지금도 생생하다. 장군 계급장을 단 내 모습을 못 보고 돌아가신 것이 한스럽다. 1980년 1월 1일에 장군 계급장을 단 나는 그 길로 13년 동안 아버지가 잠들어 계신 고향의 산소를 찾았다.

"멋지다, 내 아들!" 하며 장군이 된 내 모습에 세상 누구보다 기뻐하실 아버지시다. 산소에 동행한 친구들과 함께 아버님이 고교 축구 시합 출전금을 주셨던 이야기 등을 하며 성묘를 했다. 그러던 중 울음을 터트린 나를 위로하며 친구들도 함께 울었다.

부전자전父傳子傳

아버님은 1909년생으로 26세부터 광산鑛山 전문가로서 충남 청양군 장평면 화산중석重石 광산과 청양군 사양면 구봉광업소장으로 계셨으며, 33세인 1942년부터 36세인 1945년 8월까지는 황해도 송화에서 금광金鑛 소장으로 계셨다. 해방되면서 고향인 부여군 은산으로 귀향하시어 구봉광업소에서 1개 광구를 맡아 금광을 운영하면서 노다지를 발굴하여 부자가 되셨다. 방학 때마다 광산을 방문하여 객실에서 여유로운 생활을 하였다. 1954년 고등학교 3학년 때, 구봉광업소에 갔을 때의 일이다. 젊고 건장한 체구의 두 건달이 술에 취해서, 45세인 아버님에게 돈을 요구하며 무례하게 굴었다. 나는 밖으로 끌어내 한 놈에게 발을 걸면서 주먹을 한 방 날려 하수구로 넘어뜨렸다. 다른 한 놈은 달아났다. 아버님은 하수구에 빠진 건달에게 치료비를 지불하셨지만, 기분이 나쁘지는 않으셨다. 크게 다치지 않아 다행이라고 한마디만 하셨다. 나는 육사에 진학하고 동생 이진백은 기계체조 선수로 건장하고 체력도 강했으며 방학 때마다 친구들과 광산을 자주 방문하곤 하여 주위에서 감히 아버님에게 시비를 거는 자가 없었다. 기분파이신 아버님은 친구들에게 용돈도 두둑하게 주셨다.

금광은 인부들과 2종류의 고용관계가 있었다. 매일매일 정해진 인건비를 지급하는 관계와 성과에 따라 전체 소득의 반을 인부들에게 균등 배분하는 2가지 방법이 있었다. 금을 캐지 못하면 인부들의 생활이 어렵다는 것을 아시는 아버님은 다른 광구와 달리, 성과에 관계없이 인건비의 1/4을 지급해서 인부들의 최저 생활을 보장해 주었고, 일주일에 한 번은 근무교대 후 막걸리와 돼지고기로 회식을 하였다. 사기충천한 광원들의 작업능률이 오르면서 타 광구와는 관리와 고용 차원에서 경쟁이 되지 않는, 한 차원 높은 경영을 하셨다. 종업원들의 소득이 증대하자 유능한 인부들이 몰려왔고 사고도 없었다. 점심식사 시간이 되면 "너는 객실에 가서 밥 먹어라. 내 도시락 가져와!" 하시면서 인부들의 보리밥과 강제로 바꾸어 드시는 것을 종종 보았다. 아버님의 이러한 행동은 군 생활을 하는 내게 은연중에 사표로서 자리 잡았다.

광석을 분쇄기에 넣기 좋도록 광석을 깨는 여성 인부들에게 20분 간격으로 5분씩 일어나 허리 펴기 운동을 하고 쉴 기회를 주셨다. 화장실을 깨끗하게 단장하였으며, 여름에는 차광막을 설치해 햇볕과 비를 막아 주고, 겨울에는 방풍 작업장을 만들어 주었으며, 갱도 입구에는 큰 주전자에 보리차를 끓여 24시간 공급해 주셨다. 작업 유의 사항은 첫째도 안전, 둘째도 안전, 셋째도 안전이었다.

유능한 광부들이 모여들자 타 광업소보다 130% 이상 작업능률이 향상하였고, 광부들 스스로 4교대 근무를 사양하고 8시간씩 3교대 근무를 함으로써 인건비를 절약하겠다고 건의했으나 아버님은 무리한 작업은 안 된다며 4

교대 근무를 유지하셨다.

대부분의 광부들은 교대를 하면서 도시락을 싸온 그릇에 광석을 가져가곤 했다. 감독관이 이를 감시 조사하자, 아버님은 "감시하지 마라. 광석을 집에 가져가 작업해서 1년에 송아지 한 마리를 장만한다는데 놔두게, 괜찮네."라고 하셨다. 예기치 않은 갑작스러운 아버님의 지시가 있자 인부들의 생각과 태도가 달라졌다. 고등학생이었던 나는 아버님을 뵐 때마다 정말 존경심이 절로 우러났다. 평소에 외할머니께서 하신 "나는 네 아비(사위)와 네(외손자)가 우리 집안의 대들보라고 생각한다."라는 말씀을 지금도 기억하고 있다.

이 세상에서 존경하는 사람이 누구냐고 내게 묻는다면 나는 서슴없이 우리 아버님이라고 대답할 것이다. "사람은 경우를 저버리고 살면 안 된다. 정도를 걸으며 살아야 한다."라는 말씀을 항상 기억하고 있다.

방학이 되면 그 당시 기억으로 여름에는 시원하고 겨울에는 따뜻하게 느껴졌던 막장에 들어가 착암기로 바위에 구멍을 뚫고 다이너마이트를 삽입하여 폭파하는 장면을 자주 보곤 했는데, 그때마다 광부들이 교대로 광차를 몰고 갱도 밖으로 나와 안전하게 대피하면서 동시에 휴식도 취하고 다시 갱도로 들어가 작업하도록 배려하시는 아버님의 지혜와 인품에 놀랐다. 내가 장군이 되어 제4땅굴을 발견하게 된 것도 광부의 아들로 태어났기 때문에 하나님께서 나에게 땅굴을 발견할 수 있는 지혜를 주셨다고 믿는다.

졸업

졸업을 앞두고 국내 저명인사들의 특별강연을 많이 들었다. 그중 백남권(13대 교장, 소장) 교장의 초청으로 특별강연에 나섰던 김철안 여사의 말은 지금껏 죽비 소리로 생생하다.

"국민학교 나온 사람이 잘못되면 집안을 망치고, 고등학교 나온 사람이 잘못되면 사회를 망치고, 대학교 나온 사람이 잘못되면 나라를 망친다."

처음 김철안 여사의 강연을 들었을 땐 그저 그럴 수도 있겠다 싶었다. 하지만 곰곰이 생각해 보면 그녀의 말은 그때나 지금이나 세상을 향한 일침이자 일격이 아닐 수 없다. 많이 배우고 좋은 학교를 나온 사람이 잘못되면 나라를 크게 망쳐놓으니 말이다. 또 터키 대사였던 정일권(예비역 대장) 대사의 수양 강연도 기억에 남는다.

"터키 대사로 재임하면서 막강한 우리 한국군이 있기에 외교무대에서 당당히 활동할 수 있었다. 이에 나는 우리의 미래를 짊어질 사관생도들에게 많은 기대를 하고 있다."

정일권 대사의 강연은 나로 하여금 국가에 충성하고 국민에게 봉사하는 참다운 군인의 삶에 대해 다시 한 번 생각하게 했다.

1959년 5월 27일, 드디어 졸업식 날이 밝았다. 졸업식은 화랑연병장에서 거행되었다. 이승만 대통령 내외분을 비롯해 3부 요인, 주한 외교사절, 군 장군, 내외 귀빈, 가족, 학생들이 운동장을 가득 메웠다. 이 대통령은 이날 치사를 통해 졸업생들의 진로와 사명에 대한 명확한 지침을 제시하고 통일의 선구자가 될 것을 당부했다.

"육사의 교육은 군 지휘관을 양성하는 것뿐만 아니라 국가의 모든 분야를 책임질 지도자를 양성하기 위한 것이다. 명심하고 애국심을 발휘하는 훌륭한 지도자가 되어 달라."

가족과 선배 장교들이 계급장을 달아 주는 것으로 졸업식은 끝이 났지만 나에게는 육사에서의 4년은 끝이 아니었다.

국군 장교가 되다

무능한 지휘관은 적보다 더 무섭다

　바다에 사는 수많은 물고기 중 유독 부레가 없는 동물이 있다. 상어가 바로 그렇다. 부레가 없으면 물고기는 바다 밑바닥으로 가라앉기 때문에 잠시라도 멈춰 서면 바로 죽게 된다. 그래서 상어는 태어나는 그 순간부터 쉼 없이 몸을 움직인다. 그리고 몇 년 뒤 바다의 강자로 부상한다. 나 또한 마찬가지였다. 남보다 빼어난 사람이 아니었지만 군인으로서 임무수행을 위해 끊임없이 자맥질하는 삶을 살겠다고 결심하였다.
　1959년 5월 27일, 마침내 소위로 임관했다.
　졸업생의 병과兵科는 보병·포병·공병·기갑·통신 5개의 전투병과로 나뉘는데 나는 보병步兵이었다. 초급장교에게 필요한 초등군사반 교육을 6개월간 마친 그해 11월, 처음으로 보직을 받은 곳은 DMZ^{demilitarized zone, 非武裝地帶}로 25사단 수색중대 소대장이었다. 한국은 6·25전쟁 때 UN군과 북한 공산군이 휴전을 전제로 한 군사분계선과 이 선을 중심으로 남과 북이 각각 2km씩 4km의 비무장지대를 설정할 것에 합의했다. 1953년 7월 27일 '정전에 관한 협정'이 체결되었다.

첫 부임지는 비무장지대 내 경계초소GP를 지키는 부대이다. 전쟁이 끝난 지 얼마 되지 않은 터라 곳곳에 각종 지뢰가 매설되어 있어 사고가 잦았다. 60년이 훨씬 지난 지금은 대부분의 지뢰가 없어졌고 성능이 떨어졌지만 당시만 해도 지뢰는 아군이나 적군 모두에게 공포의 대상이었다.

부임 초기에는 난감했다. 6·25전쟁에 참전했던 선임하사관과 분대장, 그리고 일반 병들 중에 문맹자가 많아 소통이 어려웠다. 생도 시절에 배운 것을 적용하기가 쉽지 않았다. 나는 이들을 어떻게 교육하고 지도할 것인지에 대해 고민했다. 고민 끝에 얻은 답은 솔선수범, 말보다 먼저 몸으로 보여주는 것이었다. 매일 아침 적이 지켜보는 비무장지대 초소에서 권총 사격연습을 하는가 하면 태권도 등 각종 훈련을 했다. '부대의 우열은 간부의 우열에 비례한다.'는 것을 거울삼아 간부의 솔선수범으로 병사들을 감화시키는 것이 전쟁에서 승리하는 첩경이라 여겼다. 그러자 소대원들의 눈빛이 달라졌다. 말이 앞서는 소대장이 아니라 솔선수범하는 소대장이란 점에 한껏 고무되어 부하들이 따랐다.

한번은 소대원 7명과 함께 비무장지대를 정찰하던 중, 병사 한 명이 용변을 보려고 미확인 지뢰 지대에 들어가다 발목지뢰를 밟았다. 10m 앞이었다. "쾅" 소리와 함께 병사의 온몸은 피투성이가 되었다. 순간 가슴이 덜컥 내려앉았다. 그것도 잠시, 나는 나도 모르는 사이 병사를 향해 걸음을 떼고 있었다. 그러자 다른 병사들이 내 앞을 가로막았다.

"안 됩니다, 소대장님!"

병사들은 달려들어 내 두 팔을 잡아끌었다.

"구해야 한다."

병사들의 팔을 뿌리치며 말하자 병사들은 이번에는 한 발짝 물러났다.

"소대장님, 그러시면 5m만 들어가십시오!"

사실 그 상황에서 5m는커녕 한 걸음 떼는 것도 모두에게 위험천만한 일이었다. 막 한 걸음을 옮기려는 순간 발목이 절단된 병사가 소리쳤다.

"소대장님, 지뢰 지대입니다. 들어오지 마십시오!"

나는 아랑곳하지 않고 대검으로 통로를 개척하며 7m를 들어갔다. 두 명의 병사가 내 뒤를 포복자세로 따라왔으나 좁은 통로 개척으로 교대가 불가능했다. 10m까지 접근한 나는 소대원들을 둘러보며 말했다.

"살릴 수 있다. 안심해라."

그러자 모두가 외쳤다.

"조심하십시오, 소대장님!"

그 순간 나는 그들에게서 전우애를 느꼈다. 또한 자신의 목숨을 돌보지 않고 지뢰밭의 부상당한 부하를 구하는 소대장이 되어야 전쟁에서 승리할 수 있다는 확신을 갖고 사고 지점으로 들어갔다. 병사의 목숨은 구했으나 발목이 절단되는 안타까운 사고였다. 당시는 내 방식대로 솔선수범하는 것만이 정답이고 최선인 줄 알았다. 중대장, 대대장 지휘관을 하면서는 부하들의 정신훈화 때 나의 이런 경험담을 들려주며 부하 장병들에게 전우애를 강조했다. 이후에 소령이 되고 중령이 되고 '대대장하면서 소위, 중위 때 이렇게 했으면 좋았을 것을, 더 잘할 수 있었을 텐데' 하는 생각이 들었다. 하루가 멀지 않고 매스컴을 오르내리는 군의 잇따른 구타, 자살 등의 사건 사고 소식을 접하면서 더욱 그런 생각이 들었다. 병영문화에 있어 초급장교의 역할은 그만큼 막중하다. 무능한 지휘관은 전투에서 부하들을 많이 희생시킨다. 따라서 무능한 지휘관은 적보다 더 무섭다. 저 이름 모를 산과 들에서 적과 싸우다 쓰러질 적에 다친 상처를 싸매주며 물을 먹여 주고 시체를 거둬주는 전우를 생각하며 철석같은 단결을 하여야 한다. 이때에 전우 옆에는 부모님과 친구도 있을 수 없으며 오직 전우만이 있을 뿐이다. 숨을 거두는 병사들 대부분은 "소대장님, 분대장님, 위험합니다. 조심하십시오."라는 말을 남기고 눈을 감는다. 훌륭한 내 부하들 소대장, 중대장, 대대장, 연대장,

여단장 하면서 휴가 미귀나 탈영자도 없었고 연대장 시절 2대대 5중대 일병 이병교가 사격훈련 중 총기 사고로 사망한 공수특전여단장 시절 충남 대천에서 수중침투 훈련 중 53대대에서 이학수 소위가 무리한 훈련으로 과로 익사한 것 이외는 사고없이 지휘관을 하였다. 아직도 나는 그들의 이름을 기억하고 있다.

다시 태어나도 군인의 길을

우리나라의 6·25전쟁 당시, 프랑스 대대를 이끌고 한국파병을 자원한 지휘관 랄프 몽끌라르 중령은 6·25전쟁 이전의 원래 계급은 중장이었다. 6·25전쟁에 참전하는 프랑스 대대를 이끌기 위해 스스로 중령으로 강등했다. 그가 이끈 프랑스군 1개 대대와 미 육군 2사단 23연대 전투단이 중공군 18,000여 명과 치른 치열한 지평리전투(1951. 2. 3.~1951. 2. 15.)에서 유엔군의 승리는 전세를 역전시키는 계기를 마련했다. 대한민국과 국민을 공산주의자들로부터 지켜낸 인물이다.

기회가 주어진다면 나 또한 강등해서라도 소령, 중령 때의 경험을 살려 중령 대대장으로 전쟁에 지원하고 싶다. 강력한 리더십과 전투 경험을 살려 전쟁을 승리로 이끌 수 있다고 생각하고 있다. 가능하다면 육군 준장으로라도 강등하여 육군사관학교나 3사관학교 생도대장으로 보직, 초급 장교들에게 지휘 통솔에 관한 교육을 하고 싶다.

수색중대 새끼 호랑이

"김 상사, 호랑이 나타났다. 호랑이 나타났어!"
"야, 이진삼 나타났다."

하사관들이 수군거렸다. 수색중대에서 6개월쯤 지났을까, 갑작스레 나는 사단장의 호출을 받고 불려갔다.

"이진삼 소위 사단장님께 불려 왔습니다."

준장 양중호 사단장은 밝은 표정으로 다가와 내 손을 잡으며 말했다.

"이 소위, 어서 오게. 이 소위가 전쟁 경험이 있는 중·상사 교육을 맡아줘야겠다. 전쟁 경험이 많은 하사관들의 문란한 군기를 잡아야겠어."

이들 대부분은 6·25전쟁에 참전했고, 군기 문란한 중사, 상사들로 학력은 낮지만 경력이 많아 군의 많은 일들을 좌지우지했다. 그러다보니 초급장교를 우습게 아는 중·상사들을 새롭게 교육시켜야 했다. 말하자면 위계질서를 세우기 위한 군기軍紀 교육이 필요했다. 이후 하사관들의 군기 교육을 맡은 내게 붙은 별명은 '호랑이'였다.

사단 내 780여 명의 하사관들을 2주에 50명씩 8개월에 걸쳐 사격을 비롯해 화기학, 소부대전술, 지휘통솔학 등 보병학교에서 배웠던 과목을 중점으로 훈련시켰다. 임무수행을 위한 초등군사반과정 OBC: Officer's Basic Course이었다. 나는 이들을 어떻게 교육시키고 지도할 것인가에 대해 연구했다. 사단 누구로부터도 교육지침이나 명령 또는 지시를 받지 않고, 모든 것을 알아서 했다. 정신 무장을 위해 한밤중에 고지로 뛰어가게 한다거나, 개울과 호수의 얼음물 속으로 뛰어들게 하기도 했다. 내가 솔선수범하니 하사관들은 불평 없이 따랐다. 그러는 사이 나는 사단에서 유명한 장교가 되었다. 내가 나타났다 하면 모든 하사관들이 벌벌 떨었다. 그렇다고 무턱대고 나를 무서워한 것은 아니었다. 교육대를 수료한 하사관들은 모여 앉으면 수료하지 않은 하사관들에게 교육받은 내용을 말하며 겁을 주었다. 낙제한 중·상사는 2주 후 재입교해야 했다. 재입교를 않기 위하여 입교를 미리 준비하는 하사관들을 본 전 장병들의 정신자세가 사단 군기까지 쇄신하는 계기가 되었다. 나로서는 군 생활 중 가장 힘들고 어려웠던 고단한 기간이었으나 25사단의 군

기강과 근무자세 확립에 기여할 수 있는 기회를 주신 양중호 사단장님께 감사드린다.

3·15부정선거와 4·19혁명

1960년 3월은 어느 때보다 세상이 어수선했다. 곧 실시될 정·부통령 선거 때문이었다. 예정된 정·부통령 선거에서 자유당 정권은 이승만과 이기붕을 정·부통령 후보로 내세웠다. 민주당인 야당에서는 조병옥과 장면을 정·부통령으로 내세웠다. 집권당이었던 자유당은 미리 선거 결과를 분석, 정당한 선거를 통해서는 승산이 없음을 알았다. 관권을 동원한 대대적인 부정선거 계획을 세웠다. 그런데 뜻밖의 일이 발생했다. 1960년 1월 29일 민주당 대통령 후보 조병옥이 신병치료차 미국으로 떠났다가 2월 25일 사망하는 바람에 대통령은 이승만의 당선이 확실시되었다. 선거의 초점은 당시 85세의 노령이었던 이승만의 유고 시에 승계권을 가질 부통령 선거에 집중되었다. 선거전이 본격화되면서 여당과 정부의 야당 선거운동을 방해하는 사건이 이어졌다.

지시된 부정선거 계획의 내용을 보면, 40퍼센트 사전투표, 3인조 또는 5인조에 의한 반공개 투표, 유령유권자의 조작과 기권 강요 및 기권자의 대리투표, 내통식 기표소의 설치, 투표함 바꿔치기, 무효표 조작, 개표 때의 혼표와 환표, 득표수 조작 발표 등 최악의 부정선거 책략이었다. 이러한 음모는 한 말단 경찰관이 〈부정선거지령서〉 사본을 민주당에 제공함으로써 폭로되었다. 세상이 어수선했다. 군 내부도 예외는 아니었다. 교육대 전 요원은 부재자 투표를 위해 2주간 원대복귀 명령을 받았다.

3월 5일 사단 특무대(방첩대)에서 교육대 전 요원을 대상으로 모의 투표를 실시했다. 그들이 나눠주는 번호가 찍힌 투표용지를 받아 투표를 하게 했다. 투표용지만 보면 누가 누구를 찍었는지 알 수 있는 어처구니없는 모의 투표였다. 말하자면 이승만·이기붕에게 100퍼센트 투표하려는 집권 여당의 꼼수였던 것이다. 당시 군 병력이 60만 명이 넘었던 점을 감안하면 군은 당락을 좌우할 수 있는 세력이었다. 나는 모의 투표에서 집권 여당을 찍지 않았다. 나로선 여당의 꼼수에 부응할 순 없었다. 소신껏 투표했다. 그러자 투표용지에 찍힌 번호로 나의 투표 내용을 알게 된 특무대는 내가 껄끄러울 수밖에 없었다. D-9일 전, 선거를 앞두고 교육을 받던 부대원들 모두가 부재자 투표를 위해 원대복귀를 했다. 나도 수색중대로 복귀를 준비했다. 하지만 나는 복귀를 해도 파견 나와 있던 터라 보직이 없었다. 특무대의 백순영 중위가 교육대로 나를 찾아왔다.

"이 형, 보신탕 먹으러 가자우!"

이북 출신의 그가 능청스럽게 다가왔다. 그보다 나이가 4살 어린 나였지만 그는 내게 함부로 대하진 않았다.

"이 형, 그동안 고생했으니 휴가 좀 다녀오시죠!"

그들은 내가 자신들이 원하는 대로 군의 투표 100퍼센트 달성에 응하지 않을 것을 알고 꼼수를 쓴 거였다. 나는 당연히 그럴 수 없다고 잘라 말했으나 교육을 받던 부대원들이 모두 원대 복귀한 마당에 나 혼자 교육대에 남아 있을 수 없어 고향으로 향했다. 모든 요원들도 원대 복귀하고 텅 빈 막사만 남았으며 침식을 할 수 없는 처량한 신세가 되었다.

3월 15일, 드디어 실시된 정·부통령 선거에서 집권당인 자유당은 사상 유례가 없는 부정선거를 저질렀다. 유령유권자 조작, 4할 사전투표, 선거운동의 폭력적 방해, 관권 총동원에 의한 유권자 협박, 야당 인사 폭행, 투표권 강탈, 3~5인조 공개투표, 야당 참관인 축출, 부정 개표 등 별의별 부정이 다 자행되었다. 그 결과 자유당 후보 이승만 963만 표(85퍼센트), 이기붕 833만 표(73퍼센트)로 당선 발표하였다.

대다수 국민들은 선거 결과를 인정하지 않았다. 이를 규탄하는 학생 데모가 각지에서 일어나기 시작했다. 최초로 경남 마산에서 부정선거에 항의하는 시위가 발생, 시위 진압 도중 경찰의 실탄 발포로 최소한 8명이 사망하고, 72명이 총상을 입었다. 이어 4월 19일, 대규모 시위가 전국적으로 확산되었고 서울에서도 연일 데모가 일어났다. 학생과 야당은 물론이고 시민 교수들까지 가세했다. 결국 1960년 4월 26일에 이르러 이 대통령이 스스로 하야下野성명을 발표함으로써 자유당 정권은 붕괴되었다.

4·19혁명이 성공한 여러 가지 이유 가운데 주목해야 할 것은 군의 태도였다. 군 장병들이 3·15부정선거에 불만을 갖고 있었으며 학생, 시민, 교수들의 시위에 동조하였다.

생도 시절, 우리는 국민의 뜻을 정확하게 읽지 못하는 자유당 정권을 걱정하며 월간《사상계》를 읽었고, 매주 수요일마다 자치활동 시간에는 법무참모인 조성각 중령과 함께 토론을 하곤 했다. 당시《사상계》의 발행인은 김구 선생의 비서를 역임했고 지속적으로 자유·민주·통일·반독재 투쟁에 헌신한 동대문구 국회의원이었던 장준하 박사였다. 육사생도들은 자유당을 지지하지 않았다. 오히려 '김구 선생은 누가 죽였나?'를 두고 깊은 토론을 했다. 우리는 3·15부정선거를 치르는 것을 보며 울분을 토했다.

6군단 하사관학교

25사단 하사관들의 군기를 잡았다는 소식을 들은 6군단장 소장 최홍희 장군으로부터 "25사단 이 중위, 군단 하사관학교에 와서 군단 내 하사관 태권도 교육을 하라"는 명령이 떨어졌다. 최홍희 군단장은 태권도 제일주의자로 정평이 나 있었다. 내가 군단 내 유명 장교가 된 것은 내게 교육을 받았던 25사단 하사관들의 입소문 때문이었다. 내 교육이 "엄청 빡세다!"는 소문이 군단 내 다른 사단장의 귀에까지 들어갔다. 소문을 들은 각 부대 육사 선배들이 내게 격려와 찬사의 편지를 써 보내는 해프닝도 이어졌다.

"이봐, 이 중위. 살살 해. 우리 선임하사는 잘 좀 봐주라고."

봐줄 것도 없고 봐줄 일도 아니란 건 그들이 먼저 알고 있었을 터다. 그들은 결코 내 교육 방식이 싫지 않아 응원을 보내왔던 것이다. 그러다보니 어딜 가든 '이 중위'를 부르며 나를 한껏 치켜세우는 바람에 부족한 게 많았어도 우쭐하는 마음이 아주 없었던 것은 아니었다. 사람인지라 그때는 정말 내가 잘하고 있어 그런 줄 알았다.

중대장

6군단 하사관학교에서 임무를 마치고 25사단으로 복귀하여 수색중대 부중대장 임무를 수행하던 중 군단 주최 예하 각 사단과 직할부대 대항 운동경기에 25사단 대표 책임자로 선발되었고, 합숙훈련을 통하여 종합우승의 영광을 차지하였다.

선수 선발부터 계획적이고 체계적인 훈련은 물론 사단 참모장의 책임하에 숙영시설, 급식, 운동복, 운동화, 운동기구 등 철저한 준비를 하였다. 사단장 김재명 장군이 숙영지를 직접 방문하여 애로사항이 있으면 지원하겠다고 약속하였다.

동두천 소요산에서 선수를 위한 자축 파티가 사단 주요 지휘관 등이 참석하여 군악대의 사단가가 울려 퍼지면서 성대히 거행되었다. 선수 등은 포상 휴가를 받았다. 나는 장기간 부대를 비워야 했기 때문에 휴가를 반납하고 부대로 복귀하여 전방 수색중대원들의 지원과 특공무수도 교육시켜야 할 입장이었기에 대답은 했지만 휴가 갈 입장은 아니었다. 사단장은 본부 좌석 끝에 앉아 있는 나에게 "이 중위 육사 15기라고 들었는데, 중대장 해야지"라며 연대장들을 돌아보자 72연대장 김익설 대령이 "저의 연대에서 중대장 시키겠습니다."라고 했다. 그래서 "사단장님 저는 육사 졸업한 지 3년밖에 안 됐고, 중위라 안 됩니다."라고 하자 "무슨 소리야. 육사 4년에 3년이면 7년 아닌가? 충분해."라고 했다. 나는 내심 싫지 않았다. 170여 명의 중대장을 멋있게 할 각오가 섰다. 파티가 끝나자 72연대장은 말했다. "내 차에 타라. 나하고 같이 가자".

4월 25일 3대대장 안수성 중령 주재하에 지휘관 휘장을 가슴에 달고, 어깨에 파란 지휘관 견장을 붙이고, 연대 내 인접 중대장들의 참석하에 취임하였다. 중대원들은 이름만 듣던 이 중위가 누굴까 호기심 어린 눈초리였다. 취임사는 간단했다. 나에게는 여기 서 있는 중대원과 국가만이 있을 뿐이다. 불가능은 없다. 우리 중대는 적 대대를 무력화시킬 수 있다. 무적의 11중대는 승리와 전진만이 있을 뿐이다. 함께 싸워 이기자.

육군에서는 중대장(대위, captain)부터 지휘관이다. 지휘자와는 개념이 다르다. 그래서 지금도 준장으로 여단장을 한 것과 소장으로 사단장을 한 것보다 중위로서 중대장 한 것을 군 생활 중 최고의 영광으로 생각하고 있다. 중위를 중대장으로 시켜주신 김재명 사단장을 지금도 잊지 못하고 있다.

군사 사전과 영한사전에 captain은 육군, 공군, 해병대의 대위와 해군에서는 대령이며 함(선)장을 일컫는 표현으로 각 군의 지휘관이다. 일명 우두머리 **boss, chief**를 통칭한다. 군에서는 중대장 이상에게 지휘관이라 칭하며, 가슴에 철제 휘장을 패용하게 되어 있다.

1962년 8월에 국가재건최고회의 비서실장인 윤필용 대령이 72연대장으로 부임하였고, 9월에는 황필주 준장(국가재건최고회의 최고위원)으로 25사단장이 교체되었다. 신임 사단장은 참모장에게 전속부관을 선발하도록 하였다. 참모장은 참모들과 토의 끝에 나를 전속부관으로 추천하기로 결정하고, 나를 참모장실로 호출하였다. 참모장은 사단장에게 보고하기 위하여 약식 자력

표를 작성하였고, 사단장이 군단 회의를 마치고 귀대하면 최종 결재심을 받기 위해 호출했다는 이야기를 하였다. 나는 "참모장님! 저는 중대장을 4개월밖에 하지 않았습니다."라고 하자 참모장은 경력에 지장 없도록 중대장 직책으로 놔두고 사단장 전속부관으로 보좌하기를 권했다. 나는 정색하면서 "참모장님, 이중 보직은 안 됩니다. 저는 실제 경험이 필요합니다. 제가 중대장을 해보니 굉장히 중요한 직책입니다. 중대장을 하지 않고는 대대장도 연대장도 할 수 없다는 것을 느꼈습니다. 제가 중대장 보직을 마치고 모실 수 있도록 사단장님께 건의해 주십시오!"라며 하지 않겠다는 것을 우회적으로 정중히 말하고 부대로 복귀하면서 생각했다. 4개월 전 중대장 취임을 하면서 "나에게는 중대원과 국가만이 있을 뿐이다. 우리 중대는 적 대대를 무력화시킬 수 있다. 함께 싸워 이기자"고 다짐했던 취임사가 생각났다.

전속부관을 사양한 나에게 군단장 전속부관을 하고 있는 동기생 K 중위가 한 말이 기억났다. "우리가 군에서 윗분 모시면서 많은 장군들을 알게 되면 진급하는 데 도움이 된다."는 말에 "글쎄, 자네 생각과 내 생각이 다르다."고 하며 군인답지 못한 그의 말에 다음에 보자며 식사를 사양하고 돌아왔다.

훈련 시 흘린 땀은 전투 시 피를 대신한다

군인의 3대 전투 요소는 전술, 체력, 정신이다.

개인화기 사격을 위시하여 수류탄 투척, 총검술, 참호격투, 침투(기만, 기습) 대침투(수색, 매복), 유격, 화생방(방독면), 하천선(도하), 전차(공격), 대전차(방어), 특공훈련, 헬기레펠(공중침투, 탈출), 진지 및 개인호(구축), 동계(설한), 하계(혹서, 강우), 근접전투, 야간, 산악, 생존, 구급법, 주 2회 이상 200고지의 산악점호와 저격병 사격훈련, 공용화기(기관총, 박격포, 로켓포)의 숙달 훈련을 하여야 한다. 가장 중요한 지휘관은 중대장인 대위다. 육군은 중대장, 소대장, 선임하사, 분대장이 최일선 지휘자다. 내게 어느 직책이 가장 좋았느냐고 묻는다면 중위로 중대장을 수행한 것이 가장 보람 있었다고 말하고 싶다. 중대장이 최고다.

중대 테스트는 연대에서, 대대ATT는 사단 주관하에, 연대RCT는 군단 주관하에 훈련 평가를 한다.

미리 알고 미리 막는 슬기로운 간부가 되자. 무능한 간부(상급자)는 적보다 더 무섭다. 왜냐하면 적과의 전투에서 부하들을 희생시키기 때문이다.

부하들을 희생시키지 않는 슬기로운 간부를 목표로 나는 중대장이 끝나면 대대장 준비, 대대장 끝나면 연대장 준비, 연대장 마치고 공수특전여단장 할 때는 사단장 준비를 하였다. 보병장교로 부족한 포병전술을 인접 부대 33사단 포병연대장인 엄섭일(육사 19기 전 포병학교 포술학교관) 육사 후배를 저녁 7시에 불러 매주 2번씩 2개월간 포병 교육을 받았다. 1982년 사단장으로 부임하여 최강의 포병연대로, 군단장, 군사령관, 참모총장을 하면서 전군 포병을 강력한 화력 지원 부대로 양성한 것에 큰 보람을 느낀다.

휴무일休務日

기독교에서 안식일은 주일主日로 삼는 일요일을 말하며 안식교와 유대교는 토요일을 안식일로 삼고 예배를 본다. 안식년은 서양의 선교사와 유대인들이 7년 만에 1년씩 쉬는 해이다

인간이면 누구나 자유를 그리워하지만 24시간 틀에 박힌 생활을 하는 군인들은 특별히 그러하다. 토요일 오후부터 일요일 그리고 공휴일을 휴무일로 정하고 근무자 외에는 옷을 벗고 모든 장병은 영내에서 썬탠을 하거나 지역 광산에서 구한 자갈을 깔아 먼지 없는 영내 도로를 맨발로 걸으며 발

바닥을 단련하고 무좀을 예방했다. 매년 9월에 육체미, 깜둥이, 발바닥 대회로 챔피언을 선발한다. 운동, 세탁, 독서, 오락회, 낮잠을 즐기는 등 피로를 푼다. 부모님께 소식도 전하고 면회도 한다. 기상 이변으로 인한 도로 복구와 제설작업 등 돌발 상황이 아닌 이상 식사 집합 없이 자율배식하고 야간점호도 없이 인원만 확인한다. 일직사령이나 일직사관이 못살게 다그치는 것이 군기 확립인 줄 착각하고 있다. 군대를 피동적인 강압 집단으로 간부들도 교육받고 임관한다. 일과시간에는 노는 사람이 없다. 8시간 하루 일과를 6시간에 마치고 오후 4시부터는 장교들도 장병들과 철봉, 평행봉, 아령, 곤봉, 역기, 줄넘기, 넓이·높이뛰기, 주먹 단련, 참호격투 등 온몸을 단련한다. 무더운 여름 2주간 하천을 이용하여 야영장을 개설하여 휴양 겸 전투수영은 장병들이 좋아하는 훈련이다. 80% 이상의 수영 경험이 없는 장병들에게 도하 훈련을 할 수 있는 좋은 기회다.

나는 부대원들에게 3km달리기(12분 30초~13분 30초), 윗몸일으키기(86회/2분), 팔굽혀펴기(72회/2분) 등 특급 체력을 보여주기도 하였다.

장병들은 휴가 중에도 매일 아침 운동복을 입고 운동하고 침구 정돈과 집안 정리, 청소를 하여 교회 처녀들로부터 "저 집 막둥이 군대 가서 사람 되었다. 최고다"는 소리를 들었다고 귀대 후 자랑하자 다른 병사들도 대대장으로부터 정신교육받은 대로 하여 휴가 가서 칭찬받았다고 하곤 했다.

나는 어려서부터 운동을 좋아했다. 학과 우등은 못 했지만 열심히 운동을 했기에 자신 있게 적과의 소총과 권총 수류탄전 등 여러 교전에서 부상 한 번 당하지 않고 살아남았다. 적진에서 개울물을 먹고 심한 복통으로 고생한 적은 있다. 나는 부하들에게 극한 상황에서의 극기훈련을 강조했다. 내가 적과 조우 시 적을 두려워하지 않는 이유가 있다. 4년간 공비 잡는 특공대장을 하였고 포로가 된 공비들을 다루면서 별것 아닌 존재로 알고 있었다. 적을 무찌르고 국가에 충성하고 부모님께 당당하고 처자식에게 떳떳이 나타나야 한다는 생각으로 겁 없이 싸웠다. 싸우다 죽으면 1계급 특진하고 을지·충무무공훈장을, 살아서 적을 잡으면 화랑·인헌무공훈장을 받는다. 같이 싸우다 희생당한 전우들의 고별 식장에서 떠나는 영구차를 붙잡고 울부짖는 가족들을 보면 죄책감을 느꼈다. 차라리 내가 저 운구차에 대신 탔으면 했다. 매년 6월 동작동 현충원을 찾을 때마다 유명을 달리한 전우들 앞에서 지난날 불행했던 날을 생각하며 숙연해진다. 초급장교는 체력이 강하고 용기 있고 용감해야 하며 고급장교는 정신적인 용기도 있어야 한다. 우선 초급장교는 병사들 앞에서 솔선수범하고 용감하려면 체력이 강해야 한다. 운동을 좋아했기에 대령 시절에 장군 직위 체육(사격)부대장으로 보직되었고 전역 후 체육청소년부 장관을 하게 된 것이 아닌가 싶다.

11중대 선임하사관(인사계)에게 다른 중대 선임하사가 물었다.

"너희 호랑이 중대장 무섭지 않냐? 그런 중대장이랑 어떻게 근무 하냐?"

그러자 11중대 선임하사가 대답했다.

"야, 이 사람아. 호랑이가 제 새끼 잡아먹는 거 봤나?"

72연대장(대령 윤필용)은 연대 내 중대별 테스트가 있으면 그 심판장을 각 중대의 대위 중대장을 젖혀두고 중위인 나에게 위임했다. 내가 맡은 11중대는 심판받을 필요가 없다는 얘기다. 우리 중대원들은 다른 부대가 상대하지 못할 만큼 부하들이 알아서 임무를 수행했다. 나는 병사들 모두에게 전투훈련 시 행동지침을 명확히 하고, 목표 선정과 화력운용, 기동과 사격 등에 대해 자세한 설명을 해줬다. 임무수행을 위해 다른 누구보다 열심히 그리고 끊임없이 노력했으며 그것을 병사들에게 알려주고 교육하는 것을 게을리 하지 않았다. 사기충천한 가운데 우리 중대의 소대장과 하사관들은 의기투합하여 최고의 중대를 만들었다. 나는 중대장으로서 여유 있고 재미있는 군 생활을 할 수 있었다.

연대장 윤필용 대령

"끼이익" 스키드 마크를 내며 까만 지프차 한 대가 내 앞을 가로막았다. 깜짝 놀라서 보니 지프차에서 내린 사람은 전두환 소령(당시 국가재건최고회의 비서관)이었다. 다짜고짜 "이진삼 중대가 어디야?"라고 묻던 전 소령은 "잘하고 있다는 소식 듣고 있다, 연대장이 새로 왔다. 인사시켜줄 테니 차에 타라." 했다.

함께했던 시간은 불과 4개월. 내가 육사에 입학했을 땐 그가(육사11기) 졸업을 앞두고 있었고, 사용하던 그들의 퀸셋(막사)도 우리와 멀리 떨어져 있어서 실제 만날 기회는 없었다. 하지만 나는 자연스레 선배들로부터 관심의 대상이었다. 특히 육사 11기들, 말하자면 전두환, 권익현, 정호용, 손영길, 노태우, 김복동 등은 나에 대한 관심과 사랑이 컸다. 우등생이어서가 아니라 단지 군인답다는 사실 하나만으로 나는 그들의 관심을 받았다. 졸업 후에도 선배들은 학교를 방문해 PX에서 먹을 것을 사주면서 사기를 북돋아주었다.

전 소령은 나를 차에 태우고 연대본부로 가서 윤필용 대령 앞에 섰다. 그로 말하자면 1961년 5·16혁명으로 국가재건최고회의 의장이던 박정희 장군의 비서실장을 맡았던 막강한 인물이다. 내가 혁명정부에 관심을 가졌던 것은 혁명 당일인 1961년 5월 16일 새벽 중앙방송을 통해 내걸었던 6가지 공약에 있었다. 요지를 정리하면,

①반공을 제1의 국시國是로 삼아 반공체제를 강화 ②유엔헌장을 준수하고 미국을 비롯한 자유 우방과의 유대를 견고히 하고 ③모든 부패와 구악舊惡을 일소하고 새로운 기풍을 진작 ④절망과 기아에 허덕이는 민생고를 해결하고 국가경제를 재건 ⑤국토통일을 위해 공산주의와 대결할 수 있는 실력 배양에 힘쓰고 ⑥과업이 완수되면 양심적인 정치인들에게 정치를 이양

하고 군 본연의 임무로 돌아간다는 내용이었다.

위의 6개 조항을 그대로 이행하기만 하면 혁명정부는 그야말로 위태로운 나라를 구하는 것이다. 혁명의 주체가 군인들인지라 나는 그들이 내건 공약을 신뢰했다. 실제로 혁명정부 초기에는 폭력배들을 소탕하고 부정축재자를 엄단하는 등 개혁에 박차를 가하는가 싶었다. 그러던 것이 시일이 지날수록 개혁과는 거리가 멀고 내부의 권력투쟁이 이어졌다. 실망스러웠다. 그런 와중에 1962년 여름, 윤필용 대령이 내가 있는 소요산 인근 지역 25사단 72연대장으로 부임해왔다.

윤필용 대령의 첫 인상은 소탈하고 인간적이었다. 새까만 후배인 내게 먼저 손을 내밀어 악수를 청해오는가 하면, 스스럼없이 "더운데 목욕하자"며 소요산 입구 개울로 뛰어들어 목욕을 하는 바람에 전두환 소령과 나도 덩달아 빨가벗고 목욕을 하는 것으로 첫인사를 했다. 그것도 수건 하나와 비누를 순서대로 돌려쓰면서 서로의 등을 밀어주었다. 당시 연대본부나 연대장 숙소엔 목욕탕이 없었다. 목욕을 마친 후 나는 두 분과 함께 화교가 운영하는 동두천의 태화관을 찾았다. 주인은 국소남이란 사람으로 만주 황포군관학교 출신의 화교였다. 그는 일행이 안으로 들어서자 윤필용 대령과 전두환 소령은 아랑곳하지 않고 다짜고짜 나를 향해 이렇게 외쳤다.

"대한민국 최고의 군인 이진삼 중위님, 어서 오십시오."

여전히 군인정신이 남아 있는 듯한 목소리였다. 깜짝 놀란 내가 눈을 부라리며 "허, 이 사람. 연대장님과 함께 왔다니까."라고 하자 "그렇습니까?" 하면서 그대로 주방으로 가더니 이내 음식을 내왔다. 그리고 한다는 소리가 "이것은 이 중위님이 오셨기 때문에 특별히 준비했습니다." 하는 거였다. 이를 본 윤필용 대령이 말했다.

"야 이진삼, 동두천까지 인맥을 뻗어놨나?"

부하를 대함에 있어 권위를 내세우지 않으려는 그의 농담이었다. 실제로 그는 인간적으로 장점이 많은 분이었다. 지켜본 바로는 능력 있는 부하에게는 늘 그 능력을 발휘할 기회를 만들어 주었다. 물론 그런 인간적인 면이 나중에는 스스로를 옭아매는 단초를 제공하긴 했지만. 이후 그는 나를 자주 불렀다. 그 자리에서 그는 "난 사실 전방 생활한 지가 오래되었다. 전방부대에 대해선 잘 몰라. 그러니까 이 중위가 자주 들러 자세한 얘기 좀 해주도록" 하며 당부를 해왔다. 나는 그 자리에선 "네, 알겠습니다." 대답을 했지만 부대 상황을 알리기 위해 내 발로 연대장을 찾아간 적은 없었다. 대대장을 넘어 연대장을 찾아간다는 것은 쉬운 일이 아니었다. 내 발로 연대장을 단 한 번도 찾은 적이 없다는 사실을 윤필용 대령으로부터 전해들은 육사 11기생들은 하나같이 엄지를 추켜세우며 입을 모아 이렇게 말했다고 한다.

"거 보십시오. 이진삼이 군인 중의 군인 아닙니까."

훗날 윤필용 대령은 나와의 첫 만남을 이렇게 표현한 바 있다.

"당신 말이야. 처음에 봤을 때, 눈에서 불이 번쩍번쩍 나더라. 내가 국가재건최고위원회의 비서실장이었다고 하면 의기소침해지거나 잔뜩 주눅들 줄 알았는데 눈 하나 꿈쩍하지 않는 거야. 처음이야, 당신 같이 당당하고 할 말 하는 사람."

그 어떤 것에도 거리낌 없는 뱃장 좋은 군인인 내가 더 마음에 들었던 모양이다. 그러면서 한마디 덧붙였다.

"나한테 앞으로 형님이라 불러, 알았지!"

지금은 대령과 중위의 관계가 아버지와 자식 사이처럼 나이 차가 나지만, 1962년 당시 육사 8기와 15기 사이는 6~8년 차이의 형님과 동생뻘로 맞담배를 필 만큼 막역했다.

할리우드 상

윤필용 대령이 연대장으로 부임하고 한 달 정도 되었을 무렵 군단 시범이 예정돼 있었다. 내가 직접 시나리오를 써서 선보일 연극은 〈개인훈련 기록카드〉였다. 사격, 체력, 각개전투, 총검술 등의 점수를 매기는 것으로 병사 개개인의 훈련기록을 한눈에 볼 수 있도록 만든 개인훈련 기록 내용이었다. 육군본부에서 인쇄하여 각 부대별로 실행하도록 했었는데 그대로 되지 않고 있었다. 그러자 테스트나 지휘검열을 할 때면 모두 우리 중대로 몰려들었다. 이를 본 연대장 윤필용이 사단장에게 보고하고 사단장은 또 군단장에게 보고를 하면서 내가 맡고 있는 11중대로 하여금 시범을 보이도록 했다.

이후로 전 군단 내의 중대장급 이상은 우리 중대에서 시범을 보도록 지시가 내려졌다. 다시 소대장급 이상으로 군단장의 지시가 하달되면서 우리 중대의 시범을 3일 동안 세 번이나 실시하였다.

시범 전 날, 연습을 하고 있는데 연대장 윤필용 대령이 시범장을 찾아왔다. 한참을 지켜보고는 내게 이런저런 아이디어를 내놓았다. 그런데 나는 그의 참견이 영 마음에 들지 않았다. 나는 그가 그러든 말든 대꾸하지 않고 자리를 피해 연대에서 보내준 지프차에 올라탔다. 다음 날 오전에 있을 시범 내용을 수정하기엔 시간이 너무나 촉박했기 때문이다. 그는 잠시 머뭇거리다가 떠나버렸다. 속으론 내가 엄청 괘씸했을 터였다. 하지만 그는 일절 내색하지 않았다. 의외였다. 아랫사람의 주장이 옳을 때는 깨끗이 인정하는 합리적이고 공정한 분이라는 걸 익히 들어 알았지만, 그날 내 행동에 무덤덤한 표정을 보였던 것에는 지금 생각해도 죄송한 마음이 든다.

시범 첫날, 나는 군단 내 중대장급 이상 지휘관 700여 명 앞에서 〈개인훈련 기록카드〉 시범을 보였다.

"우리가 전투력을 강화시키기 위해선 중대장으로서 갖춰야 할 것들이 있습니다. 사격, 체력, 각개전투, 총검술 등 모든 전투 행동 지침에 있는 과목을 체계적으로 병사들에게 훈련시켜야 합니다."를 시작으로 "저는 이렇게 해서 전투력을 증강했습니다. 적어도 이등병으로 들어와 일등병이 되고 상병이 되기 이전에 거의 '우'를 받지 않으면 안 됩니다. 이는 전적으로 초급장교와 하사관이 책임져야 합니다." 내가 여기까지 설명을 하면 지켜보던 연대장 중의 누군가가 내게 질문을 하도록 돼 있었다. 연대장 한 명이 질문을 했다. 내가 대답했다.

"연대장님, 여기 군단장님도 계시고 사단장님도 계신데 무슨 질문을 하십니까. 가만히 계시면 설명을 해드릴 텐데 말입니다. 질문을 하시면 연대장님만 모르는 것처럼 되지 않습니까?"

나는 느닷없이 시나리오에 없던 얘기를 해버렸다. 그 말에 군단장을 비롯한 사단장들과 모든 장병들이 박장대소하였다. 군단장 김계원 장군은 자리에서 벌떡 일어나 "이봐 사단장, 저 11중대장 아까 뭐라고 했지?" 하고는 내 계급장을 보더니 "어이, 저 이 중위, 할리우드 상 줘"라며 사단장에게 지시하였다. 거칠 것 없고 소신 있는 내 언행은 어디서든 튀었다. 하사관들 군기 교육으로 유명해지고 모범 중대장으로 유명한 데다, 군단장까지 나서서 할리우드 상을 주라고 하니까 군단 내에서 내 이름을 모르는 이가 없을 정도였다.

나는 특별히 잘하는 게 없다고 여겼다. 생도 시절엔 원칙과 이상을 추구했고, 현지에선 그 원칙과 이상을 추구하기 위해 솔선수범에 나섰을 뿐이었다. 그런 평범한 나를 모두가 칭찬하였다. 며칠 후, 나는 군단장 공로표창을 사단을 통해 받았다.

아는 만큼 보인다

72연대 각 중대는 교대로 사단을 지원하는 탄약 중대 경비 임무를 부여

받았다. 경비 중대는 경비 책임이 있고 탄약 보급 관리는 탄약 중대가 맡았다. 경비를 서기 위해선 산의 나무를 깎아내야 했다. 나무와 숲이 무성하면 시계視界와 사계射界를 가려 경비를 설 수 없어 청소를 해야 한다. 베어낸 나무들이 부대 한구석에 제법 쌓이기 시작할 무렵 나는 곰곰이 생각했다. 베어낸 나무들을 그렇게 방치할 게 아니라 장병들을 위해 의미 있게 쓸 데가 없

1962년 중대장 시절 지은 목욕탕

을까 생각했다. 부대 근처에서 살림을 하고 있는 나이 많은 하사관들이 떠올랐다. 그들 가족 숙소에 나누어 주어 땔감으로 요긴하게 쓸 수 있었다. 물론 병사들을 위해서도 요긴하게 사용했다. 목욕탕을 만들어 주었던 것이다. 탄약이 담겨 있던 상자를 이용했다. 미국에서 지원 받은 양질의 나무 상자였는데 탄약 중대장이 그것을 땔감으로 사용하고 있었다. 나는 탄약 중대장 대위 김두섭과 상의하여 사계 청소하며 쌓아 두었던 나무와 나무 상자를 맞바꿔 목욕탕을 짓기로 하였다. 야외 훈련을 하며 눈여겨 뒀던 마을 농가의 논에 가마니로 덮어 두었던 딱딱하게 말려놓은 흙벽돌을 구해왔다. 거래는 마찬가지로 물물교환이었다. 흙벽돌 주인을 만나 사계 청소를 하며 베어 둔 나무와 맞바꿀 것을 제안했다. 주인은 웬 횡재인가 싶은지 선뜻 수락했다. 인접 공병 대대장에게 땔감나무를 주고 시멘트 10포와 교환하여 훌륭한 목욕탕을 지었다. 춘하추동 병사들이 일주일에 두 번씩 목욕하는 중대는 전군에서 우리 중대뿐이었다. 몸이 깨끗해야 내복이 깨끗하고 이도 생기지 않는다. 병사들은 말할 것도 없고 연대장 윤필용 대령이 기뻐했다. 그도 그럴 것이 연대장 관사는 민간인 집을 얻어 살고 있던 터라 목욕탕이 없었다. 연대장 윤필용 대령은 "11중대장, 오늘 목욕할 수 있나?"라며 전화로 묻고 일주일에 한 번 목욕탕을 찾았다.

"연대장님 일주일에 두세 번 목욕하시죠. 준비해 드리겠습니다. 2시간 전에만 지시하십시오. 목욕료는 무료입니다. 돈 받으면 세금내야 합니다."

한바탕 웃었다.

"인간과 관련된 일은 어떤 것도 사소한 것은 없다"라는 말마따나 내가 보는 세상의 모든 것은 간과할 수 없는 일들로 수두룩했다. 주위를 살피는 것만으로도 할 수 있는 일들이 무궁무진하다. 아는 만큼 보이는 것이 세상의 이치다. 이후로도 중대 운동장을 개척하며 캐낸 돌로 배수로를 깨끗하게 정리, 세탁장과 건조장, 체력단련장을 만들었다. 영내에서 배수로 뛰어 넘기,

계단 오르내리기 훈련은 보병부대의 기본 훈련이다.

깨어 있는 생각

보잘것없는 사람도 위대하게 만드는 묘약들 가운데 으뜸이 '술'이다. 아마도 이의를 달 사람은 없을 것이다. 굳이 손들고 토를 달자면 '깨어 있는 생각' 정도가 아닐까 싶다. 돌이켜 보건대 내게 있어 군대 생활은 '깨어 있는 생각'의 연속으로 언제나 슬기와 지혜를 발휘하며 건전한 생각으로 부지런하게 초급장교 시절을 보냈다.

연대 군수과에서 해야 할 월동준비 김장을 연대장 윤필용의 지시로 책임진 적이 있었다. 배추, 무, 그리고 일체의 양념까지 동두천 농협으로부터 납품을 받았다. 철저한 검수 과정에서 품질 미달로 감량을 때려, 정량의 반 이상을 더 납품받아 김장을 하게 되었다. 당초 예정량의 130퍼센트 김장을 담글 수 있었으며 10퍼센트 이상의 많은 양의 배추와 양념에 대해 연대장에게 보고를 하면서 남은 배추를 어디에 쓸 것인가에 대한 건의를 하였다.

연대장은 빨리 사진사를 불러서 사진을 찍으라고 하면서 눈이 휘둥그레졌다. 김장을 넉넉하게 하고도 소금에 절인 배추가 많이 쌓여 있었고 감량 때린 고춧가루, 마늘, 파, 심지어 생강까지 깨끗하게 다듬어져 있는 것을 사진사는 촬영했다.

"연대장님, 충분하게 김장을 담갔습니다. 중대별로 보급하고도 절인 배추가 8톤 가량 남았습니다. 이것을 결혼한 하사관들, 장교, 연대 대대의 간부 식당, 격오지 부대 등에 분배해서, 김장하도록 건의합니다."

내 말이 떨어지기 무섭게 연대장은 180cm의 건장한 몸으로 165cm 신장의 나를 끌어안았다.

"이진삼, 알아줘야 해. 왜 작년엔 이렇게 못 했지?"

연대장은 곧 사단장에게 사진을 보여주며 이 사실을 보고했다.

나는 주·부식(쌀과 부식) 납품 과정에 동두천 농협과 연대 군수과(S-4)의 밀착 관계를 의심하지 않을 수 없었다. 수시로 촌지 거래가 있었던 것이다.

이후 72연대의 김장에 관한 소문이 군단에 퍼지면서 군단 감찰부에서 확인까지 나왔다. 일개 중위가 김장을 맡아 처리한 것도 그렇고 그 일로 부대 사기를 높였다는 것에 몹시 놀라는 눈치였다. 연대 내 하사관들은 자신들에게 엄격했던 사단 교육대 이진삼 중위가 "김장을 해줬다. 앞으로 장군이 될 인물이다"라며 몹시 좋아했다고 들었다.

리더십

중대장을 할 당시는 5·16혁명이 일어난 후 1년이 지난 때로 몹시 어려운 시기였다. 쌀과 보리(압맥)를 4 대 6으로 혼식했다. 그런데 상부에서 공문이 내려왔다. 종전 4 대 6으로 혼식하던 것을 3 대 7로 하고 남는 쌀의 양이 얼마인지를 명시한 후 반납하도록 했다. 쌀 소비량을 줄이기 위함이었다. 그러면서 '60만 명의 장병이 보리를 더 먹고 쌀을 절약하자'고 했다. 상부 지시가 내려와 각 부대별로 실행에 들어갔다.

며칠 후 점심시간, 대대장이 우리 중대 식당을 방문했다. 대대장은 병사들을 향해 큰소리로 말문을 열었다.

"자네들, 보리가 더 들어가니까 밥맛이 좋지 않나?"

그 말에 병사들은 아무도 대답하지 않았다. 동의하지 않았다. 보리가 얼마나 입안에서 껄끄러운지는 질문하는 대대장이 더 잘 알 터. 그러면서도 대대장은 다시 물어왔다.

"밥맛, 좋지 않나?"

그제야 병사들은 마지못해 "네" 말꼬리를 늘어뜨리며 대답했다. 이를 지켜보던 나는 안 되겠다 싶었다. 대대장이 떠난 후 중대원들에게 말문을 열었다.

"중대원 여러분, 지금 대대장님은 혼식 비율이 3 대 7인 게 미안해서 그렇게 말씀하신 거다. 보리밥 먹기에 얼마나 괴롭겠나. 하지만 그렇게 함으로써 쌀을 절약하여 국가경제에 이바지하게 되는 점을 명심하자. 한 번 씹을 것을 두 번 씹고, 두 번 씹을 것을 세 번 씹어 먹으며 부강한 국가를 만드는 데 보탬이 되자. 미래의 찬란한 대한민국을 만드는 데에 우리 중대원들이 솔선수범하자"

그러자 중대원들이 기다렸다는 듯이 "네, 알겠습니다." 하며 큰 소리로 답했다. 나의 지휘 통솔 방법은 대대장과 달랐다.

"패장은 병법을 논하지 못한다敗軍將兵不語는 말이 있다. 이 말은 6·25전쟁이 발발하자 스미스부대를 비롯해 일본에 주둔하고 있던 미 제24사단을 즉각 투입, 한반도 적화를 막아낸 딘 장군(1899. 8. 1.~ 1981. 8. 24.)이 공산국가에 대하여 경계해야 할 이유를 한신韓信의 고사를 이용해 한 말이다. 3년간 북한에서 포로생활을 하고 석방되는 수모를 겪었지만, 지독한 굶주림과 회유에 시달리는 극한 상황 속에서도 나라를 배반하지 않은 군인정신이 투철한 장군이었다.

적군의 포로가 되었다는 사실에 실망하는 사람도 있지만, 남다른 부하 사랑으로 위기에 처한 부하를 살리다 생긴 일이었다. 투철한 군인정신과 인간미 넘치는 장군이었다. 포로가 되어 격리 수용되었을 때도 부하 병사들과 함께 지낼 것을 요구, 장군의 위신과 미군의 체면을 손상하지 않기 위해 상관이자 지휘관으로서의 명예와 군인수칙에 충실했던 리더십이 돋보인 장군이었다.

초급장교는 용기와 체력이 강해야 하고, 고급장교는 정신적인 용기와 지혜 그리고 강력한 리더십을 발휘해야 한다. 그러기 위해선 초급장교 시절부터 꾸준히 노력하고 경험을 쌓아가야 한다.

보병 장교

1959년 4월 육군사관학교 졸업 1개월을 앞두고 생도대장 최주종 장군은 졸업생(임관장교) 176명을 식당에 교번 순으로 앉히고 육군본부에서 하달한 병과분류를 위한 면담을 실시했다. 보병 100, 포병 38, 공병 25, 통신 10, 기갑 3명이었다. 문제는 보병 지원자가 77명으로 23명이 부족했는바 설득, 조종을 하기 위한 자리였다.

"5중대장생도 이진삼 일어나. 제1, 제2, 제3 지원 모두 보병 맞나?"

"맞습니다."

"잘 생각했다. 앉아!"

10초 만에 끝났다.

전투 시에 보병 소위는 소모 소위라는 말이 있다. 격렬한 전투 3번이면 사망 아니면 부상으로 후송한다. 선후배들은 내가 보병을 지원할 것으로 예상했을 것이다.

직업(병과) 선택

★3대 요소
- 적재적소(適材適所) • 직장취미(職場趣味) • 능력발휘(能力發揮)

★3대 특성
- 성격(性格): 용감(勇敢), 침착(沈着), 견인(堅忍)
- 기질(氣質): 치정(緻精), 쾌활(快活), 간단(簡單)
- 행동(行動): 신속(迅速), 정확(正確), 비밀(秘密)

나는 동기생들에게 듣기 좋은 이유를 말했다.

"포병은 수학을 못하니 아군 머리에 포탄을 쏠 것이고, 공병은 도로든 교량이든 설계도 못 하고, 통신은 전기를 모르니 불통이고, 기갑은 지형, 기상, 시계에 제한이 있고, 답답하여 소규모 병과에 가지 않겠다. 보병 구호는 '나를 따르라' 포병은 '알아야 한다' 공병은 '건설과 파괴' 통신은 '통하라' 기갑은 '번개와 같이'라는 구호를 나는 기억한다."

빗발치는 포화 속에서 부하들과 같이 몸을 던져 목표를 점령, 태극기를 꽂기 위해서는 '나를 따르라'가 가장 가슴에 와 닿는 구호라고 생각했다. 무더운 삼복더위 훈련 중 공격을 위한 집결지로 170여 명의 중대원과 행군하는 나를 보고 타 병과 동기생들은 먼지를 일으키며 지나가면서 "이진삼, 수고해" 위로하는 듯 말했다. 나를 믿고 따라오는 우리 부하들, 콩나물국, 김치에 보리밥(압맥8 대 쌀2) 먹고 당당히 행군하는 모습을 국가를 위한 최고의 충성으로 표현하고 싶다.

1961년 9월, 1군사령부 부관참모로부터 출두지시를 받았다. 그는 육사7기 특기 이규선 대령으로 외할머니와 같은 전주 이씨이며, 조카로 초등학교 시절에 본 적이 있었다.

"이 중위, 전방에서 고생이 많다. 이번에 미국유학 기회가 있다. 5개 병과 병기, 수송, 병참, 헌병, 부관 중 선택해라."

"무슨 말씀이십니까? 저는 안 가겠습니다. 육사 생도대장과 김기태 대위 등 선배들이 5중대장생도 이진삼은 보병으로 보내자는 토의가 있었습니다."

이 대령은 잠시 나를 쳐다보았다.

"우리 동기생들이 전방 연대장 하고 있는데 그들은 장군 바라보지만 나는 장군 된다는 보장이 없다. 이진삼, 군 생활 잘하여 장군 되기 바란다."

"여하튼 배려해 주신 점 감사합니다."

원주-청량리-대광리행 열차로 귀대하면서 생각에 잠겼다.

'빗발치는 완행열차 창가에 기대앉아 전선으로 달린다. 충성 한 가닥에 목숨 걸고 몸과 마음을 갈고닦아 이 나라를 지키겠다. 초지일관 전진할 뿐이다. 안일安逸을 택하였다면 나는 군인의 길을 택하지 말았어야 했다. 길도 중요하지만 방향은 더 중요하다. 젊은이여, 꿈을 가져라. 꿈꿀 힘이 없는 자 살 힘도 없다.'

보병학교 구대장

1963년 5월 4일, 동기생 24명과 함께 광주 상무대 보병학교로 명령을 받았다. 그러자 연대장 윤필용 대령은 "육군본부에 연락해 명령을 취소하겠다."고 나섰다. 충분히 가능한 일이었다. 그러나 나는 보병학교로 가겠다고 했다. 연대장은 나를 떠나보내는 것을 몹시 아쉬워했다. 그러면서 "그간 고생했다. 열흘간 휴가나 다녀오지."라고 하면서 서울 가면 전두환, 노태우, 권익현, 정호용, 김복동 등을 만나볼 것을 권했다.

전두환 소령은 최고회의 비서실 민정비서관을 거쳐 중앙정보부 인사과장에 보직되어 있었다. 그를 만나기 위해 필동 사무실을 찾아갔다. 수위가 인터폰을 통해 "이진삼 중위 면회 왔습니다."라고 보고하자 "잘 모셔"라는 전두환 소령의 목소리가 흘러나왔다. 순간 너무 신기했다. 인터폰으로 통화를 한다는 것 자체도 문화적 충격이었지만 내가 알고 있는 선배가 그런 자리에 있다는 것에 몹시 고무되었다. 그는 운전기사 딸린 차를 내주면서 서울 친지들을 찾아뵙고 오후 5시 30분까지 소공동의 '남강' 일식집으로 같이 올 것을 지시했다.

오후 5시 30분, '남강' 일식집에는 차규헌, 김진구 대령을 비롯해 김복동, 노태우, 권익현, 전두환 등 기라성 같은 선배들이 도착해 있었다. 일개 중위를 위해 많은 선배들이 자리를 함께해 주었다.

"휴가 나왔으니 잘 쉬고 광주 보병학교 갔다 와라. 나도 보병학교 근무했다. 전군에 배치되는 장교 교육은 대단히 중요하다. 그곳에서 근무하면 이진삼은 전군에서 유명해지고 보람을 찾을 테니 말이다."

선배들은 입을 모아 내게 힘을 실어주었다.

다음 날, 광주 송정리역에 도착하자 2년 선배인 윤태균 대위(505방첩부대 조사과장)가 마중 나와 영접해 주었다. 저녁에는 보병학교 생도연대장인 신현수 대령을 모시고 일식집으로 안내하며 "이진삼을 잘 부탁한다."고 당부하며 학생연대 훈육관 보직을 부탁했다. 내가 맡은 직책은 ROTC(학도군사훈련단) 1기생 신임 소위들의 초등군사반 5개월간의 군사 교육이었다. 그때 함께했던 많은 ROTC 신임 장교들은 하나같이 입을 모아 "이진삼 구대장은 언제 화장실 가고 언제 밥 먹는지 모르겠다."고 했다. 야간 사격 훈련을 할 때조차 그들과 함께하면서 자신의 사격 차례를 기다리는 동안 기회교육 차원에서 신임 소위들에게 정신교육을 했다.

"이 더운 여름, 여러분은 지금 고향, 친구들, 그리고 부모형제를 떠나 보병학교에서 훈련을 받고 있다. 그러나 우리는 국가를 지키기 위한 자랑스러운 군인으로서 국민의 생명과 재산을 보호하는, 국민과 국가를 위한 간부로서 역할을 다하기 위해 이 자리에 있다. 군 간부로 국가의 운명을 짊어진 우리는 무한한 긍지와 애국심을 가져야 한다."

내 얘기를 들은 신임 장교들은 모두 공감했고, 훈련 받는 내내 나와 함께 호흡했다.

"이진삼이, 거기서 1년만 있으면 전군에서 유명해질 거다."라며 힘을 실어주었던 선배들, 그리고 내게 교육을 받고 졸업한 장교들이 전후방 부대로 발령받아 교육받은 그대로 실천에 옮길 것을 생각하니 참으로 흐뭇했다.

낙하산 공수특전 교육도 자진하여 받았다. 육군본부 지시로 《신총검술교본》을 만들어 전군에 배포하였으며, 계획에 없던 유격훈련도 피교육 장교들과 똑같이 받는 등 말로만 하는 장교가 아닌 몸소 실천하는 장교의 모습을 보여주었다.

특공대장

육군본부의 정상문 대위로부터 보병학교로 전화가 걸려왔다. 그는 육사 3년 선배로 육군본부 인사참모부 중위 담당자였다. 제1공수특전부대와 방첩부대에서 전입 상신이 왔다면서 내게 어디로 가겠느냐고 물어왔다.

"둘 다 비정규군 아닙니까?"

나는 두 군데 모두 가지 않겠다고 했다. 하지만 내 의사와 상관없이 1964년 7월, 서울 통인동 방첩부대 본부로 명령이 났다. 제1공수특전부대는 당시만 해도 장병이 6백여 명에 지나지 않는 비정규군이나 다름없었다. 방첩부대도 비정규군이긴 매한가지였다. 방첩부대로 명령이 난 것은 그곳에서 강한 요청이 있어서였다.

내가 간 자리는 소령 자리였다. 말하자면 중위(대위 예정자, 1964. 10. 1.) 계급으로 소령 자리에 갔다. 대위로 진급하기 위해선 2개월 이상 더 있어야 하는 중위의 신분으로 공비와 간첩을 잡는 특공대장 자리에 앉은 것이다. 소위 임관 5년 만인 1964년 7월 22일 능력과 경험이 부족한 내가 예상치 않은 어렵고 위험한 대공 분야 직책을 부여 받았다.

나는 방첩부대에 대해 알지 못했다. 방첩부대 명령을 받은 장교는 방첩학교 기초반 교육을 받게 되어 있으나 바쁜 직책으로 미처 교육을 받지 못하고 임무수행에 나섰기 때문이다. 간첩을 회유 역이용, 접선을 통해 간첩을 잡는 업무를 담당하는 정도로 알고 있을 뿐이었다. 내가 맡은 방첩부대는 사령부 직할부대로 지휘할 병력이 모두 28명이었다. 이는 다른 지역의 방첩부대가 병력 3명을 데리고 소령이 지휘를 맡은 것과는 편성이 달랐다. 방첩부대 특공대장의 업무와 관련, 교육 자료를 받아들고서야 내가 맡은 업무가 얼마나 중요한 것인지 알게 되었다. 그런 중차대한 업무를 소령도 아니고 대

1965년 3월, 낙하산 점프

위도 아닌 대위 예정자인 중위에게 주었으니, 나로선 무거운 책임감을 느낄 수밖에 없었다. 특수 임무 훈련교범도 없었다. 특공부대 임무인 역용공작 교재를 만들어냈다. 전국 어디서든 적이 나타나면 출동 명령이 하달되었다. 지휘관들에게 지휘 조언을 해주는가 하면 돌발 상황에는 직접 몸을 던져 적을 검거 내지 사살했다.

"간첩 작전 현장으로 방첩부대 특공대장 이진삼 대위를 불러 작전 조언을 받아라." "이 대위가 만든 교재를 작전에 참고하도록 해라."라는 지시가 하달되곤 했다.

대남 적화통일의 허황된 꿈에서 깨어나지 못한 북한은 1964년부터 무력 남침의 호기를 조성하기 위해 단계적으로 무장간첩을 전후방에 침투시켰다. 주요 시설의 파괴와 요인암살을 획책하는 등 민심을 교란시키는 데 총역량을 집중했다. 남북의 이런 긴박한 상황 속에서 1964년 8월 2일과 4일, 월맹 어뢰정이 공해상에 정박 중인 미국 함정을 공격하는 '통킹만 사건'이 발생했다. 분노한 미국의 린든 존슨 대통령이 베트남 전쟁에 개입할 것을 선언함으로써 이른바 제2차 베트남 전쟁이 시작됐다. 베트남이 공산주의로 인해 다시 전쟁에 휩싸이게 되었다.

베트남 전선을 가다

베트남 전쟁

베트남 전쟁에 관심을 갖게 된 것은 중학교 때 겪었던 6·25전쟁과 무관하지 않다. 열강의 침략으로 식민 지배를 받았던 것, 제2차 세계대전 이후에 타의에 의한 남북 분단, 그리고 동족 간의 전쟁을 치른 비극이 판에 박은 듯 우리의 처지와 닮았다.

베트남 전쟁은 1955년 11월 1일에 베트남과 라오스, 캄보디아에서 시작됐다. 말하자면 제2차 인도차이나 전쟁이나 다름없다. 1955년 11월부터 1975년 4월까지 20년이나 계속된 이 전쟁은 베트남민주공화국(북베트남)과 남베트남 민족해방전선(베트콩)이 합세하여 베트남공화국(남베트남)과 싸운 내전의 성격이 짙다. 반면, 한국을 비롯한 미국의 동맹국들이 남베트남을 지원하기 위해 개입, 이에 맞서 중국과 북한도 비공식적으로 각각 군을 파견, 북베트남을 지원함으로써 국제전 양상을 띠게 되었다.

한국은 베트남 전선에 총 32만여 명을 파병했고 5천여 명이 전사했다. 1975년 4월 30일 베트남 전쟁은 결국 공산주의 월맹의 승리로 그 막을 내리고 말았다. 여기서 놀라운 사실은 당시 민주진영인 월남(남베트남)의 패망

과정이다. 군사력과 국력이 떨어져 생긴 결과가 아니었다. 오히려 월남은 미국을 비롯한 서방으로부터 전투기 600여 대, 헬리콥터 900여 대 등을 지원받아 당시 공군력이 세계 4위에 이르렀다. 거기에 70만 병력의 월등한 군사력을 갖추고 있었다. '정치 전쟁, 피 안 흘리는 전쟁'의 통일전선 전쟁에서 베트남 내부의 붕괴가 자초한 패망이다. 베트콩은 전쟁터에서 화상을 입어 울고 있는 베트남 어린 아이들 사진을 수도 없이 공개했다. 사진은 곧 미국 언론을 통해 세계 곳곳으로 타전되면서 큰 파장을 일으켰다. 또 세계 4위의 공군력을 보유하고 있으면서 세계 1위 미국 공군력의 지원을 받았으나, 고지를 사수해줄 육군의 힘이 턱없이 부족했다. 베트콩의 치밀한 게릴라작전도 한몫했다.

1930년 '호치민'이 창당한 베트남 공산당원과 민족해방전선의 '웬후토'가 양성해서 침투시킨 5만여 명의 비밀조직원 때문에 미국연합군은 곤혹스러웠다. 전체 인구의 0.5퍼센트를 차지한 비밀조직원, 말하자면 간첩들은 민족주의자, 평화주의자, 인도주의자로 위장해 시민과 종교단체는 말할 것도 없고 대통령비서실장과 장관, 도지사 등 권력 핵심부 곳곳에 침투하여 반미와 반전 데모를 주동하는 선동전략을 펼쳤다. 여야 구분 없는 정쟁에 사회가 심각한 혼란 상태에 빠졌으며 월남 내 공산월맹을 지지하는 세력들은 정치, 언론, 학계, 종교계 등에 뿌리깊게 확산되었다. 당연히 반정부, 반전 시위가 끊이지 않았다. 오랜 기간 식민지를 경험해야 했던 베트남인들에게 공산월맹이 주장한 '민족화합으로 자주적 통일'을 이루자는 달콤한 유혹은 마음속 깊이 각인될 수밖에 없었다. 반정부 세력은 '민족화합'이라는 명분으로 끝내 미군철수를 이끌어냈다. 이후 민주진영은 공산월맹정권에 '무조건 항복'을 하고 만다. 정치 전쟁, 피 안 흘리는 전쟁 이른바 통일전선 전쟁에서 월남 내부 스스로가 무너진 것이다. 과거 한국이 겪은 6·25전쟁이 피아彼我가 맞붙어 격전을 벌임으로써 서로에게 막대한 피해를 준 것과는 사뭇 다른 양상의 전쟁이었다. 오히려 비전투 손실이 더 컸다.

　여기서 오늘날 우리가 간과하지 말아야 할 것이 있다. 베트남의 공산화 과정을 직시하고 우리의 현실을 들여다봐야 한다. 우리 앞에 아가리를 벌리고 있는 북한의 변함없는 무력적화통일 노선을 꿰뚫어봐야 한다. 북한은 개인숭배로 이루어지는 공산 독재정권의 3대 세습을 이루어낸, 지구상 유일한 곳이다. 광복 후 북조선노동당으로 시작한 북한 정권은 세계 도처에서 공산 독재체제가 무너질 때, 사이비 공산주의인 주체사상으로 연명한 곳이다. 지난 70년간 북한에 조성된 정치풍토는 새로운 정권의 출현을 용납하지 않았다. 이는 곧 북한의 시스템은 단 한 번도 변하지 않았다는 방증이다.

　북한이 우리의 천안함을 폭침하고 연평도까지 무차별 포격을 감행하는 등 강경책을 써가면서 3대 세습을 확고히 하기 위해 광분한 것도 같은 맥락이다.

　북한의 가능한 대남정책은 핵탄두, 미사일, 장사포 등과 기타의 비대칭 무기로 우리를 굴복시키고 그들 방식의 세력 균형을 한반도에 수립하는 데에 있다. 주한미군을 철수시키고 한미상호방위협정도 폐기시키려 한다. 위장평화선전으로 우리 사회계층 간을 이간질해 국론을 분열시키고, 우리 정치의 현실적 약점인 여야 간 정책대립을 이용해 일관성 있는 대북안보정책을 수행하지 못하게 하는 것이다.

　북한이 또 강행하는 것은 토착화된 고정간첩의 은밀한 활동이다. 북한의 농락에 빠져 종북 세력이 되어 반민주, 반정부, 반미 활동에 혈안이 된 사람들은 북한 정권과 함께 우리 사회를 혼란으로 몰아가려고 한다. 그들은 천안함을 폭침시킨 것이 북한의 소행이 아니며 연평도의 무차별 포격도 우리의 포사격 훈련이 빚어낸 것이라 하면서 반정부 여론을 부추겼다. 베트남의 공산화 과정과 현재 한국이 처한 상황이 복사한 듯 닮았다. 그만큼 현재 한국의 내부 상황은 매우 심각하다. 내부의 적은 외부의 적에 비해서 분별하기가 훨씬 더 어렵다. 설령 분별해냈더라도 위험한 상황을 피할 수 없다는 것을 상기하며 우리의 각오를 새롭게 다져야 한다.

갈 사람 없으면

1965년 9월 한국군은, 베트남 전선으로 떠나기 위한 훈련에 들어갔다. 한국군의 베트남 파병은 이미 1963년 9월, 의무부대 130명, 태권도 교관 10명이 파견되는 것으로 시작됐다. 이후 1964년 3월, 공병 2000여 명의 비둘기부대가 추가 파견됐고, 1965년 7월, '전투부대 파병 동의안'이 국회를 통과해 10월 22일 전투사단으로서는 처음으로 육군 맹호부대 1진이 베트남에 도착했다.

한국 전투부대의 베트남 파병은 미군이 한국에서의 철수를 운운하는 민감한 사안과 경제사정이 매우 좋지 않을 때였다. 한국은 베트남전 참전을 경제발전의 돌파구로 삼으려 했던 것이다. 전쟁에서 다소의 희생이 있더라도 국민들이 이를 감수하겠다는 마음으로 참전을 격려한 이유가 여기에 있다. 정부에서도 베트남전에 참전하는 장병들에게 진급과 보직의 우선권을 약속하며 독려했다. 뿐만 아니라, 브라운조약에 의해 미국 정부는 한국군의 현대화 명목으로 10억 달러를 지원하고, 파월 장병들에게는 개개인의 월급 외에 전지戰地수당, 전사자 보상 등의 지급을 약속했다.

내가 베트남전에 자원을 했던 것은 정부가 약속한 진급과 보직의 우선권에 욕심이 있어서가 아니었다. '공산주의로부터 자유 우방을 보호하고, 국위를 선양하고, 경제적으로 발전을 도모한다.'는 국가가 내세운 목표를 위해서였다. 특히 우리가 북한 공산군의 불법침략으로 위기에 처했던 6·25전쟁 당시 미국을 비롯한 모든 자유 우방 국가들이 막대한 희생을 무릅쓰고 우리를 도와 같이 싸워 준 것을 알고 있었기에 우리와 같이 수난을 겪고 있는 우방을 돕는 것은 당연한 의무라는 생각이 들어서였다. 첫 파병 전투부대 맹호사단 방첩부대장 이상렬 중령이 갑자기 우리 특공부대장실로 찾아왔다.

"이 대위, 나와 함께 베트남 전선에 가지 않겠소?"

당시 한국군의 초급장교인 소대장이나 중대장은 80퍼센트가 육사 출신이었다. 대대장 이상 중령은 정규 육사 출신이 아니었다. 소령까지가 육사 11기생이었다. 방첩부대에서도 베트남전 첫 파병에 20여 명의 장교가 배정되었는데 어찌된 일인지 육사 출신 장교가 한 명도 없다며 나를 자극했다.

"이 대위, 우리 방첩대 요원으로 함께 갑시다!" 이 중령의 말에 "그렇습니까? 갈 사람이 없으면 제가 가겠습니다. 군인은 전쟁터에 가는 것을 두려워해서는 안 되지요."라며 흔쾌히 대답했다.

실제로 강원도 홍천 지역에 주둔하고 있던 수도사단이 파월 전투부대로 지정되자 홍천 일대는 물론 전군이 술렁거렸다. 많은 장병들이 베트남의 정글 속 전장에 가는 것을 두려워했던 것이다. 그 징후가 곳곳에서 나타났다.

"저는 직할 부대장입니다. 사령관님 허락을 받아야 됩니다."

내 말에 이 중령은 큰 물고기를 낚은 어부처럼 흥분하여 윤필용 사령관이 있는 방첩부대본부로 향했다.

"사령관님, 맹호 전투부대 소대장, 중대장 80퍼센트가 육사 출신인데 방첩부대는 육사 출신이 한 사람도 없습니다. 이진삼 대위와 같이 가겠습니다."

"안 돼, 다른 육사 출신 찾아봐. 이진삼은 국내에서 간첩 잡아야 한다. 지금 간첩들이 얼마나 넘어오는지 알고 있나?"

이 중령의 말에 윤필용 사령관이 손사래를 치며 말했다.

"사령관님, 허락해주십시오! 본인이 가겠답니다."

이 중령의 간곡한 부탁에 윤 사령관은 그 자리에서 내게 전화를 걸어왔다. 확인하듯 "이진삼, 월남 가겠다고 말했나?"하고 물었다.

"사령관님, 일 년간만 다녀오겠습니다."

이 중령이 윤필용 사령관을 설득해, 출국 며칠을 앞두고 나의 베트남 전선행이 결정됐다.

신원 조사

월남에서의 보직은 맹호사단 기동대장 겸 100군수사령부 보안부대장으로 소령 직책이었다. 국내에서의 특공대장 경력을 고려하여 한국과 우방국의 VIP에 대한 경호 임무인 기동대장 직책과 월맹군과 베트콩 등, 적의 정보를 수집하여 맹호사단에 제공하는 위험하고 어려운 직책이었다. 짧은 기간에 임무를 분석하고 대원들의 특기를 고려하여 3개 팀을 구성하였으며, 3개월 후부터는 맹호부대 정보참모부는 전투 정보를 수집하고, 보안부대는 민관군 특수 정보를 수집하기로 협조하였다.

맹호사단은 홍천에서, 100군수사령부는 용평에서 각각 파월을 준비하고 있었다. 방첩부대 요원으로 군수사령부로 부임하는 날 참모장 장근 대령이 내게 하소연했다. 출국 일주일 앞두고 보안사령부로부터 중령과 소령 9명이 신원 부적격자로 통보받았다는 것이다. 사령관인 이범준 준장이 육사 8기 동기생인 방첩부대장(현 기무사령관) 윤필용 준장을 찾아가 9명의 장교에 대한 재심을 부탁했다. 윤 장군은 만약 월맹군이나 베트콩에게 포로가 되면 북한으로 보내질 것을 우려하면서 책임 못 진다는 답변을 하였다. 언제 다시 선발하여 신원조사를 하느냐로 사령부가 우울한 분위기에 휩싸여 있었다. 방첩부대의 신원 조사 결과는 내용(부적격 사유)은 없고 명단만 통보되어 있었다. 나는 아무 말 없이 명단을 가지고 아침 07시에 서울 방첩부대본부로 향했다.

사령부 보안처장 P대령을 만나 애로사항과 문제점을 이해시키고 9명의 명단을 놓고 보안과장 H중령을 불러 문을 잠그고 존안 자료를 검토하여 소령

2명을 제외하고 중령 4명, 소령 3명 총 7명을 구제하고 귀대하여 이 사령관에게 보고하였다. 사령관은 악수를 청하며 수고했다면서 참모장을 불러 신속 조치하라는 명령을 내렸다. 나는 "문제가 있습니다. 방첩부대 본부 처장과 과장은 군수지원사령관과 방첩부대장 간에 있었던 내용을 모르고 도와주었는데 방첩부대장이 알면 줄초상이 납니다. 모든 책임은 제가 다 지겠습니다." 하면서 조용히 처리할 것을 건의하였다.

1년 후 나는 방첩부대장과의 약속대로 귀국하여 특공대장 보직을 다시 받았다. 1966년 9월 서울 방첩대장 김진구 대령 초청으로 노태우, 권익현, 윤필용 등 5명이 시청 앞 남강 일식집에서 나를 위한 귀국 식사 모임을 가졌다. 나는 1년 전, 부대장 보고 없이 처리한 파월 장교 7명의 신원 조회 문제를 설명하면서 "죄송합니다." 자리에서 일어나 윤필용 부대장에게 거수경례를 하면서 큰 소리로 "임무를 마치고 귀국하였습니다. 이에 신고합니다."라고 하자 모두들 박장대소하였다.

"나만 병신 됐네. 이진삼, 잘 했어! 그때 알았어도 내가 어찌 했겠나. 자, 술 한 잔 하자!"

베트남전에 참전

출국을 며칠 앞둔 갑작스러운 베트남 전선행은 부모님은 물론 처자식에게조차 말할 시간이 없었다. 무엇보다 갑작스러운 결정에 가족 모두가 충격받을 것이 염려되어 베트남에 도착한 후 편지를 하기로 결심했다. 며칠간 강원도로 대간첩 작전에 다녀오겠다는 말을 하고, 군복에 권총을 차고 홍릉의 부대로 갔다. 혹시 내 마음이 변할까 봐 먼저 와서 나를 기다리고 있던 이상렬 중령과 함께 그의 지프차에 동승, 홍천으로 향했다. 이 중령은 나에게 소령 직책인 군수지원사령부 방첩대장과 맹호사단 기동대장 겸무보직을 권하였다.

　1965년 10월 12일, 나를 비롯한 맹호부대원들은 서울 여의도광장에서 출병식을 갖고 14일, 인천항에서 미국 대형 여객선으로 부산항을 거쳐 22일에 베트남 퀴논에 상륙할 예정이었다. 10월 15일 부산에 도착하고 보니 걱정이 앞섰다.

　아내는 청량리 홍릉 특공대장실을 방문했다.
　"애기 아빠 어디 있어요? 만나게 해주세요."
　아내는 보좌관을 만나 내 거취를 물었고, 보좌관은 방첩부대본부 인사과에 전화를 걸어 확인하고 내가 '어제, 인천을 출발해 부산으로 갔다'는 사실을 알려줬다. 사령부는 아내에게 야간열차를 이용하여 다음 날 새벽 부산역에 도착하도록 배려해주었고, 부산 방첩부대에서는 내게 연락해 부산 방첩부대장실에서 아내와 만나게 되었다. 내가 부산 방첩대장실로 들어서자 네 살 된 아들이 아내의 치맛자락을 잡고 서 있었다. 아내는 나와 눈길이 마주치자 참았던 울음을 터뜨렸다. 울음을 삼키느라 아내의 어깨는 심하게 흔들렸고, 이를 본 아들이 영문도 모른 채 덩달아 울음을 터뜨렸다. 그런 아내를 향해 내가 해줄 수 있는 말은 아무것도 없었다. 아이를 안고 토닥거리는 것밖엔. 얼마쯤 지났을까, 아내의 울음이 잦아들었다. 아내는 내가 아무런 변명을 하지 않을 것을 알고 있는 듯 딱 한 마디 던졌다.
　"운한 아빠, 임무 잘 마치고 돌아오세요."
　아내의 그 말에 나는 안도의 숨을 내쉬었다. 장교의 아내다운 말이었다. 아들은 아내의 치맛자락을 붙잡고 걸어가다 뒤돌아서서 한 번 내게 손을 흔들어 보였다. 그런 아들과 아내의 모습이 사라질 즈음에서야 나는 울음을 터뜨렸다. 그마저도 한숨에 묻혀 소리로 만들어내진 못 했다.

아내는 내가 베트남 전선으로 가는 것을 육사 교수로 있던 동기생 김상구(후에 전두환 동서가 됨) 대위를 통해 들었다고 했다. 나를 찾아 우리 집에 들러 "운한 아빠, 월남 간다면서요? 아무 말 없었습니까?"라고 묻는 바람에 사달이 났다. 방첩부대의 일이란 게 밤낮이 없고, 작전 중에는 며칠씩 집에 들어가지 않은 날이 부지기수인 까닭에 아내는 내가 대간첩작전 중인 줄 알고 있었다. 베트남 전선행을 듣고 부산으로 내려오면서 여러 가지 생각들로 착잡했을 아내를 생각하니 마음이 울컥했다. 원래는 아내가 알기 전, 부산에 도착하는 즉시 부산 보안부대 대공과장에게 부탁하여 나의 심정과 사정을 아내에게 전해주도록 할 생각이었다. 한 인간으로서의 내 생각만 했다는 죄책감에 눈물이 났다. 10월 16일 부산항 환송식이 끝나고 해지는 황혼 속에 파도를 가르며 뱃고동 울리면서 월남을 향하여 떠났다.

맹호부대

맹호사단 지역은 중부 항구 도시인 퀴논을 비롯하여 약 1,400km²에 달하는 광대한 지역이 전술책임 지역이었다. 전술책임 지역 내의 고보이 평야는 쌀 생산지로 유명한 곳으로 곳곳에 베트콩들의 전략촌이 널려 있었다.

베트남 전선에서의 내 직책은 군수지원사령부 방첩대장 겸 베트남을 방문하는 VIP의 안전을 담당, 경호하는 기동대장이었다. 또한 기동대장으로서 한국을 포함하여 미 고위 장성들과 상·하의원, 장관을 비롯해 우방의 영향력 있는 지도자들을 경호했다. 당시 미국 내에서나 국제사회에서 미군의 베트남전 개입을 명분 없는 것이라며 강하게 비판하는 소리가 높았다. 그럴수록 많은 지도자들과 영향력 있는 언론인들이 베트남을 방문했다. 그때마다 나의 역할은 막중했다. 베트콩이 있는 지역에서의 경호는 언제 어느 때 나타날지 모르는 적과의 조우를 대비해야 했기 때문이다.

베트남전은 대규모의 전투 손실보다 비전투 손실이 훨씬 많았던 전쟁이다. 환경도 한 요인이었다. 춘하추동을 구분할 수 없이 이어지는 후텁지근한 날씨에 대한 병사들의 적응 미숙과 언제 어디서 기습해올지 모를 위험으로 긴장과 불안이 끊이지 않았다. 더구나 작전지역까지도 위험을 무릅쓰고 돌아다니며 정보 수집을 했던 터라 위험이 배가되었다. 모든 군사작전은 사전에 충분한 정보 수집과 치밀한 계획과 정찰 등으로 만전을 기한 후 실시해야 했으므로 내 역할은 막중했다.

그 무렵 퀴논항에는 700여 명의 한진 운수 근로자들이 용역에 종사하고 있었다. 퀴논항에 도착한 군수 물자를 하역, 운반하는 용역을 맡아 각 부대의 탄약고까지 운반했다. 특히 퀴논 근교의 롱탄 탄약고에서 19번 도로를 따라 플레이쿠까지 탄약 수송하는 일은 위험천만했다. 언제 어디서 베트콩의 사격을 받게 될지 알 수 없는 일이었다. 그런 위험을 무릅쓰고 매일 수백 대씩을 수송했다. 이때 획득한 외화는 한진을 대한항공과 한진해운 같은 글로벌 기업으로 세웠고, 한국의 경제개발에 크게 기여했다.

삶과 죽음

베트남전과 관련해 두 사람의 죽음에 대해 언급할 필요가 있다. 그중 한 사람은 강재구 대위의 죽음이다. 그는 육사 16기로 나의 1년 후배다. 맹호사단 제1연대 10중대장으로 베트남전 파병을 자원하여 1965년 9월 초부터 강원도 홍천에서 4주간의 교육 훈련을 받던 중이었다.

1965년 10월 4일, 중대에서 수류탄 투척 훈련을 하던 중 한 병사가 실수로 수류탄을 떨어뜨리는 사고가 발생했다. 그 순간, 이를 발견한 강재구 대위가 재빠르게 몸을 날려 수류탄을 덮침으로써 부하들의 목숨을 구하고 자신은 산화했다. 나는 월남 참전 요원이 되기 전이었던 10월 6일이었다. 비록 대위

1966년 1월, 맹호작전

1965년 10월, 기갑 연대 도착

1966년 3월, 베트콩 포로들

였지만 그저 단순 순직으로 처리할 일은 아니란 생각이 들었다. 민감한 시기에 생긴 일로, 슬기롭게 대처하면 베트남 파병의 중요성을 부각시킬 수 있을 듯싶었다. 단순 안전사고가 아니라 살신성인이었다. 방첩부대장실을 갔다.

"부대장님께 건의 사항이 있어 왔습니다. 부대장님, 강 대위는 살신성인입니다. 슬기롭게 처리해주십시오. 지금은 중요한 시기입니다."

이 말을 들은 윤필용 장군은 잠시 생각에 잠기더니 누군가에게 전화를 걸었다. 육군참모차장이었다. 그날 이후, 베트남 파병과 강재구 대위의 죽음은 모든 언론에서 헤드라인으로 취급하였다. 국민들은 물론 맹렬히 파병 반대의 목소리를 높였던 야당까지도 우호적으로 변했다. 야당의 수뇌들도 한국군의 파병을 적극 찬성하는 쪽으로 돌아섰다.

나중에 육군에서 그에게 군인으로서는 최고의 영예라 할 수 있는 태극무공훈장을 추서하고, 그의 이름을 딴 '재구상在求賞'을 제정, 매년 모범 중대장을 선발해 시상하며 기리고 있다. 내가 윤필용 장군을 만나 건의한 것이 천만다행이었다.

또 한 사람의 안타까운 죽음은 나와 함께 베트남에 갔던 맹호부대 방첩부대 행정과장 이창수 대위다. 그는 생일에 사망했다. 맹호사단 방첩부대 본부에서 생일 축하로 점심식사를 마친 후 사복을 입고, 운전기사를 포함 네 명이 퀴논 해변으로 가던 중, 미군 유조차에 부딪혀 사망했다. 한국에서 걱정하고 있을 가족을 안심시키기 위해 야자수 그늘에서 사진을 찍기 위해 사복을 입고 가던 중이었다. 연락을 받고 현장으로 긴급 출동해 보니, 세 명은 현장에서 불에 타 사망하고 한 명은 미육군병원으로 후송되었다. 헤어진 지 30분 만에 불에 탄 시신이 된 동료의 죽음 앞에 말문이 막혔다.

맹호사단 1연대 보안반장 윤성태 대위와 나는 각자의 6개월간 전투수당 690(115×6)불, 총 1,380불을 이 대위 가족 계좌로 송금했다. 당시로는 거금이었다.

포탄피 砲彈皮

나는 최전선 전투부대에서 탄약부대에 탄피 반납과 포탄 수령차 왕래하는 GMC 2.5톤 포병부대 차량을 매일 접했다. 하루는 탄약 보급소로 향하는 뒤를 따라가 보았다. 200m 규모의 계곡에 105mm, 155mm 탄피가 무질서하게 쌓여 있었다. 나는 탄약중대장 최 대위에게 탄피의 양을 물어보았으나 "포탄을 수령하기 위해서는 탄피를 반납해야 한다."고만 말할 뿐 양은 알지도 못하는 것으로 보아 관심도 없었던 것 같다. 그는 나의 말에 귀를 기울이지 않을 수 없었다. 이유가 있다. 최 대위는 월남 파병하면서 고가인 인삼을 부대 장비 상자에 넣어 운반하다가 나에게 적발되었다. 천막에 거금 2,000불과 인삼 3박스를 가지고 찾아와 침대 매트리스 밑에 넣기에 꺼내 돌려주고 백지를 꺼내 진술서를 쓰고 장교답지 못한 행동에 귀국 준비하라고 했다. 30분간 울면서 사정하기에 없던 것으로 하고 돌려보냈다.

"105mm, 155mm 포탄피는 한국에서 톤당 18만 원으로 3톤이면 54만 원이다." 당시 개발지역인 서울의 화곡동, 답십리, 신림동의 방 3칸짜리 집 1채를 살 수 있는 거금이었다. 나는 군수사령관에게 건의했다. "사령관님, 탄약중대에 포탄피가 쌓여 있습니다. 한국으로 보냈으면 합니다. 서울과 춘천에 군 자녀를 위한 학교(춘천제일고, 중경고) 건립 기금으로 사용하면 훌륭한 학교를 세울 수 있습니다."

"한미 각서 覺書에 월남에 있는 물자는 편제 장비 외에는 한국으로 보낼 수 없다."는 이범준 군수사령관의 답변이었다. 내가 "탄피가 장비가 아니며, 미국이 관심도 없는 폐품 아니면 소모품입니다. 압축하여 우리 해군 수송선 LST로 운반했으면 합니다."라고 재차 요청하자 군수사령관 이 장군은 내 얼굴을 쳐다보았다.

나는 탄약중대장 협조를 받아 "압축한 포탄피를 퀴논 해안에 정박한 해군

LST 수송선으로 운송하는 작전을 계속했다. 2~3일에 한 번씩 현장에 들러 확인했다. 퀴논항에 특별한 임무 없이 대기 중이던 해군에 임무가 부여됐다.

1966년 5월 출장차 귀국하여 방첩부대본부에 들렀다. 노태우 중령은 "이진삼, 잘 왔어! 자네가 보낸 탄피 빵꾸났다. 미 국방성에서 우리 국방부로 탄피 송출 사실을 규명하라는 공한을 보내왔다."고 했다.

한국 국방부는 답변서에 '탄피는 장비가 아니고 소모품이다. 한미 MOU에 해당되지 않으며, 노천에서 부식되면 공해 물질이다. 한국전에서도 전량 폐기처분한 사례가 있다'고 미 국방성에 회신했다. 탄피는 군인 유자녀 중·고등학생 등을 위한 춘천제1중·고등학교 건립 재원으로 사용된다고 그 수익금의 사용처에 대해서도 설명했다.

미국은 한국군이 월남전에 참전하고 있는 상황을 고려하여 더 이상 문제 삼지 않았다. 국내에서는 이범준 군수사령관이 애국자로 알려졌다. 이 사령관은 "군수지원사령부 방첩대장 이진삼 대위가 애국자입니다. 제가 아닙니다."라고 육군본부와 국방부에 보고했다. 후에 이범준 장군은 소장으로 15사단장, 중장으로 2군단장을 역임한 후에 전역하여 강릉지역구 국회의원을 했다.

2001년 태릉 골프장에서 원로 이 장군은 육사8기 동기생들에게 나를 가리키며 "전 육군참모총장 이진삼 장군이 대위 시절 주월 군수지원사령부 방첩대장으로 근무할 때 큰 도움을 받았다."고 큰 소리로 동기생들에게 소개하였다.

베트콩

나는 한국에서든 월남에서든 적과의 인연이 많다. 사실은 공비를 관리하다 보니 적이 두렵지 않게 된 것이다. 나는 주로 빈케이, 안케 계곡 등을 돌아다니면서 그곳의 군수로부터 첩보를 수집했다. 19번 도로를 따라가면 안욘군이라는 군 사무소가 있다. 그곳의 군수는 낮 12시부터 오후 2시 30분까지는 아무도 만나 주질 않는다. '시에스타(낮잠) 타임'이라고 해서 군수도 그렇고 문 앞을 지키는 사람도 대부분 잠을 잔다.

어느 날 그 마을 근처에서 적의 포가 발견됐다. 미군이 전방에서 그곳을 향해 포를 발사했고 나는 첩보를 위해 '바우'라는 통역관과 함께 그곳을 방문했다. 세 번째였다. 막 지프차를 세우고 내리면서 보니까 마을이 조용했다. 씨에스타 타임이었다. 그때였다. 내가 차를 등지고 한 걸음 떼려는 순간, 50m 전방에 검은색 옷을 입은 두 명이 논 가운데를 포복으로 접근하여 폭발물을 묻는 모습이 포착됐다. 논에는 벼가 심어져 있었다. 그들이 포복해 가는 곳의 벼가 심하게 흔들렸다. 순간, 베트콩이란 생각이 들었다. 그들의 뒤를 쫓아갔다. 마음보다 몸이 먼저 반응했다. 그러자 둘은 급히 허리를 펴고 몸을 돌려 부비트랩(폭발물 장치)을 설치하고 줄행랑쳤다. 나는 전력으로 그 둘의 뒤를 바짝 쫓아 붙었다. 함께 갔던 운전병 김종근 하사가 내 뒤를 따라왔다. 나는 그중 한 놈의 목을 비틀어 거꾸로 돌려 세우고는 두 팔을 뒤로 꺾고 총과 수류탄을 빼앗았다. 사단 MIG(군사정보부대)로 그들을 인계했다. 이 소식이 사단에 알려지자 장교들이 너도나도 처음 잡은 베트콩 구경을 오는 진풍경이 벌어졌다. 그때 나는 공산주의의 치밀함에 놀라지 않을 수 없었다. 소규모의 게릴라 작전, 말하자면 가랑비에 옷 젖듯 서서히 베트남이 공산화되었음을 알게 되었다.

1966년 2월 파병 후 베트콩을 생포한 공로로 1966년 7월 29일 화랑무공훈장을 받았다.

누명

내가 베트남전에 참전하기 위해 강원도 홍천에서 준비하고 있던 날 새벽 1965년 9월 8일 새벽 0시 40분, 동아방송 조동화 제작과장(현 무용전문지 《춤》 발행인)이 납치돼 매를 맞은 사건이 발생했다. 괴한 4명이 "시경에서 왔다."며 조 과장을 장위동 자택에서 납치해서 뭇매를 때려 온몸에 심한 상처를 입혔다. 그러자 각종 언론매체는 바로 직전인 1965년 9월 7일 오후, 동아일보 변영권 편집국장 직무 대리의 서울 동대문구 이문동 집 대문이 폭발물에 의해 안벽이 허물어졌던 사건까지 싸잡아 군부를 의심했다. 그도 그럴 것이 당시의 동아일보는 걸핏하면 벌어지는 취재기자와 간부에 대한 연행과 조사가 이뤄지자 정권에 대한 비판을 멈추지 않았다.

경찰은 철저한 수사를 다짐했지만 사건이 해결되지 못했다. 언론인 테러는 정치 문제화되어 철저한 수사를 요구하는 여론이 높았으나 범인은 밝혀지지 않은 채 영구 미제 사건으로 넘어가기 일쑤였다. 항간에는 못 잡는 것이 아니라 안 잡는다는 말까지 나돌았다. 그러자 신문은 한동안 동아방송 조동화 제작과장 테러사건의 범인을 마산 방첩부대장 정명환 대령으로 몰아갔다. 이유는 사건 직전, 정명환 대령이 기자들과 군 기사 문제로 불미스러운 일이 있었기 때문이다. 혐의가 없자 어느 순간, 장위동에서 일어난 사건으로 장위동에 살고 있는 논산훈련소의 유기홍 중령을 범인으로 지목했다. 거기서도 혐의점을 찾지 못하자 이번에는 홍릉의 625방첩대장이었던 나를 지목하기 시작했다. 이후 나와 무관한 사건임이 밝혀졌지만 어찌된 영문인지 신문은 사사건건 내 발목을 잡고 늘어졌다. 내가 더 의심을 받았던 것은 사건이 발생하고 얼마 지나지 않아 오비이락烏飛梨落, 까마귀 날자 배 떨어진다고 때맞춰 베트남 전선으로 떠났기 때문이다. 베트남으로 도망갔다며 신문은 루머를 더욱 부풀렸다. 당시 나와 함께 방첩부대에서 출국했던 우재록, 김명규 두 하사를 하수인으로 지목까지 했다. 신문 기사의 펜대는 제멋대로 춤을 췄다.

"이 대위는 당일 저녁, 홍천에 있었다는 알리바이가 성립, 범인이 아니다."라는 어느 신문의 정확한 기사가 있었음에도 막무가내였다. 우재록과 김명규는 본국 소환 명령을 받아 다녀왔고, 내 아내는 국회 상임위원회에 불려가 알리바이를 증명하기까지 했다.

그에 앞서, 나는 당시 수사본부장을 맡았던 김봉환(현 변호사) 검사장을 찾아가 따지듯 묻지 않을 수 없었다.

"도대체 어떻게 된 일입니까? 왜 자꾸 신문 방송에 오르지요?"

9월 13일, 언론이 연일 시끄럽게 떠들자 윤필용 장군도 더는 가만히 있을 수 없었는지 내게 전화를 걸어왔다.

"이 대위, 해명해."

나는 그 길로 선글라스에 권총을 차고 필동의 수사본부로 향했다. 내가 도착하자 수사본부 요원들은 몹시 당황했다. 혐의가 있고 잘못이 있었다면 당연히 내게 먼저 연락하고 출두해 조사받도록 했어야 하는데 당시의 나는 아무런 연락도 받지 않았다. 내가 먼저 연락도 없이 불쑥 수사본부로 들어섰다. 나는 차고 있던 권총의 '리볼버'를 꺼내 실탄을 빼고 수사본부장 앞 책상에 던지며 "내가 언제 테러했습니까?"라고 묻자 수사요원들은 겁을 먹고 당황해 안절부절못했다. "우리도 신문 봤습니다. 그런 말 한 적 없습니다."라고 대꾸했다.

"내가 꼭 선의의 보복을 하겠다!"

나는 움찔하는 그에게 한마디 던졌다. 선의의 보복은 반드시 군에서 성공하여 보여주겠다는 각오의 의미였다. 나중 우리 부대원이었던 하사관 우재록과 김명규가 베트남에서 조사를 받기 위해 서울로 소환되었다. 두 사람이 김포공항에 도착하자 수많은 기자들이 구름처럼 몰려들었다. 두 사람은 떳떳하게 거기 모인 기자들을 바짝 약오르게 했다. 나는 그 둘에게 당당하고 떳떳한 군인 모습을 보여주라고 지시하였다. 오해를 하는 사람들은 애초부터 진실을 모른다. 하지만 오해를 받고 있는 사람은 처음부터 진실을 알고 있다. 내가 범인이 아니란 사실을.

이후 난 마음을 단단히 옥죄었다. 혹시라도 나로 인해 그 어떤 억울한 사람이 생기지 않도록 더욱 정의롭고 의로운 군인이 되리라고. 하지만 당시는 미처 몰랐던 것이 있었다. 그때의 해프닝이 내 일생일대에 얼마나 큰 치명적 타격을 가해올지에 대하여⋯⋯. 생명을 돌보지 않고 국가에 충성한 나에게 고작 테러리즘의 의혹이라니. 정치인과 언론인 모두가 원망스러웠다.

수사본부장 김봉환 검사장(현 변호사)은 분명 나에게 말했다. 이 대위를 조사할 내용이나 증거가 없습니다. 분명했다. 야당과 언론 덕분에 이 대위는 장군이 아닌 스타(별)가 되어 유명한 선글라스, 쌍권총 이 대위로 월남 그리고 귀국 후 공비와 간첩작전에 필사즉생 무공의 사나이가 되어 소령 그리고 3년 만에 중령으로 특진 칠전팔기 대령 장군 그리고 단독 소장으로 승진, 사단장 참모총장까지 했다. 야당과 언론이 나를 성공시켰다. 바로 이것이 선의의 보복이다. 말이 씨가 되었다.

맹호 작전 영화

1965년 11월 중순 당시 유명한 액션스타인 장동휘, 황해, 장혁 그리고 남미리, 이영자 등 영화배우 8명과 작가, 촬영기사 등 16명이 군수지원사령부로 왔다는 통보가 방첩부대에 전달되었다. 주월 한국군 사령부 방첩부대장 이상렬 중령에게 문의했으나 모르고 있었다. 맹호사단 정훈참모조차 모르고 있었다. 군수지원사령관에게 보고하고 통신근무대장 한양우에게 천막, 샤워장, 화장실 등을 준비하도록 요구하였으나 초라하기 그지없었다. 파월 후 민간인을 처음 만났고, 업무상 우리 방첩부대 소관이었다. 영화에서만 보았지 실제 처음으로 얼굴을 보는 배우들에게 부대 장병들은 많은 호기심을 갖고 있었다. 이틀 후 배우, 작가 그리고 촬영기사 대표들이 나를 찾아왔다. 특히 황해와 장혁은, 한국에서 내가 알고 지내던 이대엽 등을 거론하며 무조건 이진삼을 찾아가면 된다는 얘기를 듣고 찾아왔다는 것이었다.

1965년 우리 한국은 정말 어려운 시절을 보내고 있었다. 당시 육군대위의 파월 전투수당은 월 115불이었는데 쓰지 말고 모두 한국으로 송금하라는 지시가 있었다. 당시 서울에서 5,000불이면 화곡동과 답십리 일대에서 작은 방 3칸 정도의 남들이 부러워하는 집을 살 수 있었다. 흑백 TV, 냉장고, 전화를 팔면 셋방살이 청산하고 집을 살 수 있는 시절이었다. 부끄럽지만 당시 초등학교 가정 형편 파악을 위한 조사에 전화기 보유 여부가 주요 항목이었던 사실을 우리 손자 세대들은 믿을까 의문이다. 나는 군수지원사령관에게 할 수 있는 사업이 있음을 보고했다.

"맹호작전 촬영차 감독과 배우들이 준비도 없이 와서 대책 없이 세월만 보내고 있습니다. 정훈장교, 기동장비 확보와 경호 경비 요원 등 필요한 것은 제가 협조하여 준비하겠습니다. 장가오는 놈이 중요한 것을 빼놓고 왔다는 농담이 있듯이 필름을 가져오지 못했습니다. 실제 작전 장면을 찍는 기록영화와 시나리오대로 찍는 촬영용 그리고 예비 필름, 합해서 필름 3개 세트면 해결됩니다. 대한민국 반만년 역사상 외국 파병이기 때문에 온 국민이 관심과 기대를 갖는 역사 자료가 될 것이며, 이는 군 사업의 범위를 넘어 국가 차원의 사업입니다. 좋은 기회입니다. 투자 대비 효과가 큰 사업 한번 해보시지요. 채명신 사령관께 보고하셔서 맹호사단 통신참모 이석호 중령을 촬영기사, 작가와 함께 홍콩으로 출장을 보내 필름을 구매하게 하여 빠른 시일 내에 촬영을 마치게 되면 6개월 내에 국민들과 세계만방에 한국군의 위상을 크게 드높일 수 있을 것으로 확신합니다."

이범준 장군은 "알았다. 이 대위, 이런 착상이 어디에서 나와?" 하면서 흔쾌히 동의해 주셨다. 모든 것이 계획대로 순조롭게 진행되어 훌륭한 작품이 완성되어 소기의 목적을 달성할 수 있었다.

난민 수용소

주월 한국군에 월남은 쌀을 지원하도록 각서 覺書에 포함되어 있었다. 사시사철 월남은 이모작으로 쌀이 풍부하였으며 보리밥 신세인 한국 장병들은 마음껏 먹었다.

주월 한국군 군수사령부로부터 1966년 7월, 10개월간 먹고 남은 쌀을 기증하기 위하여 월남 피난민들을 수용하는 학교 운동장에서 개최되는 행사에 참석하라는 통보를 받았다. 나는 기동대장으로 대원들을 총동원하여 월남 경찰과 합동으로 테러 위협으로부터 방호하기 위하여 행사 시작 2시간 전에 행사장으로 향하는 모든 도로의 입구에서 비노출로 경계를 하고 있었다. 행사장에는 월남의 티우 대통령과 키 수상, 주월 미군사령관 웨스트모랜드 장군과 루시 주월 한국군 미 연락단장, 주월 한국군 채명신 사령관과 이범준 사령관 등 3개국 주요 인사들이 단상에 자리하고 있었다. 단상에는 월남어로 '피난민을 위한 백미 기증식'이라고 쓴 플래카드가 걸려 있었고, 밑에는 '퀴논 : 피난민 대표' '기증 : 주월 한국군 사령관'이라고 쓰여 있었다. 월남에서 생산된 안남미 安南米 1,000여 포대를 단상 주위에 방호벽으로 둘러 쌓아 놓았다. 당시 월남은 일부다처제였으며 남자들은 군에 입대하여 참석자 대부분은 여자였다. 임신하여 불룩한 배 위에 젖먹이 아이를 앉히고, 큰 아이는 손을 잡고 참석하였다. 식전 행사로 한국군부대의 태권도 시범이 있었고, 참가 귀빈들의 지루한 축사가 이어졌다. 뜨거운 햇살이 내리쬐는 운동장 한복판에 앉아 있는 피난민들에게 특히 한국군 장군들의 축사는 참모들

주월미국군사령관 웨스트 모랜드 대장과 한국군사령관 채명신 중장

이 써준 축사를 통역까지 해가면서 다 읽어가는 길고 지루한 행사였다. 귀대하여 나는 군수사령관을 만나 몇 가지 건의를 드렸다.

"사령관님, 오늘 피난민들에게 준 쌀은 월남쌀입니다. 한韓·미美·월越 MOU(양해각서) 체결로 받은 쌀이 남았으면 퀴논시를 통하여 피난민을 도와주면 될 것을 3국의 주요 인사들을 모아 놓고 행사까지 하는 욕먹을 일을 왜 합니까? 오늘 행사가 우리 군수지원사령부 주관행사가 아닙니까? 민사군정참모를 의정장교로 잘못 보직시켜 소령 김○○가 크게 일을 벌여 놓은 것이 아닙니까?"

나는 방첩대장인 내게도 책임이 있다고 말하였다. 속된 표현으로 염치없는 행사였다. 누가 준 쌀인데 주인에게 돌려주며 광내는 꼴이 되었다. 그 후 나는 퀴논항에 정박 중인 보리밥 먹는 한국 해군에게 쌀과 부식을 보급토록 하고 C-rations(C-야전 식량) 등 남은 보급품도 지원하였다. 해군에게 부탁, 수송선LST 운항 시 한국으로부터 김치를 가져오도록 요청하여 후송 병원 입원환자들에게 급식하여 건강회복에 도움을 주었다.

파월 전의 약속

뉴질랜드 문화사학자 엘뤼네드 서머스 브렘너는 "밤이란 인간에게 망각과 회복의 기회를 준다."고 했다. 역사가 루이스 멈포드 또한 같은 의미의 말을 했다. 베트남에 가 있는 기간이 한국에서의 해프닝에 대한 망각과 회복의 기회가 되기도 했다. 적어도 겉으로 보기엔 그러했다.

나는 약속대로 일 년 만에 베트남에서의 일정을 마치고 귀국했다. 윤 사령관은 내게 일 년 전 맡았던 특공대장 임무수행을 다시 하라는 명령을 내렸다. 나는 완강히 거절했다. 하지만 "현재 김 소령은 부하 지휘를 잘 못한다. 간첩 잡는 일은 아무나 할 수 있는 게 아니다"며 내게 복귀하도록 했다.

"저는 대위입니다. 소령 자리 아닙니까? 소령 중에서 골라 보십시오. 저는 방첩대를 떠나겠습니다. 죽을 고비 넘기고도 억울하게 언론에 당했는데, 또 당합니까? 전투부대로 보내 주십시오."

귀국 전, 나는 일반부대로 전출 희망서를 제출했으나 다시 방첩부대로 복귀할 수밖에 없었다. 업무차 인사과에 들렀더니 베트남에서 귀국한 하사관 셋이 보직 발령을 대기하고 있었다. 그들은 나를 보자마자 하나같이 볼멘소리를 했다.

"이 대위님, 어떻게 이런 인사가 있습니까? 월남에 갈 때는 진급 우선권, 보직 우선권을 약속해놓고 어째서 우리들이 원하지 않는 곳에 발령을 내놓습니까?"

살펴보니 대전에 집이 있는 사람을 춘천으로, 서울 사람을 전방으로 발령을 내놓았던 것이다. 묵과할 수 없었다. 나야 뭐 아무 데나 가란 데로 가면 그만이지만, 다른 사람은 그렇지 않았다.

나는 특공대장으로 부하들과 일산, 파주, 문산, 앵무봉, 노고산 등 잠복, 접선으로 간첩 잡는 곳에서 맴돌아야 하는 나의 처지를 성토했다.

"말이 방첩대지, 나는 군복 입고 산만 타야 합니까? 그래도 나는 불만 없습니다. 그러나 우리 하사관들에게는 월남 가기 전 약속했던 보직 우선권과 진급 우선권을 지켜주십시오. 인사과장 소관 아닙니까?"

내 말에 인사과장 중령 황진기가 내 의중이 딴 데 있음을 눈치 채고 조심스레 물어왔다.

"왜 그래?"

"나는 필요 없습니다. 이 사람들, 원하는 곳에 보내주십시오."

인사과장에게 당부하고는 "여러분, 우리는 국가의 명령에 복종하고 따랐을 뿐입니다"며 하사관들을 위로하고 그들이 원하는 곳을 갈 수 있도록 도왔다. 결과적으로 그들이 원하는 대로 보직을 바꿔주었다. 하지만 나는 아무런 이의제기 없이 군이 원하는 곳으로, 일 년 전의 간첩 잡는 그 곳으로 갔다. 소령 자리였지만 어느 누구도 원하지 않는 방첩부대 특공대장 자리였다. 대공처장의 말에 따르면 특공부대원들이 나의 조기 귀국을 희망하며 재보직을 원했다고 한다.

다른 대원들은 도시에서 사복 입고 근무하며 정보, 보안, 행정 근무로 편안하게 지내지만, 나는 기껏해야 한 달에 열흘 남짓 가족을 만날 정도로 험하고 위험한 임무를 수행했다. 고생하는 부하들 곁을 떠날 수가 없었던 것은 그들의 애국심에 불타는 눈동자를 잊지 못하기 때문이다.

체격에 안 맞는 전투복과 군화

1966년 3월 미국으로부터 지급받은, 체격에 맞지 않는 전투복과 군화를 보면서, 육군사관학교에 입교하여 3학년생도 지도하에 큰 포대 같은 옷을 뒤집어 각자의 체격에 맞게 대충 가위로 자르고 서투른 솜씨로 꿰매어 입고 훈련받던 기억이 났다.

나는 신장 160cm의 작은 병사에게 미군용 180cm 신장의 두꺼운 면직 전투복과 280mm 군화를 착용시키고 야전잠바, 철모, 탄대(실탄), 소총(기관총), 2개의 수류탄, 방독면, 수통, 항고, 배낭(모포, 우의, 세면도구, 건빵)과 같은 기본 휴대품에 무전기, 지뢰 탐지기 등 자기 체중에 가까운 57kg을 짊어진 사진을 촬영하고 설명서를 포함하여 직접 군수지원사령관에게 보고하였다. 사령관은 보급정비처장을 불러 주월 한국군 중장 채명신 사령관과 주월 총사령관 대장 웨스트모랜드 대장에게 보고토록 지시하였다. 주월 총사령관은 미 본국에 보고하여 피복, 군화, 모포 등을 한국에서 제조, 납품하도록 조치 받았다. 이범준 군수지원사령관은 귀국하여 박정희 대통령에게 보고하고 박 대통령은 상공부 장관에게 지시하여 전국 직물회장들과 신발 제작자를 청와대로 초대, 국내외 전 장병에게 제조, 보급토록 하였다. 이로써 국군 사기는 물론 국가 경제발전에도 기여한 공로로 이범준 사령관은 애국자로 칭송받고 하사금까지 받아 왔다. 이범준 장군은 윤필용 장군에게 이것이 이진삼의 작품임을 밝히고 월남으로 복귀하여 한국에서 있었던 상황을 상세히 전해주었다.

쌍권총 이 대위

베트남에서의 일정을 마치고 돌아와 내가 다시 맡은 일은 방첩부대 특공대장 임무였다. 베트남 갈 때는 진급의 우선권과 보직의 우선권을 약속했었지만, 정작 내가 돌아왔을 때는 다시 특공대장 임무를 맡도록 사령부에서 내인가를 받아 놨다. 항시 몸에 권총을 차고 다녀야 했고 차에 소총, 철모와 수류탄을 싣고 다닐 만큼 특공대장 업무는 위험하고 고생스럽다. 예고도 없이 수시로 작전에 투입돼야 했으니 말이다. 나는 생명을 담보해야만 임무수행을 할 수 있는 특공대장을 다시 맡아야 하는 이유를 묻지 않을 수 없었다. 떠올리고 싶지 않은 동아방송 조동화 과장 테러사건 누명, 말도 안 되는 일을 덮어씌우는 그들을 위해 목숨 걸고 나라를 지키면서 배신감까지 가져 보았다.

"맡을 사람이 없어. 어떻게 된 게 4개월을 못 버텨. 부하들이 싫어하고 불평이 많아."

내가 다시 특공대장을 맡기 전까지는 2명의 소령이 그 업무를 맡았다. 딱히 어떤 시스템이 구체적으로 갖춰져 있던 때가 아닌 터라 육체적으로나 정신적으로 업무 수행에 있어 애를 먹었다고 했다. 목숨 내놓고 전국 산야를 헤매는 임무수행을 누가 좋아 했겠는가. 더구나 육체적으로 특수훈련을 받은 대원들의 통솔이 쉽지 않아 지휘관의 통솔력이 관건이다. 체력이 강해 대원들을 압도해야 함은 물론 특수임무 지식이 있어야 한다. 무엇보다 대원들의 사기가 통솔의 기본이다.

한번은 장충체육관에서 해군과 배구시합이 있었다. 토요일 오후, 우리 부대 선수들이 나약한 문관들의 응원을 받으며 코트에 섰다. 동시에 해병대의 헌병들이 우리의 응원단을 뺑 둘러쌌다. 응원을 방해하기 위함이었다. 계급장이 없는 위장복을 입고 지켜보던 나는 불시에 수신호를 보냈다. 그러자 십오륙 명의 대원들이 일시에 달려들어 헌병들을 바닥에 내리꽂았다. 그 바람에 콘크리트 바닥에 깔려 있던 나무상자가 칼날처럼 날아와 헌병의 헬멧을 날려버렸다. 응원 왔던 관중들이 놀라 실외로 나갔다. 텔레비전 화면에 그

광경이 잡혔다. 보고 있던 서울 방첩부대장 김진구 대령과 권익현 중령이 그만두라고 소리를 쳤으나 대원들은 꿈쩍도 하지 않았다. 계급이 문제가 아니었다. 내 명령이 있기 전에는 그만두지 않았다. 일개 대위가 나서서 수신호를 보내고 그만두라는 한 마디에 대원들이 멈췄다. 이를 보고 놀라 자빠진 이들이 또 있었다. 서울의 일류 주먹들이었다. 장충체육관 광경이 텔레비전 화면으로 전파를 탄 것이다. 이후 어디를 가든 내로라하는 주먹들이 슬슬 나를 피해 다녔다. 당시는 일명 '형편없는 놈'들이 있다고 하면 무조건 잡아넣던 시대였다. 예를 들면 어느 지역에서 '형편없는 주먹'들이 말썽을 피운다는 첩보가 뜨면 전국 어디든 그들을 잡아 경찰서에 분산 유치했다. 한 곳에 유치하면 소요를 일으킬 수 있어 여러 경찰서로 분산시켰다. 내 명령 없이 함부로 방면하지도 않았다. 놔주라면 놔주고, 법원 송치하라면 송치했다.

"이진삼 대위는 절대 경우 없는 짓 안 해."

윤필용 장군의 그 말 한마디가 내 임무수행에 목숨을 걸도록 만들었다. 나는 정의감 있는 처신을 독려했다.

당시 청량리역 오색등불 588번지에서는 매춘부들이 장병들을 잡아끌었다. 시비를 걸고 폭력배들이 관여하고 헌병대에 폭력 신고하여 연행토록 했다. 바쁘게 버스를 타야 할 휴가 귀대 장병들이 그들의 먹잇감이었다. 주야 없이 수십 년간 장병들을 괴롭혔던 포주와 식당 업주들에게 대대적인 숙정 작전을 벌였으며 수경사 헌병 10중대장 노석호 대위에게 지시, 일절 장병 연행을 중지시켰다. 청량리경찰서에도 비상이 걸렸다. 3일간 진심鎭드 작전으로 588은 헌병, 경찰과 보안부대 작전에 호황 지역에서 불황 지역이 되었다. 반면 휴가 장병들은 즐거운 여행을 하게 되었다.

우리가 솔선하자. 무엇이든 국가가 원하는 일에 최선을 다하자. 우리는 명시된 임무 외에 추정된 임무도 찾아서 해야 한다.

좋은 장비는 일하는 사람에게

　1967년 전국 단위부대장 회의가 있었다. 나는 대위였지만 소령직위의 사령부 직할부대장인 609특공대장 자격으로 참석한다. 회의 후에 중식을 마치고 윤필용 사령관을 비롯하여 사령부 참모들과 예하부대 지휘관들이 식당에서 나오자 군수처장인 장영근 대령이 작은 운동장에 세워둔 신형 윌리스Willys 지프Jeep차를 지시봉으로 가리키며 "사령관님용으로 차량을 꾸며보았습니다."라고 보고했다.

　가장 가볍고 튼튼한 회색 알루미늄 커버를 씌우고 최고 성능의 사이렌, 무전기, 라디오, 에어컨, 선풍기, 흡연 등 내부 장식과 비상 라이트, 무전기, 안테나 등을 장착한 서울 자가용 8807 차량이었다. 당시 가격으로 190만 원 상당의 차량으로 웬만한 주택 3채 가격이라고 보고했다. 사령관은 뒤편에 서 있던 나를 찾으며 말했다.

　"이 대위 어디 있어? 앞으로 나와서 시동 한번 걸어봐! 간첩을 잡기 위해서는 험한 지형에서 기동과 통신이 원활해야 한다. 특공대장 이 대위가 타라. 나는 서울에서 출퇴근할 때 이용할 뿐이고 현재 타는 차량이면 충분하다. 활동부처 요원들이 최우선이다."

　"저는 1/4톤 군용 차량과 소형 승용차 포니도 있습니다. 저는 안 타겠습니다. 사령관님 타시지요."

　사령부 수송관이 1시간 후 과일 3박스를 싣고 609특공대를 방문했다. 수송관은 "사령관님 명령입니다."라면서 공구와 차량과 관련된 일체의 서류를 나의 운전병에게 인계하고 돌아갔다. 부대장의 명령에 감사하기보다는 오히려 부담이 되어 사령부 회의 등 평시에는 운행을 삼갔다. 부대장이 준 차량은 작전 임무수행 시에 무전차량으로 67년 대북 응징보복작전과 68년 1월 21일 김신조 청와대 습격사건 간첩 공비 소탕작전에 최대 활용, 성과를 거

부대장이 하사한 위장 차량

두었다.

사령부 간부들은 윤필용 장군을 정말 멋지다고 평가했으며, 이 일로 그동안 모르고 있었던 25사단 72연대장과 11중대장과의 관계가 세상에 알려지게 되었다.

이 대위가 있었더라면

"이 특공대장님(대위)이 안 계셔서 경찰에 접선 공작을 시켰더니만 우리 측은 희생이 컸고, 두 놈은 넘어가 영웅이 됐지 뭡니까!"

베트남에서 귀국한 지 며칠 지나지 않아 정보부(지금의 국정원) 대공 직원이 나를 찾아와 대뜸 했던 말이다. 내가 베트남에서 입국 전인 1966년 7월, 경기도 송추 유원지 부근에 3인조 무장간첩이 출현했던 이른바 '노성집 사건'을 두고 하는 말이었다. 이들은 고정간첩과 접선, 서울 시내로 잠입해 박정희 대통령이 타고 가는 승용차에 수류탄을 투척해 암살할 계획이었다. 하지만 그 고정간첩은 이미 체포돼 전향하여 대북 역용공작에 적극 협조했다. 계속해서 북으로 암호통신을 보내며 남한에서 그가 부여받은 임무를 성실히 수행하고 있는 것처럼 보고했고, 이를 알지 못한 3인조 무장간첩이 그와의 접선을 위해 송추에 나타났던 것이다. 이를 서울시경의 대공 요원들이 잠복해 있다가 덮치는 과정에서 교전이 벌어졌다. 서울 경찰 대공 요원 두 명이 전사했고, 무장간첩 한 명이 생포되었으며, 두 명은 몸에 심한 총상을 입은 채 도주해 북으로 돌아갔다. 생포된 사람은 조장이었던 노성집이고, 도주한 자들은 조원 이재형과 우명환이다. 특히 이재형은 도주하다가 복부에 총을 맞아서 내장이 쏟아졌음에도 쏟아진 내장을 쓸어 담고 임진강을 건넜다. 우명환 역시 시경 대공 요원이 휘두른 권총 손잡이에 머리를 다치고 다리에 총상을 입었으나 휴전선을 넘어 북으로 돌아갔다. 두 사람은 북으로 돌아간 후, '공화국 전투 영웅'의 칭호와 함께 각각 육군 대좌와 상좌 계급을 받았다. 2년 후, 그들은 평양시 근교 상원군 공포리에 악명 높은 124군부대를 창설하고 후배를 양성하는 등 1·21사태의 주범이 된 인물이다.

방첩부대 생활 4년이 흘렀다.(3년 특공부대장, 1년 베트남) 군인은 야전에서 경험을 쌓는 것이 원칙이다. 나는 야전으로 나가기를 간절히 바랐다. 그래야 연대참모를 하고 대대장을 할 수 있기 때문이다.

"이봐, 거기까지 가려면 아직 멀었어. 연대참모 하려면 소령은 달아야 하는데 같이 더 있어 보자. 내가 사단장으로 갈 때 같이 가면 될 거 아냐."

윤필용 장군의 그 말과 함께 시작된 나의 군대 인생이 파노라마처럼 펼쳐

1967년 검거한 공비와 함께

졌다. 그때 내가 했던 일들은 남북의 극단적인 대결구도 속에서 반세기 가까이 정보의 통제로 어떤 것은 세월에 묻혀 사라졌고 어떤 것은 소문의 형태로 떠돌았다. 그러던 것이 2008년 10월 8일, 국회 국방위원회 기무사령부에 대한 비공개 국정감사 중, 기무사령관 김종태(전 국회의원) 중장이 국방위원들에게 해제된 비밀 문건 9건을 공표했다. 나와 관련된 소문이 공식적으로 모습을 드러낸 것이다. MBC TV 일요일 저녁 9시 뉴스로 최초 방송되면서 세간에 알려졌다.

'이진삼 의원 대공 관련 작전'

다음 4장은 그중 하나인 '대북 응징보복작전'으로 나의 북파 사실이 수록된 보고서다. 내가 북한군복에 북한총을 들고 북한강과 임진강을 건너 대북 응징보복작전에 나설 수밖에 없었던 분단된 조국의 뼈아픈 역사에 대한 리포트다.

대북 응징보복작전

> 강력한 응징은 적의 도발을 방지한다.
> **이진삼**

보복을 결심하다

1967년 3월, 김일성은 제4기 15차 전원회의를 열었다. 그 자리에서 5·16 이후 남북 간 경제력 차이가 벌어지자 '한국 정부를 전복하는 데 역량을 집중, 무장공비를 침투시켜 민심을 교란하라'는 지령을 전군에 하달하였다. 이후 북한은 무장공비를 침투시켜 주요시설을 파괴하고 민심을 교란시키는 데 총력을 기울였다. 북한은 1966년 봄부터 강원과 충청을 비롯해 전국 곳곳에 무장공비들을 57회 침투시켰고, 1967년에는 118회로 2년간 175회로 극에 달했다. 북한은 한국과 미국이 베트남전에 전력투구한다는 걸 알고 있었다. 한반도에서 전쟁이 일어날 경우, 미국이 남한에 지원 못할 것을 노리고 남한에 강력한 국지도발을 감행해 온 것이다. 즉, 북한군은 한국군이 대북보복작전을 전쟁 억지 차원에서 하지 않는다는 약점을 노렸던 것이다. 휴전선 인근 아군과 미군의 GP가 수시로 습격당했고, 중동부 전선에선 공비 무리가 우리의 전방 사단으로 침투, 양민을 학살하고 태백산맥을 타고 북한으로 돌아가는 일도 있었다. 그런가 하면 21사단 부연대장 김두표 중령과 두 딸 그리고 그의 처형을 살해하는 등 공비들은 군인과 일반 국민을 가리지 않고 무자비한 만행을 저질렀다.

피 끓는 젊은 군인으로서 더는 당하고만 있을 수 없었다. 목울대까지 분노가 치밀어 올랐다. 그 길로 방첩부대장 윤필용 장군을 찾아갔다. '기필코 응징하고 말리라'는 다짐이 끊임없이 마음을 강타했다.

"당하고만 있을 수 없습니다. 제가 하겠습니다, 부대장님."

"뭐야? 이 사람, 어딜 가겠다고? 큰일 낼 사람일세. 안 돼."

윤 장군은 내 청을 단박에 거절했다.

"당신은 나중에 중요한 지휘관이 될 사람이야. 그런 사람이 지금 뭐를 한다고?"

대화는 더 이상 이어지지 못했다. 하지만 그의 방을 나온 나는 구체적인 실행계획에 착수했다. 마음보다 빠르게 몸이 어딘가로 향했다.

내가 대북 응징보복작전을 결심하게 된 것은 우리 군의 존재 목적은 물론 군의 자존심 문제였다. 북한은 6·25남침 이전, 38선상에서 수시로 무력충돌을 일으키곤 했다. 국군의 경비 상황과 군사력을 시험했던 것이다. 도발이 680회에 달했다. 1949년 4월 25일에는 북한군 6사단이 38선 남방 100m 지점 비둘기(송악산) 고지를 기습했다. 아군은 같은 해 5월 4일 진지를 재탈환하기 위해 반격했으나 10개의 토치카로 요새화된 진지를 탈취한다는 건 불가능했다. 1사단장 김석원 장군의 계획하에 11연대 서부덕 소위 이하 아홉 명의 특무상사(김종해, 박창근, 박평서, 양용순, 오제룡, 윤승원, 윤옥춘, 이희복, 황금재)들은 박격포탄을 안고 토치카를 향해 돌입, 파괴하고 장렬히 산화했다. 그 길로 내가 간 곳은 서빙고분실이다. 그곳에는 북한특수부대 출신들로 검거 또는 자수한 공비들이 수용돼 있었다.

무장공비 중에서

　공비 아홉 명 중 면밀한 심사 끝에 백태산(26세), 박상혁(19세), 김의행(26세), 이기철(27세) 네 명을 선발했다. 북한의 특수부대원들은 대개 열일곱 살에 입대한다. 기초훈련을 마치면 '전사'로 시작하는 일반 병사와는 달리 4계급을 뛰어넘어 '중사'로 군 생활을 시작한다. 당연히 출신성분이 좋아야 북한 특수부대원으로 자격이 주어지기에 그들 4명 모두는 그들이 말하는 당성이 강하고 정신적, 육체적으로 강인한 자들이었다.

　내가 한국군을 데리고 북으로 넘어가 작전수행 중 죽게 될 경우를 생각해봤다. 당시의 우리 군은 북쪽으로의 공격이나 침투를 허용치 않았다. 내가 희생되는 것은 책임져야 할 사람이 죽을 테니 문제가 안 된다는 생각을 했다. 우리 군이 아닌 전향 공비를 선택한 것은 무엇보다 우리 군보단 그들이 북한을 더 잘 알고 있기 때문이었다. 더욱 고민스러운 것은 그렇다고 대원들끼리만 작전을 수행하게 할 수 없어서였다. 대원들만 보내놓고 지휘자가 없으면 각종 상황에 어떻게 대처할 것인지를 알 수 없기 때문이다. 작전지휘를 위해서라도 나는 갈 수밖에 없었다. 나는 죽어도 좋다고 생각했다. 만의 하나 그들이 나를 배신해서 죽인다 해도 어쩔 수 없는 일이라 여겼다. 많은 시간을 함께 훈련하면서 작전수행 준비를 차곡차곡 했다. 권총을 빼앗기면 자살할 생각으로 대원들 몰래 권총 하나를 더 준비했다. 그러니까 권총은 일단 유사시에는 신호용이고, 위급 시에는 자결용이었다. 또 한 가지 나만 알고 있는 방법은 적지 않겠다. 실행할 수 있는 쉬운 방법이다.

　1967년 7월 초, 서울 종로구 통인동 방첩부대 부대장실, 내가 부대장실에 들어섰을 땐 윤 장군이 마침 1군사령관 서종철 대장과 통화 중이었다. 방첩처장 김교련 대령도 함께했다. 통화가 길어졌다.

"네, 네, 그렇습니다."

윤 장군의 토막말만으로는 전체적인 통화 내용을 알 수 없으나 길게 날숨을 내쉬는 등 석연치 않은 표정으로 미루어 뭔가 잘 안 되고 있다는 걸 짐작할 수 있었다. 연일 도발을 일삼는 무장공비들에 대해 내가 윤필용 장군에게 제안한 보복대책에 관한 것이었는바, 서종철 장군이 그중에서 구체적 실행안에 관해 "연구해 봅시다."라는 말을 한 것은 결국 탐탁지 않게 생각한다는 말로 들렸다. 윤 장군이 수화기를 내려놓기 무섭게 나는 한 발짝 다가가 말했다.

"제가 응징작전 하겠습니다. 우리가 더 이상 당하고만 있을 수 없습니다."
"이 대위 안 돼. 우리 부대는 잡는 부대지, 침투 부대가 아니다."

나의 끈질기면서도 진지함에 윤 장군은 한동안 깊은 침묵으로 대신했다. 한 숨, 두 숨, 세 숨, 그가 마침내 침묵을 깼다.

"하긴 누가 지 목숨 걸고 자원하겠어. 군사기밀로 묶어둔다 해도 보안상 문제도 많고, 설령 살아 돌아왔다 해도 언젠간 나발불고 다닐 테고. 하지만 아무리 생각해도 그건 너무 위험해. 살아온다는 보장이 어디 있냐고. 전향을 했다 해도 걔네들은 불과 얼마 전만 해도 턱밑에 총구멍을 들이댄 공비였다고. 만의 하나 뒤돌아서 쏘고 달아나면……."

나로선 윤 장군이 무엇을 우려하는지 충분히 알고도 남았다. 그렇다고 응징하지 않고 당하고만 있으면 놈들의 도발은 쉴 새 없이 이어질 게 뻔했다. 우리가 한두 번 당하고 속았는가. 응징만이 도발을 방지할 수 있다. 공격이 최선의 방어인 것처럼.

응징보복작전을 위해 전향 공비 중 네 명을 선발해 놓고 내가 제일 먼저 한 것은 나와 그들 간의 신뢰를 쌓는 일이었다. 우리 일행이 할 일은 북한 놈들과 그들의 일당을 깨부수는 일이다. 대원들 모두는 북으로부터 속은 거었다. 어차피 돌아갈 수 없다. 2차 세계대전 당시 일본의 폭격기 조종사들처럼 말이 좋아 가미카제 특공대지 죽으라는 것 이상도 이하도 아니었다. 마찬가지로 공비들 또한 북한으로 살아서는 돌아갈 수 없는 임무를 받았던 것이다. 당시 한국은 그들의 생포 사실을 공개하지 않았다. 공개되면 북에 있는 그들의 가족 모두가 숙청될 것을 우려해서다. 어쨌든 나는 정보사령부 모 처장을 만나 훈련복 다섯 벌과 각종 장비를, 제1공수특전부대에서 훈련복 다섯 벌과 모래주머니 열 개를 구했다. 곧이어 대원들을 이끌고 우이동 계곡으로 갔다.

　구릉, 능선, 개활지 등 장차 전투가 벌어질 것으로 예상되는 곳과 흡사한 지형에서 훈련할 필요가 있다는 판단에서였다. 지형에 따라 전투 방법이 달라져야 했다. 그렇다고 우이동 계곡이 작전지와 흡사한 것은 아니지만 마땅한 훈련지가 서울 근교에는 없었다. 우이동 계곡은 삼각산(백운대, 만경대, 인수봉)이 만들어낸 곳으로 골짜기의 골이 매우 깊다. 고원 형태의 완만한 능선에서부터 깎아지른 듯한 절벽까지 그야말로 여러 형태의 지형을 갖춘 곳이다. 특히 산악이 중첩되어 있는 한반도의 지형상 기갑부대의 기동은 어렵다. 보병에 의한 고지전투가 주를 이룰 수밖에 없다. 6·25참전 초기, 미군이 고지를 오르내리는 데 익숙하지 않아 고전을 면치 못한 이유가 여기에 있다.

　군대에서는 보통 말을 물가로 끌고 가는 것으로 끝내지 않는다. 더러는 물을 먹을 수 있게 해줘야 한다. 멀리 함께 가야 할 여정이면 더욱 그렇다. 네 명 모두 정예 특수부대 출신으로 무술과 사격술이 뛰어났으나, 전투라는 것은 개인의 능력보다는 협동심이 중요하다고 생각했다. 따라서 단체훈련을 비롯한 적진에서의 기도비닉(企圖秘匿 하고자 하는 일을 적이 눈치 못 채게 은밀히 움직임), 목표물 기습 등 세트 플레이형 각종 훈련을 필요로 했다. 아무리 개인기가 뛰어나도 다른 대원들의 호응이 없으면 실패하고 같이 죽게 된다.

대원들은 불과 두 달 전만 해도 생명을 걸고 사살하고 잡아들였던 공비였다. 그들 또한 나의 심장에 총을 겨누었다. 나로선 훈련 과정을 통해 그들 네 명의 전향 의지를 재확인해야 했다.

승리를 위해선 각종 상황에 맞는 지옥훈련을 소화해야 했다. 그중 내가 제일 먼저 시작한 일은 그들의 진정한 실력을 확인하는 것이었다. 나는 느닷없이 그들 네 명을 향해 두 주먹, 두 발을 뻗어 대련자세를 취했다. 한꺼번에 덤비라는 도발이었다. 제일 먼저 백태산이 앞차기를 하며 달려들었다. 순간 나는 옆으로 비켜나면서 짧게 끊어 발을 날렸다. 그런 다음 뒤돌아 차기와 올려 차기로 그를 제압했다.

다음은 이기철이 달려들었다. 피차간에 온갖 기술이 다 동원됐다. 돌려 차기, 앞차기, 뒤차기, 회축, 무릎 대 돌리기, 발등 찍기 등. 밀고 밀리는 가운데 결국 승부는 내가 날린 밭다리후리기 한 방이었다. 백태산과 이기철에게 썼던 기술은 내가 만들어낸 특공무술, 실전 격투기였다. 태권도를 비롯하여 유도와 합기도 등 온갖 무술을 합쳐놓은 기술이다.

"적보다 전투 기술이 모자라면 패할 수밖에 없다". 그러니 오로지 훈련만이 승리를 보장할 뿐이다. 땀을 많이 흘리면 흘릴수록 피는 적게 흘리는 법이다. 훈련은 어떠한 악조건 속에서도 적응할 수 있게 준비해야 했다. 나는 우선 8㎏ 분량의 모래주머니를 양쪽 발목에 차도록 했다. 이는 곧 우리가 휴대할 총, 실탄 등 개인장비의 무게와 비슷했다. 삼복더위에 기습적으로 장맛비가 이어졌다. 우리는 날씨를 아랑곳하지 않고, 빗물에 젖은 모래주머니와 전투화로 질퍽대는 산비탈의 악조건 속에서 산꼭대기까지 같은 길을 수없이 오르내렸다. 입에서 단내가 날 만큼 고단한 훈련이었음에도 그들은 훈련하는 이유나 목적을 묻거나 따지지 않았다. 그리고 그날 밤, 나는 하루를 정리하며 스스로에게 따지듯 물었다. '녀석들, 혹시 딴 목적이 있어서 일부러

나한테 져준 건 아닐까?'

그들 모두 주먹 단련으로 벽돌 격파는 나보다 나았으나 지칠 줄 모르는 동작 지속 능력은 나에게 미치지 못했다. 나는 31세, 대원들의 나이는 19세~27세였다.

쳐들어간다, 북으로

무모하고 위험천만한 일이었으나 함께해야 할 사람들이었기에 그들의 심중을 파고들어 신뢰를 쌓아야 했다. 그들을 2칸 조그만 집으로 초대했다. 두 남매와 임신 8개월째로 접어든, 배가 불룩한 나의 아내를 소개했다. 진심은 통했다. 몇 순배의 잔이 돌고, 상 위의 음식을 몇 번이나 다시 채우는 사이 분위기가 한껏 고조되었다. 아내가 남매와 함께 빈 주전자를 들고 문을 나설 무렵, 나는 그들에게 핵폭탄을 던졌다.

"우리는 쳐들어간다, 북으로!"

나는 핵폭탄을 던져 놓고 후폭풍을 기다리며 그들을 주시했다. 기다리는 그 순간, 숨이 멎는 것 같았다. 어느 누구도 언제, 어디서, 누구를, 어떻게, 왜를 묻지 않았다. 아찔했다. 혹시 기밀이 누설되었나 하는 생각으로 혼란스러웠다. 어렵사리 입을 떼 다들 알고 있었는지를 물어도 대원들은 좀체 말문을 열지 않았다. 한참을 뜸들인 후 하는 소리가 "짐작했다"였다.

아이러니한 삶이다. 두 달 전까지만 해도 북에서 남으로 향했던 총부리였다. 그 총부리를 이제 남에서 북으로 돌려야 하는 것이다. 막연히 '짐작했다'가 바로 현실이 되는 것이기에 그들의 혼란과 두려움은 당연한 것이었다. 나는 다시 내 마음을 갈무리했다. 그들에게 혼란이 아니라 확신을 심어주는 게 무엇보다 중요하다는 판단이 섰다.

담금질

> 평상시의 땀방울은 전시에 피를 대신한다.
> 이진삼

우이동 계곡으로 다시 향했다. 사격은 물론 수류탄 투척 훈련을 위해서였다. 그들 모두가 특수부대 출신인 만큼 개인훈련은 더 할 이유가 없었다. 그보다는 단체훈련에 주안점을 뒀다. 예를 들어 적 1개 소대가 공격해 온다고 가정하면, 표적은 30개가 넘는다. 기관총의 경우도 표적 하나하나를 제압해야 한다. 30개의 표적이 대형을 갖춰 공격해오는 게 아니어서 하나하나를 제압하는 길밖엔 달리 방법이 없다. 가까이 다가오는 적 1명에 대해 조준하여 3발을 쏘고, 다음 1명에게도 조준하여 5발을 쏘는 방법으로 제압하면 30명을 제압하는 데 총 180발이면 충분하다. 각자 소지할 수 있는 총알 수에는 한계가 있을 테니.

무엇보다 팀 호흡을 위해선 맹렬하고 무자비한 돌격 구호가 필요했다. '돌격 앞으로'는 한마디로 공격 기세를 뜻한다. 저돌적으로 돌진해야 한다. 또한 초반에 다량의 사격을 가해 기선을 제압해야 한다. 돌격 시 함성 또한 중요하다. 적의 사기를 꺾고 아군의 사기를 북돋워 주기 때문이다. 나는 대원들에게 "박살내자!"는 돌격구호를 주문했다. 대원들은 일제히 "박살내자!" 함성과 함께 돌진하며 서서쏴 자세를 했다. 여기서 또 하나 중요한 것은 돌진 중에도 탄창 교환을 할 수 있어야 한다는 점이다. 나는 또한 그저 휘두르는 사격을 주의시켰다. 사격통제다. 적에게 위협이 되긴 하겠지만 살상이 어려운 것은 물론 실탄 낭비일 뿐이다. 전투 시 표적이 모두 한눈에 보이는 건 아니다. 표적이 안 보이면 의심되는 곳을 하나하나 제압해야 하고, 또 정확히 조준 사격해야 한다. 2명이 사격 시에는 팀별 교대로 적에게 접근, 지근거리에서 조준사격으로 완전 섬멸하는 훈련을 반복했다. 수류탄 투척 거리 역시 적의 20m 이내로 접근하여 정확하게 투척해야 한다. 앞에총 또는 돌격자세로 이동 중일 때는, 목표가 나타나면 왼손으로 안전핀을 뽑아 오른손으로 수류탄을 던진 후에는 즉시 사격자세로 들어가야 된다.

6·25 전쟁 당시 아군은 수류탄전에서 완패했다고 해도 과언이 아니다. 신병들은 훈련과정에서 투척방법만 잠시 교육받았을 뿐 실제로 수류탄을 던져본 적이 없던 터라 안전핀을 뽑고 좌우를 살피다가 부근에 떨어뜨려 오히려 아군의 사상자를 낸 경우가 허다했다. 심지어 안전핀조차 뽑지 않은 채 던진 병사도 있었다. 반면 중공군은 중일전쟁 당시 일본군과 전투를 하면서 부족한 화력을 수류탄으로 대신한 터라 한 손에 방망이 수류탄 세 발을 쥔 채 안전 고리를 손가락으로 끼어 다발로 던지곤 했다.

3주 동안 매일같이 8시간의 훈련을 끝내고 나면 나는 물론 대원들의 몰골은 알아볼 수 없을 만큼 흙투성이가 되곤 했다. 나는 그들을 데리고 계곡 상류로 갔다. 누가 먼저랄 것 없이 모두가 앞다퉈 발가벗고 물속으로 뛰어드는 모습은 어린아이들과 같았다. 그럼에도 여전히 "뒤돌아서 쏘고 달아나면 어떡하려고……" 하던 윤 장군의 말이 이명처럼 귓가를 맴돌았다.

진심과 실력으로 쌓은 신뢰

그들과 함께 훈련을 시작한 지 4주 남짓, 그것도 그냥 자연스레 알게 되어 훈련을 시작한 것이 아닌 서로의 가슴에 총부리를 들이대고 쏴대던 사이가 아니었나. 설상가상으로 남은 시간도 촉박했으나 화살은 시위를 떠났고 강은 건너야 하니 배의 견고함과 사공의 진정성을 믿을 수밖에.

어쩌면 있을지도 모르는 불상사를 생각하며 자식으로서의 마지막 인사를 드릴 겸 나는 그들을 데리고 얼마 전에 작고하신 선친의 묘소가 있는 고향을 찾았다. 마을에 접어들자 많은 사람들이 알은체하며 반가워했다. 시골

작은 마을에서 육군 장교가 나왔다고 너도나도 자랑스러워했던 고향 마을이다. 뜻밖이란 듯 대원들의 표정은 당황스러워 하면서도 싫지 않은 기색이었다. 일일이 손을 흔들어 답을 해주며 웃기까지 했다. 그리고 선친의 묘에 절을 올릴 땐 표정이 사뭇 진지했다. 저마다 제 고향의 부모님을 떠올리는 듯 숙연했다. 만감이 교차하는 표정을 읽을 수 있었다.

갑산옥 여주인의 환대와 낙화암의 풍광과 고란사의 그윽한 풍경 소리, 그리고 백마강을 뒤로 하고 상경한 대원들이 이제는 친형제처럼 느껴졌다.

이튿날, 나는 바로 대원들에게 야전삽 한 자루씩을 나눠줬다. 총과 삽은 신랑 각시나 진배없다. 삽은 항상 총과 함께 휴대해야 한다. "총알이 사람을 피하는 것이지, 사람이 총알을 피하는 건 아니다"라는 운명적인 말을 믿어선 안 된다. 베트남전 당시 미군들은 월맹군의 박격포탄과 전방 100m 앞에서 퍼부어대는 기관총 사격에 철모와 손으로 호壕를 파 위기를 모면했다. 나는 "호를 파지 않고 방어선을 치는 건 이미 적에게 항복하는 것"이라 했다. 호를 파는 건 살아남기 위한 수단이다. 몸을 숨길 만한 지형지물이 없으면 엎드린 자세에서 머리 쪽의 흙을 파내고, 파낸 흙을 적의 방향에 쌓는다. 맨 처음 엎드릴 만한 길이와 폭으로 흙을 파서 적 방향에 쌓아 사격자세를 취할 수 있으면 급조 호는 완성이다.

적정敵情과 지형지물에 따른 위장, 포복, 약진, 참호 구축 훈련은 생존과 직결되는 훈련이다. 그중 참호 구축 훈련은 가장 중요하다. 야전삽의 작업량과 피해는 반비례한다. 방어할 때뿐 아니라 공격 할 때에도 삽은 휴대해야 한다. 상황에 따라 개인호로 전환할 수도 있어야 하기 때문이다.

우리 부대 군견인 셰퍼드 '와치'와 '발드'도 훈련에 초대했다. 개의 얼굴은 코가 3분의 2를 차지한다. 사람의 후각세포는 500만 개지만 개는 40배가 넘는 2억 개다. 말하자면 개 코에 비하면 사람 코는 코도 아니다. 나는 개 두 마리를 골짜기에 묶어둔 채 은밀히 통과하는 훈련을 계획했다. 취각과 호흡 조절을 위한 훈련이었다.
　이틀 전부터 나는 대원들에게 금연할 것을 주문했다. 가능한 한 마늘, 김치 등 후각을 자극하는 음식도 먹지 말 것을 당부했다. 만약 먹었다면 치약에 소금을 첨가해 양치질을 하도록 했다.

견적훈련 見敵訓練

　작전에 앞서 적을 보는 훈련, 견적훈련을 위해 강원도 원동면 날근터로 향했다. 북한군 제13사단장 장사청을 살해하는 게 목표이며, 침투하기 위해선 아군 7사단 쪽 북방한계선을 넘어 북한강 지류인 금성천을 건너야 했다. 아군 7사단 5연대 212GP에서 내려다본 북녘은 조용하고 평화로웠다. 한 폭의 수묵화 같다. 솟아난 산봉우리들 사이로 굽이쳐 흐르는 강, 시야에도 잡히지 않는 끝 모를 계곡들로 둘러싸여 있다.
　GP소대장 김 소위는 지도를 펼쳐놓고 눈앞의 산야와 대조해가며 브리핑을 했다. 12시 방향 계곡 사이로 숫자 3 모양의 하천이 보였다. 3자의 오른쪽 허리 부분이 바로 북한강과 금성천이 만나는 지점이었다. 하늘엔 구름이 깔려 있다. 구름 그림자가 3자를 거의 덮고 있어 마치 승천을 앞둔 용처럼 보였다. 두 GP 사이로 북한강이 흐르고 있고 목표, 즉 적의 13사단이 3자에서 2시 방향으로 약 10km 북쪽에 위치해 있다.
　금성천 도하를 위해선 적의 811GP는 반드시 통과해야만 했다. 대안과의 이격 거리 300m~400m로 최대한 강변 쪽으로 붙어 가야 할 곳이다. 적의 GP는 분명 최대한 관측 및 사계에 유리한 곳에 있을 것이며, 더구나 접안지역은 개활지여서 은폐, 엄폐상 예기치 못한 많은 문제들이 예상되었다. 그러므로 야음을 이용해 침투해야 한다.
　견적훈련을 마치고 돌아온 후에도 마음 한구석엔 근심덩어리가 쌓여 있었다. 나 자신은 군인으로서 의무를 다하다 죽으면 영광이라 여기지만 남아 있을 처자식은 어떡하나. 홀어머니는? 그런 생각이 들면 나는 그들을 넌지시 떠보곤 했다.

"자네들 날 쏘고 달아나는 거 아니야? 자네들은 셋이고 난 혼자다. 며칠 후면 지금 나처럼 자네들은 고향땅을 밟을 것이고, 난 지금의 자네들처럼 타향 땅을 밟게 될 텐데……."

"걱정 마십시오. 전 대장님이 생각하는 그런 사람 아닙니다. 북에서 느껴 보지 못한 인간적인 정, 진심으로 고맙습니다."

시간이 다가오면 다가올수록 인간적으로 초조하고 걱정되는 것을 나로서도 어쩔 수 없었다.

D-3일 저녁, 우이동 훈련장을 옮겼다. 적의 811GP와 812GP의 지형적 특성을 고려해 최대한 유사 지형을 찾았다. 첫 작전의 목표는 적의 진지나 영토를 탈환하는 게 아니라 인명살상에 있었다. 당연히 우리가 지니고 갈 무기와 장비의 양엔 한계가 있으므로 무리한 전투, 필요 이상의 전과를 탐내서도 안 될 노릇이다. 무엇보다 중요한 것은 우리 모두 죽지 않고 임무수행을 마치고 살아서 돌아오는 것이었다.

마지막 점검

'곰을 길들이듯 훈련시켜라'는 말이 있다. 뜨거운 돌 위에 곰을 올려놓으면 발이 뜨거워 곰은 발을 교대로 올리게 되고 이에 맞춰 북을 두들기면 어느 시점에선 북소리에 맞춰 곰은 춤을 추게 된다. 조건반사를 이용하는 훈련이다. 근 두 달간의 훈련은 거기에 맞춰져 있었다. 나는 흐릿한 스탠드 불빛 아래 수첩을 펼쳤다. 작전을 위한 화기와 장비 목록이 빼곡하게 채워져 있었다.

소제 기관단총**PPS-43** 4정, 동 탄창 16개, 동 실탄 800개(각자 200발), 소제 토과렙 권총 1정(조장), 탄창 2개, 실탄 30발, 북한제 수류탄 12발(각자 3발), 북한제 반탱크 수류탄 3발, 단도, 포승줄 4개(각자 1개), 지도, 나침의 1개(조장), 마취약 및 살포기 1개, 말린 찹쌀 24kg, 고추장 2kg, 엿 31kg, 소금 400g, 비닐주머니, 우의 4벌, 식기 4개, 고체연료 10일분, 구급약 약간, 바늘, 실 4개. 군복은 물론 휴대장비 모두 북한군의 것을 사용하기로 했다. 침투 면에서 유리하기도 하고, 때로는 실탄을 현지에서 획득할 수 있을 거란 생각에서였다.

유서遺書

나는 아무것도 모른 채 곤히 잠들어 있는 아내와 자식들을 내려다봤다. 여러 가지 생각들로 잠이 오지 않았다. '내가 죽으면 아내와 어린 것들은 남편이, 아빠가 왜 죽었는지도 모른 채 살아갈 텐데.' 하는 생각에 왈칵 눈물이 쏟아졌다.

'저승사자' '호랑이' '독종' 등 내게 붙여진 별명은, 군인에게 있어 국가가 위태로울 때 자기의 생명을 요구받는 순간이 가장 행복하다는 '군인으로서의 나'를 평가하는 말이다. 하지만 아이들과 아내의 잠든 모습을 들여다보는 그 순간만큼은 나 역시 한 가정을 책임져야 하는 지극히 평범한 가장이었다. 작전 투입 1주일 전 촬영한 사무실 사진과 유서를 가족에게 전달하기 위하여 준비해 놓았다.

사랑하는 당신에게
초등학교 교사로 순진했던 스물네 살 시골 처녀가 나와 결혼하여 엄마가 된 지금, 돌이켜보면 긴 세월도 아닌데 고생만 시켰구려. 미안하오. 당신과

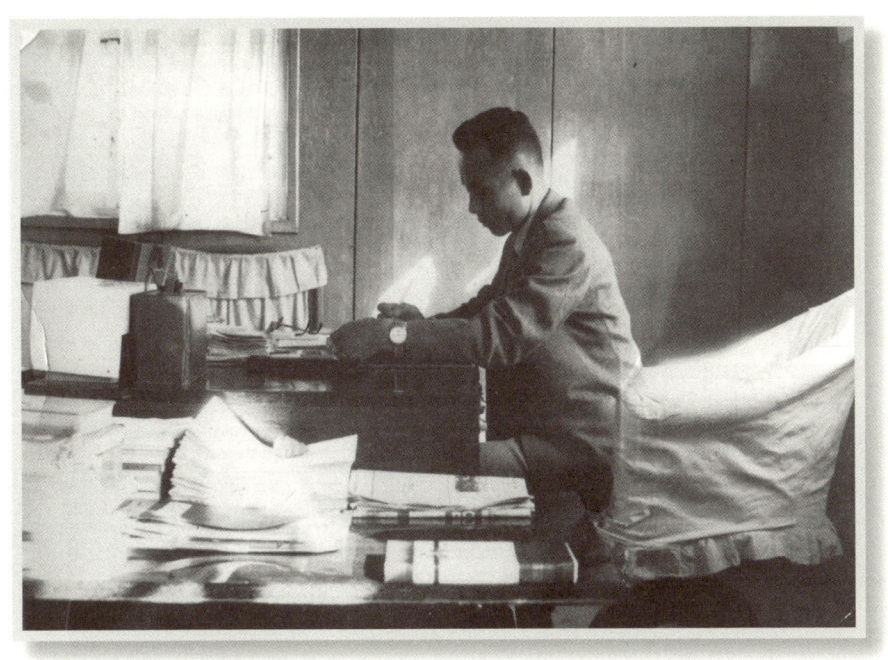

1967년 9월, 609 방첩대장실에서 유서를 쓰는 모습

한마디 상의도 없이 베트남전에 갔던 것처럼 또다시 일을 벌여 미안하오. 하지만 군인은 목숨 바쳐 싸워야 하는 게 본분이오. 국가를 위해 '앞으로 나란히'밖에 할 줄 모르는 바보를 용서해주구려, 미안하오!

맺혔던 눈물이 백지 위로 뚝뚝 떨어졌다. 그 눈물에 잉크가 번졌다. 구겨 버리고 다시 마음을 가다듬고 써 내려갔다. 순간 부모님 생각이 났다. 사랑하는 아내, 귀한 내 자식들. 나는 비겁한 남편, 아버지가 되지 않겠다. 임무를 수행하고 살아서 가족들 앞에 나타나겠다. 깎은 손톱과 함께 유서와 사진을 봉투에 넣었다. 잠이 오질 않았다. 유서는 없어진 남편이 왜 죽었는지 알리기 위해서였다.

'내가 죽은 후, 북한 놈들이 판문점에서 항의하면 정부는 뭐라고 할까. 시

치마를 뗄까. 국립묘지에라도 갈 수 있는 건지. 행불 처리하려나. 아니야, 그딴 건 중요하지 않아. 죽지 못하고 생포라도 당하는 날엔……. 실탄마저 떨어지면 어쩌나? 자결도 못하고 포로가 되면 그 많은 수모를 어떻게 참고 죽어갈까. 특공대장이 안 하면 누가 하나. 그래, 권총은 내게 있어 전투와 신호용이 아니라 자결용이다.' 사생결단 의기는 날이 갈수록 확고해지면서 마음이 편안해졌다.

1차 작전, 사단장 잡으러 가다

1967년 9월 27일 수요일 오전 11시, 남녘에서의 마지막이 될지도 모르는 날, 아니 생의 마지막 날이 될지도 모르는 바로 그 날, 팔이 불편한 이기철을 제외하고 나와 박상혁이 같은 조이고, 백태산과 김의행이 같은 조를 이뤘다. 정규전이 아닌 특수전에는 2대 2의 조별 전투가 효과적이다. 수적으로 우세한 적과의 교전 시, 한 사람이 수류탄을 던지는 동안 다른 사람은 소총으로 엄호할 수 있다. 반면 셋이 한 조가 되면 한 명이 남게 돼 역할 분담에 혼돈이 온다.

16:00경, 일행은 강원도 화천군 원동면 날근터에 위치한 아군 7사단 소속 212GP에 도착했다. 우리는 다시 한 번 더 침투할 지형을 관찰했다. 굽이굽이 흐르는 북한강은 변함없이 승천을 앞둔 용처럼 보였다. 누가 먼저랄 것 없이 대원들과 나는 좌측상단, 혀를 길게 내민 용머리를 닮은 지점을 손으로 가리켰다. 그곳은 바로 적의 811GP가 있는 곳으로 강 좌안에 바짝 붙어 지나야만 한다. GP 사이 이격 거리는 600m에 불과하다. 개활지인 그곳을 일단 무사통과해야 한다. 우리에게 주어진 임무는 적 비무장지대에 잠복 중인 민경대원을 사살한 뒤, 적 13사단장 장사청(43세)과 정치부 사단장을 살해하고, 적 통로상 부비트랩 등 장애물 설치 및 군사정보수집(부대 배치, 경계

상태, 장애물 설치 상태) 등이었다.

나는 GP소대장에게 봉투가 든 지갑을 건네며 보관해줄 것을 부탁했다. 김 소위는 지갑을 받으며 아무 말 없이 안타깝게 나를 바라봤다. 봉투 안에는 써 두었던 유서, 우이동 계곡에서 육사동기 원종욱 대위 가족과 우리 가족이 함께 찍은 사진, 그리고 손톱을 잘라 넣은 봉투가 들어 있다.

저녁식사 후, 병기를 손질하고 휴대품을 점검했다. 개인화기를 비롯해 도강을 위해 마련한 튜브, 지뢰탐지기 등 생각보다 짐이 많았다.

19:40경, 아군 212GP를 출발했다. 김 소위와 호송 장병 셋의 안내를 받은 대원들은 19:55경, 군사분계선에 도착, 전방을 관측하고 침투를 개시했다. 내가 앞장섰다. 사람의 마음은 깊이를 알 수 없는 물길과도 같다는데, 그들 중 누군가 문득 '돌아서 쏘면 어쩌려고' 묻던 윤 장군의 말이 또다시 떠올랐다. 하지만 임무수행 외에 딴 생각은 하지 않기로 다짐했다. 긴장을 풀 수가 없었다. '저들이 배신해 날 죽이고 달아나고자 한다면 나로선 어쩔 수 없는 일이다. 하지만 난 믿는다.'

낮엔 비트에서 잠을 자고

북편에 첫 발을 디딘 곳은 양지마을이라는 곳이었다. 정말로 날근터에서 양지터로 넘어간 거였다. 비무장지대는 그나마 잡목으로 우거져 있었으나 북방한계선 북쪽은 벌거숭이로 황폐화 돼 있었다.

22:00경, 462고지 우측 능선을 통과, 그곳의 11시 방향 약 300m 이격 지점 최상단에 적의 GP811이 위치해 있다. 야음이라 식별이 곤란했다. 그래도 먼저 그곳을 무사통과해야만 했다. 만의 하나 발각 시엔 퇴로를 따라 후퇴해야 했기에 어느 누구도 돌출 행동은 하지 않았다. 나를 따르라, 내가 맨 앞으로 나섰다. 최대한 몸을 굽혀 정숙보행을 하면서 2시 방향으로 전진,

북한강을 만나면 강줄기를 타고 오를 예정이었다. 강 언저리엔 지뢰나 부비트랩 등이 없는 것으로 판단, 전진하여 금성천 언저리에 도착했다. 강어귀에 도착하자 나는 포복자세를 명했다.

00:10경, 금성천 도하지점에 도착, 옷을 벗고 튜브를 몸에 끼고 강을 건넜다. 강폭은 좁았으나 의외로 수심이 깊었다.

00:50경, 대안에 도착, 튜브를 은닉하고 11시 방향으로 1시간 가량 행군, 능선을 타고 용호마을 우측으로 빠져나가 목표인 적의 13사단 쪽으로 향했다. 그때였다. 갑자기 백태산이 김의행의 오른팔을 꽉 붙들고는 그의 군화 앞을 가리켰다. 지뢰였다. 모두는 긴장했다. 지뢰 지대를 피하기 위해 계곡과 개천으로 우회하여 물을 건너며 전진했다. 힘은 배나 들었다. 그러나 어렵지 않게 전진할 수 있었다. 금성천 계곡 북쪽에 펼쳐진 골짜기, 너럭바위 그리고 실개천 등등 훈련을 했던 우이동 계곡과 흡사했기 때문이다. 철수로가 보장되면 죽지 않는 한 돌아갈 수 있기에, 낯익은 그곳은 왠지 철수할 때 많은 도움이 될 것 같은 예감이 들었다. 약 50m 앞에 적의 잠복초소가 있었다. 나는 정지하고 낮은 소리로 백태산과 김의행에게 무성무기로 처치할 것을 지시했다.

"처치하자!"

처치 후, 적정敵情이 파악되지 않은 상태에서 설불리 움직일 수는 없었다. 나는 대원들에게 잠복초소 교대 병력이 철수하기를 기다리자고 하고 졸지 말 것을 당부했다. 그리고 비트 구축을 명했다. 숙영은 물론 때에 따라선 차후 집결지가 될 수 있기에 지형 평가 다섯 개 요소를 고려해 적이 생각할 수 없는, 은폐 엄폐가 잘되는 곳에 삽을 꽂았다. 10분이 채 안 돼서 비트가 완성, 교대로 휴식할 수 있었다. 잠자고 있는 일행을 보며 나는 비로소 확신이 들었다. '그래, 배반을 하려고 했다면 벌써 했을 거야. 적의 GP811을 지날 때.' 의심했던 것을 미안해하며 나는 그들을 흔들어 깨웠다. 어느덧 아침이었고 우려했던 대로 적의 초소는 야간 매복 초소가 아닌 24시 고정 초소였다.

12:00경, 초소 우측 방향에서 적들이 떠드는 소리가 들렸다. 민경대원 15명이 지뢰 매설을 위해 총을 땅에 내려놓고 삽과 곡괭이로 작업을 시작했다.

13:50경, 위치를 이동했다. 몇 걸음 옮기지 않았을 때였다. 박상혁이 부주의로 나뭇가지를 밟았고, 그 바람에 약 30m 지점에서 "뉘기야?" 하는 반응과 함께 북한군 하나가 왔다. 바짝 다가간 백태산의 단도가 적병의 목울대를 쳤다. 동시에 또 다른 북한군 병사 둘이 다가왔다. 나는 손가락 하나, 그리고 다섯을 좌우로 올리며 공격신호를 보내는 것으로 적병을 급습했다. 이어서 대원들의 PPS-43 소제 기관단총 60여 발이 난사되었다. 방어용 수류탄 6발과, 반탱크 수류탄 1발도 투척됐다.

갑작스러운 공격에 적들은 우왕좌왕했지만 살아남은 자들의 저항도 만만치 않았다. 그러나 우리를 당해내지는 못했다. 나는 조준사격을 명했다. 살아남은 적 2명이 골짜기로 달아나며 20여 발의 사격을 가해왔다. 나는 퇴각명령을 내렸다. 실탄도 바닥난 데다 곧 적의 부대가 출동할 게 뻔했기 때문이다. 설상가상으로 나는 배탈이 났다. 개울물을 마셨던 게 탈이 났다. 티내지 않으려 참았으나 나중엔 배가 너무 아파 배를 움켜쥔 채 몸을 펼 수가 없었다. 건빵 하나 목구멍으로 넘길 수 없을 지경이었다.

14:00경, 적병의 매복이 예상됐던 지점을 무사히 통과했다.

14:40경, 마침내 금성천 어귀에 도달할 수 있었다. 안도하는 것도 잠시 후방에서 총소리가 들렸다. 바위 뒤 숨겨놓은 튜브와의 거리는 50여 미터. 나는 대원들을 향해 손을 흔든 뒤, 손가락으로 숨겨놓은 튜브 쪽을 가리켰다. 셋은 동시에 움직였다. 튜브를 꺼내 물속으로 뛰어들어 잠수했다. 총알이 날아들었다. 천만다행으로 급류를 극복, 도하했고 적의 총소리도 그쳤다.

15:30경, 군사분계선을 넘어 212GP 좌전방 지점으로 복귀했다.

1차 작전 결과

 1차 응징보복작전에서는 군관 1명을 포함 13명의 적을 살상하는 전과를 올렸다. 북한의 도발에 대한 보복작전이 최초로 이루어진 작전이었다.
 김의행과 함께 국군통합병원을 찾았다. 김의행은 생포 당시 생긴 총상이 도져 팔에 고름이 차 있었다. 진료부장은 김의행에게 당분간 무리한 운동을 금하고 상처에 물이 들어가지 않도록 조심할 것을 당부했다. 나는 급성 위궤양 진단을 받았다. 의사는 내게 술, 담배, 커피를 삼갈 것을 권했다.

2차 응징보복작전

 1967년 10월 14일 토요일, 1차 작전 17일 뒤였다. 2차 작전도 1차 작전에 이어서 바로 실행할 예정이었으나 계속된 나의 위통으로 17일 후로 미루어졌다. 적의 사단장 살해는 현실적으로 어렵다고 보고 이번에는 목표를 수정했다. 잠복초소, 병력 집결지, 북방한계선 일대의 경계 실태, 금성천 및 적 13사단 지역 등을 정찰한 뒤, 적 807GP의 기습에 목적을 두었다. 작전의 목표가 점령지 탈환에 있지 않고, 보복을 위한 단순 인명 살상에 있었으므로 적의 병력이 밀집돼 있는 GP가 목표로서 최적이라 판단되었다.

함정과 지뢰

 18:30경, 강원도 화천, 아군 7사단 2대대 5중대 전방인 대기 지점을 출발했다. 나는 김의행 대신 작전에 투입된 이기철을 포함 다른 대원들과 함께 장비를 최종 점검했다.
 19:00경, 안내장교 1, 병사 5명과 작별, 나를 포함한 4명이 북상했다. CT

874 425 지점부터 월광을 고려, 개활지가 펼쳐져 적에게 노출될 것을 우려하여 튜브를 끌고 포복으로 1km를 이동했다. 2시간이 넘게 소요됐다. 도하 장소는 1차 작전 때보다 다소 서쪽으로 치우쳐 있었다. 다시 1시간 이상이 소요됐다.

23:50경, 도하 지점인 새말과 피루개 사이에 위치한 소성동에 도착, 만 17일 만에 또다시 금성천에 이르렀다.

02:00경, 우이동 계곡을 닮은 계곡을 따라 북상하던 중, CT 862 440 지점에서 적들이 파놓은 반쯤 매몰된 호와 끊어진 전화선을 발견했다. 나는 사태가 심상치 않음을 감지했다. 우리의 1차 작전으로 인해 적의 부근 경계가 더욱 강화돼 있음을 알았다.

03:00경 다시 포복을 개시했다.

05:00경, CT 865 445 지점을 통과하는데 길 막바지 부근에 수저통 모양의 목함지뢰가 있었다. 제일 먼저 이를 발견한 백태산이 "쁘로찔!"을 외치면서 일행은 옆으로 피했고 당황한 이기철이 옆으로 엎드린다는 것이 그만 목함지뢰를 덮쳐버리고 말았다. 1초, 2초, 3초……, 그런데 터지질 않았다. 그러자 백태산은 조심스레 이기철에게 다가가 덮친 수저통 모양의 지뢰를 침착하게 빼냈다. 그야말로 운이 좋았다. 만약 터졌다면 이기철은 말할 것도 없고 우리 모두는……. 대원들은 초주검이 되었다.

05:00경, 간신히 북방한계선 CT 866 455 지점을 통과했다. 도강에 긴 포복 이동, 그리고 지뢰 소동까지. 모두가 악조건이었다.

08:00경, 9시 방향, 불과 100m 거리에서 적의 행렬이 포착됐다. 중대 병력쯤 돼 보였다. 적 70여 명이 능선을 따라 수색작전을 실시하면서 그중 약 20명이 공작조를 추격 중이란 사실을 발견했다. 나는 서둘러 적과 반대 방향으로 하산할 것을 지시했다.

09:00경, 은신했던 곳을 출발, 침투로를 따라 하산하여 비로소 숨을 돌

릴 수 있었다. 작전을 포기하고 돌아간다 해도 해가 진 무렵이나 가능했기에 또다시 은신을 위한 비트를 구축했다. 적의 13사단 지역 정찰엔 실패했지만, 퇴각하는 길에 계획했던 적의 807GP를 습격할 목적으로 능선을 따라 다시 행군했다. 그러나 퇴각을 결심할 수밖에 없었다. 우리의 1차 작전 후 적들이 곳곳에 파놓은, 지름 2m에 깊이 3m 정도의 함정들과 그 지역 일대에 매설해놓은 지뢰 중 대인 지뢰 7발을 제거하고 70m 가량을 전진했다. 그러나 도저히 지뢰 지대를 극복하기 어렵다는 판단이 섰다. 나는 이격 거리 40m까지 포복으로 다가가 살피고 복귀로를 따라 이동했다.

04:00경, 마침내 은닉해 두었던 튜브를 꺼내 금성천을 건넜다. 초소에 있던 북한군이 사격을 가해왔으나 물속으로 잠수하면서 도하, 무사히 귀환할 수 있었다.

2차 작전 결과

적진에서의 단기 작전은 우리의 희생을 감수하면서까지 전과 획득에 치중해서는 안 된다. 피해를 입지 않도록 해야 한다. 2차 응징보복작전에서는 다만 북방한계선 부근 적의 경계 실태 확인과 적의 비무장지대 장애물 실태를 확인할 수 있었다. 작전 시 지휘자는 식량과 탄약 등 전투 지속 능력을 유지하기 위한 노력을 해야 한다.

3차 응징보복작전

1967년 10월 18일 수요일, 작전지역을 강원도 지역에서 경기도 지역으로 바꿨다. 1,2차 작전으로 강원도 지역은 장애물과 적의 경계가 한층 강화됐다고 판단했기 때문이다.

14:00경, 대원들과 함께 서빙고를 출발했다.

16:30경에 경기도 연천군 왕징면으로 들어섰다. 적의 비무장지대 초소에 병력(25여 명)을 무력화시키기 위한 작전이었다.

17:10경, 아군 28사단 169GP에 도착했다. 나는 유서와 자른 손톱 그리고 사진 한 장이 든 봉투가 반의반으로 접혀 끼여 있는 지갑을 GP 소대장에게 맡겼다. 사물함에 보관해줄 것을 부탁했다. 임진강이 동서로 흐르고 북서 방향으로 직선거리 300m 내에 위치한 적의 689GP. 육안으로도 목표가 보였다. 베티고지 바로 뒤편에 있었다. 베티고지는 6·25전쟁 막바지, 휴전 협상 시 우위를 점하기 위해 피아간 사투를 벌였던 곳이다. 휴전을 얼마 남기지 않은 1953년 7월 15일, 중공군은 야음을 틈타 서부전선 일대에 대대적인 공격을 해왔다. 그 결과 김만술 소대는 그곳에서 중공군 2개 대대의 공격을 받았다. 아군 35명의 1개 소대와 적군 700여 명의 2개 대대, 상대가 안 될 전력이었지만 아군 포병의 진내 사격 등 모든 화력을 동원해 저항했으며 탄약이 고갈된 뒤에는 야음을 틈타 적에게 접근, 호루라기에 맞춰 백병전을 전개했다. 13시간 동안의 피비린내 나는 사투 끝에 아군은 23명의 전사자를 낸 반면, 적군은 314명 전사에 450여 명이 부상당했다. 적군은 철수하기에 급급했다. 당시에 베티고지를 장악하지 못한 상황에서 휴전을 맞았더라면 현재의 휴전선으로부터 2km 후방까지 비무장지대가 설정되어 임진강 이남으로 물러나야 했을 것이다. 나는 대원들에게 김만술 소위의 용맹심과 충성심을 설명한 뒤, 베티고지를 바라보며 전의를 다졌다.

18:40경, GP 소대장과 소대원 넷의 도움으로 군사분계선까지 장비를 운반.

19:00경에 군사분계선상인 도하 예정 지점에 도착 약 20분간 전방을 감시했다.

19:20경 도강, CT 219 223 대안에 도착했다. 야전삽으로 땅을 판 뒤 도하 장비를 묻고 포복으로 갈대밭까지 접근하여 전방을 관측한 결과, 우리들

이 있는 위치에서 60여 미터 전방에 적의 경계초소가 보였다. 나는 김의행에게 적의 병력을 확인할 것을 지시, 약 20m를 전진시켰던바 특별한 반응이 없어 적 경계병이 없는 것으로 판단했다. 계속 개울을 따라 전진하다 2명의 경계병을 발견했다. 나는 2명의 초병을 처치하고 적의 GP를 습격할 것인지 아니면 기회를 포착, 우회하여 GP를 습격할 것인가를 판단해야 했다. 산길 100m는 상당한 거리다. 총으로 초병들을 처치할 경우는 GP 내 적병들에게 기도企圖가 폭로된다. 무성무기로 처치한다 하더라도 저항에 부딪히면 그 역시 노출될 수 있다는 판단하에 기다리기로 했다. 초병들이 자정 넘어 새벽 사이에 졸거나 잠드는 사이 백태산과 김의행에게 교통호로 우회해 적을 처치할 것을 지시했다. 처치한 후에 통신선을 절단할 것도 지시했다. 백태산이 교통호 벽에 붙어 적 1명을 단도로 처치하는 사이, 김의행은 초소 안의 초병을 끌어안고 뒹굴었다. 엎치락뒤치락하는 사이 백태산의 날카로운 칼날이 적의 목을 찔러 피바다가 되었다. 백태산이 통신선을 자른 뒤, 나를 향해 손을 흔들었다.

02:00시경, 후방 소로를 따라 적 689GP에 기습적으로 접근, 내무반 문을 열고 수류탄 투척(8발)과 기관단총 사격으로 적 689GP를 완전 파괴하고 적 20여 명을 사살했다. 폭발 소리와 화염으로 낮같이 주위가 환하게 비쳤다. "탕" "탕" "탕" 나는 세 발의 권총 사격으로 철수 신호를 보냈다.

02:30시경, 예정된 집결지에 도착 확인한 결과 김의행이 도착하지 않았음을 알았다. 수류탄을 투척하고 계획된 우측으로 피하지 않고 좌측 방향으로 피해, 길을 잃어 적이 쏜 총에 맞아 숨진 것으로 판단했다. 약 30분 후 자동차 소리와 적들의 떠드는 소리가 들려 왔다.

06:10시경 군사분계선상 도착, 아침 안개를 이용하여 임진강을 도하했다.

07:00시경, 침투했던 통로를 따라 아군 169GP로 복귀했다. 나는 GP 소대장 침상에 엎드린 채 김의행을 생각하며 죄책감에 사로 잡혔다.

살아남은 자의 슬픔

　김의행의 죽음, 초소에 도착하고서야 비로소 참았던 울음이 터졌다. 죽음 앞에선 눈물이 먼저였다. 더구나 같은 목적으로 같은 훈련을 하는 동안 피어난 전우애와 우리들의 관계를 믿지 못하고 오히려 그들을 의심했던 나 자신을 후회하였다. 죽지 않고 꼭 살아 대한민국에 충성하며 살자고 다짐했던 전우의 죽음이 너무나 괴롭고 슬펐다.
　"대장님, 제가 죽었어도 그리 우시겠죠!"
　김의행의 죽음에 오열했던 나를 향해 백태산과 이기철이 던진 말이다. 나는 약속대로 윤필용 사령관에게 건의하여 그들을 불기소 처분하고 정착금도 지원해 주고 직업도 알선해 주었다.

박정희 대통령과의 만남

　1967년 10월 20일, 부대장 윤 장군은 내 손을 덥석 잡으며 합석한 김교련 대령에게 대통령께 올릴 보고서를 작성할 것을 지시했다.
　1967년 10월 24일 화요일 오전 11시, 나는 방첩부대장 윤필용 장군과 함께 김교련 대령이 작성한 보고서를 지참, 청와대를 찾았다.
　"각하, 육사15기생 이진삼입니다. 제가 연대장으로 있던 부대에서 중위로 중대장을 했습니다. 그것도 선봉중대장이었습니다."
　"이미 보고 받아 잘 알고 있네."
　박 대통령은 웃으며 내 어깨를 툭 쳤다. 그러면서 탁자 위에 놓인 보고서의 첫 장을 뒤적이며 "고향이 부여……." 하며 말꼬리를 늘렸다.
　"네, 충청남도 부여입니다. 나이는 서른한 살입니다."
　"결혼했구먼. 딸린 식구가……."

대통령의 말이 끝나기 전, 윤필용 장군이 끼어들었다.

"이 대위가 곧 셋째를 볼 것 같습니다."

그 말을 들은 박 대통령은 측은한 눈빛으로 나를 보았다.

"수고했어. 작전도 작전이지만 공비들을 포섭해 역이용한 발상이 좋았어. 이제 그만 해, 명령이다. 베트남은 다녀왔나?"

"예, 맹호부대 기동대장으로 다녀왔습니다."

내 말에 박 대통령은 고개를 끄덕이고는 테이블 서랍에서 봉황이 그려진 두툼한 봉투 하나를 꺼내들었다. 빳빳한 500원권 지폐가 빼곡히 들어 있었다. 뒷면엔 '대통령 박정희'라고 적혀 있었다.

"감사합니다, 각하."

두 손으로 봉투를 받은 나의 정복 상의 견장을 손으로 다독이던 박 대통령은 되뇌듯 "앞으로도 군 생활 잘 해서 장군 돼야지" 하고는 윤 장군에게 "특별한 관심 갖고 이 대위 잘 돌봐줘요"라며 당부했다.

"예, 명심하겠습니다, 각하."

윤 장군과 내가 동시에 인사를 하고 돌아서려는데, 내 키가 작아 보였는지 박 대통령이 물었다.

"이 대위, 자네 키가 몇인가?"

"네, 165cm입니다."

"그래, 나보단 1cm 크군."

"몸무게는?"

"네, 63kg입니다."

"날쌔 보여."

박 대통령과의 대화는 짧지만 강렬했다.

"몇 시인가?"

박 대통령은 손가락으로 윤 장군의 왼쪽 팔목의 시계를 가리켰다.

"예, 11시 40분입니다."

"점심시간인데 우리 점심이나 같이 할까?"

"각하, 저희끼리 나가서 하겠습니다."

윤 장군과 나는 대기시켜 놓은 지프차를 타고 통인동 방첩부대장실로 향했다. 사령관실 접견실에서 식사를 마친 후, 나는 윤 장군에게 전투부대로 전출시켜 줄 것을 부탁했다.

"내가 부대장 하는 동안엔 안 돼"

그 후에도 두 차례나 윤 장군에게 내 소신을 밝혔다. 보병부대로 보내주기를 바랐다. 소령, 중령, 대령이 되어 대대장, 연대장하고 싶다고 했다. 나는 윤필용 장군이 아니었다면 방첩부대로 오지 않았을 것이다. 나를 방첩부대로 전입시키라는 지시만 하지 않았어도 나는 평범한 군인의 길을 걸었을 것이다. "내가 앞으로 사단장 나가면 그때 함께 가자" 했으나 더는 방첩부대에 근무하고 싶지 않았다. 선배들의 만류도 있었지만 응징보복작전은 물론 국내 대공비, 대간첩 작전을 통해 희생된 전우들에 대한 자책감에 괴로웠던 사건들이 떠올랐던 것이다. 꿈에 자주 나타나 잠을 설칠 때도 있었다. 전투에 관한 영화나 TV, 드라마가 나오면 꺼버렸다.

1960년대 후반 주요 사건

청와대 까부수러 왔수다, 1·21사태의 재구성

응징보복작전 때문에?

"아니, 그때 장군님께서 대위 시절 세 번씩이나 북한에 넘어가 응징보복작전을 했기 때문에 김신조 일당이 청와대를 습격한 거 아니었습니까?"

2014년 3월, 내가 출연했던 종편의 한 앵커가 내게 던진 질문이었다. 그때 나는 다음과 같이 대답했다.

"내가 세 번의 대북 응징보복작전에 나선 때가 1967년 9월과 10월이었고, 김신조 일당이 청와대를 습격한 것이 3개월 후인 1968년 1월 21일이어서 그렇게 생각할 수 있겠으나, 북괴의 1·21 청와대습격은 물론 이틀 후인 1월 23일에 정찰활동을 하던 미 프로블레호를 원산 앞바다에서 납치한 사건은 적어도 6개월에서 1년 이상 준비했을 것으로 판단되므로 연관성이 없는 도발로 생각한다."

당시 우리 군과 미군은 베트남전에 참가하고 있던 터라 어떠한 도발에도 강력한 응징이 없을 것으로 적은 판단했을 것이다.

김신조와의 첫 대면

내가 김신조와 처음 맞닥뜨린 것은 1968년 1월 22일 새벽 4시경이다. 그가 세검정 계곡(상명여대 문화촌 입구)에서 새벽 3시 자수한 후 새벽 4시 15분에 내게 인도되어, 청와대를 습격하기 위해 넘어왔던 일당들을 잡기 위한 '도주로 차단작전'에 들어가면서였다. 나는 김신조를 대동하여 비봉 승가사 옆 200m 지점의 드보크(간첩장비 침투장비 비밀 매설지)를 찾아 침투 장비를 회수, 공비 29명을 사살하고, 1명이 월북함으로써 1968년 2월 4일 작전을 종결하였다.

2주 만에 작전을 종결할 수 있었던 것은 김신조의 협조 덕분이었다. 나는 김신조를 설득 회유하여 31명이 "박정희 목 따러 왔다"는 진술과 함께 편성 장비, 훈련, 습격, 철수 계획까지 진술을 받아냈다. 이에 작전부대에 침투로와 철수로 등 현장 상황을 전파함으로써 단기간 내에 일망타진할 수 있었다.

김신조 증언

1968년 1월 21일 오후 8시, 연일 살을 에는 듯한 영하 20도의 추운 겨울 날씨에 길 양편 종대로 줄지어 가던 31명의 일행 중 하나가 경찰서장을 향해 총알을 뿌렸다.

"나, 모르겠나? 나, 종로경찰서장이다!"

일행의 앞길을 막아선 사람은 종로경찰서장 최규식이었고, 그의 죽음과 함께 교전이 시작됐다. 종로경찰서장에게 총격을 가했던 조장 김종웅은 "청와대를 향해 돌격, 앞으로!"를 외쳤고, 그의 외침과 함께 누가 먼저랄 것 없이 김신조를 포함한 일당들은 수류탄을 까서 던지고 총을 난사했다. 삽시간에 서울 한복판에 전쟁터를 방불케 하는 상황이 벌어졌다.

애초에 그들은 76명의 공작원으로 구성되었다가, 민족보위성 정찰국장인 김정태의 지시로 31명으로 축소되었다고 한다. 그와 함께 공격 목표도 청와대로 축소 조정되었다. 원래는 5개 목표로 편성하여 1목표 청와대, 2목표 미 대사관, 3목표 육군본부, 4목표 서울교도소, 5목표 서빙고의 간첩수용소를 각각 습격할 것을 준비했으나 4개 목표는 취소됐다. 1목표 청와대 습격으로 31명을 재편성, 강도 높은 훈련을 한 후 1조는 청와대 정문, 2조는 청와대 본청사 1층, 3조는 경호실, 4조는 비서실을 각각 공격하고 청와대 차량을 탈취하여 시동을 걸고 출발을 엄호하도록 하는 등 유사 건물과 지형훈련을 수십 차례 했다고 한다.

1월 16일 저녁 10시 영하 25도의 매서운 바람이 몰아치는 엄동설한에 일당들은 황해북도 연산군 124부대를 출발, 1월 17일 새벽 5시에 개성 시내의 남동쪽에 외떨어진 남파공작원 초대소를 거쳐 남으로 향했다. 개성 초대소는 일본 경찰서 낡은 건물이다.

일당들이 택한 코스는 한국군 25사단과 미군2사단의 경계지역으로 경계 취약 지점을 택했다.

1월 18일 새벽 2시쯤, 휴전선의 철조망이 미군이 주둔한 지역에만 설치되고, 한국군이 주둔한 지역에는 목책이 설치되어 있다는 것을 파악한 그들은 철조망을 자르고 그 밑을 엎드려 빠져나왔다. 당시 철조망은 철기둥의 바깥쪽 그러니까 북쪽으로 쳐져 있었다. 철기둥을 잡고 넘어오지 못하도록 그물을 철기둥 밖으로 쳐놓았는데 이러한 철조망 구조가 오히려 철기둥을 은폐물 삼아 절단된 철조망을 통과하기 쉽게 했다. 그들의 침투로는 개성에서 출발, 신라 마지막 왕인 경순왕의 능이 있는 문산의 고랑포를 거쳐, 미2사단과 우리군 25사단의 경계 지역을 통과, 석포로 건너와 파평산에 이르렀다. 파평산을 넘어 노고산을 거쳐 앵무봉을 지나, 서울의 구기터널 위쪽인 북한산의 비봉을 넘어 청와대 뒷산인 북악산에 이르도록 계획돼 있었다. 일당들은 그때 26사단 마크를 단 군복을 착용했다.

1월 19일 새벽 5시쯤, 일당 31명은 법원리 초리골 뒷산인 삼봉산에 도착.

오전 10시쯤에 나무꾼 우씨 형제와 마주쳤다. 일당들 대부분은 우씨 형제를 죽이자고 했다. 하지만 김신조는 형제의 초라한 행색을 불쌍히 여기고 살려 줄 것을 주장했다. 땅이 얼어서 묻을 수 없다는 것을 핑계로 댔다. 더욱이 나무꾼 이었다. 어떻게 처치했으면 좋겠는가, 상부의 결정을 바란다는 내용을 북으로 무전을 쳤으나 연락이 되지 않았다. 암호문이 있었으나 첫 번째 숫자를 풀지 못했다. 숫자를 풀어 암호문을 맞춰 보면 지시 내용이 확인되는데 해독할 수가 없었던 것이다. 이후, 일당들은 남쪽에서 작전을 하는 나흘 동안 한 번도 무전 연락을 하지 못한 것으로 파악되었다. 우리 수사기관에서 무전을 풀어보니 '원대복귀'라는 암호 내용이었다. 만약 그때 일당들이 암호문을 제대로 해독했다면 우리의 대공비 작전부대 무전통화 내용을 감청, 습격실패를 예견하고 철수지시를 하여 1·21사태는 일어나지 않을 수도 있었다. 나는 이를 작전부대에 참고로 알려주었다. 어쨌든 일당들은 우씨 형제를 회유, 입당원서를 받고 신고하지 않을 것을 다짐받은 후 놓아주고 무릎 위까지 푹푹 빠지는 어두운 눈길을 헤치며 다시 강행군을 했다. 보광사 앞길을 따라서 미군 기지가 있는 앵무봉을 왼편에 두고 송추 능선을 타고 내려갔다. 송추 골짜기에 이르러서야 비상이 걸린 것을 알게 되었다. 구파발발 의정부행 버스 종점의 길을 군인들이 차단했고, 경찰은 서울을 방어하기 위해 북한산을 에워싸고 방어망을 구축하고 있었다. 일당들은 등을 보이고 있던 경찰을 뒤로 하고 서울의 방어망을 뚫고 자하문 고개로 접어들었다.

1월 21일 새벽 5시, 비봉 북방 기슭에 다다랐다. 하지만 청와대가 내려다 보이는 북악산을 향하다가 그만 길을 잃고 말았다. 북악산에 있어야 할 시간에 세검정과 구기동이 내려다보이는 비봉 남쪽에 머물러 있었던 것이다.

1월 21일은 일요일로 대통령이 관저에 있는 날로 판단, 일당들로선 기습을 늦추거나 변경할 수가 없었다. 다음 날인 1월 22일은 월요일로 대학교 입학시험을 치르는 날이라 사람들의 신경을 다른 데로 돌릴 수 있는 절호의 기회였다. 더구나 이미 비상이 걸려 있어 그들로 선 일분일초라도 빨리 임무를 수행하고 복귀해야만 했다. 하늘엔 헬리콥터가 날아다녔고 군인들이 산을 수색했다. 법원리 나무꾼 형제가 신고한 것이다. 여전히 본부와의 무선 교신은 이루어지지 않았다. 그들은 거기서 군복을 벗고 준비해온 사복으로 갈아입었다. 벗은 옷과 배낭은 모두 땅속이나 바위 밑에 묻었고 각자 기관단총 1정, 권총 1정, 탄환 350발, 수류탄 8개, 반탱크 수류탄 2개, 그리고 단도 하나씩을 차고 그 위에 바바리코트를 입었다.

1월 21일 오후 8시, 일당들은 세검정 도로로 들어섰다. 영하 20도의 추운 날씨를 헤치고 세검정 버스 종점에 도착, 빈 버스가 세 대 나란히 있는 것을 보고 그것을 타고 청와대까지 갈 것을 건의했다. 그러나 총조장 김종웅은 "계획 변경은 혼란을 가져올 뿐이다."며 계획대로 대열을 편성하여 길을 따라 걸어서 청와대 정문까지 가도록 했다. 원래의 계획은 1월 21일 저녁 10시 30분까지 청와대를 습격, 청와대 차량을 이용하여 북으로 전속력 질주해 '자유의 다리'나 남파했던 루트로 되돌아가는 것이었다. 명령대로 일당들은 길 양편에 종대로 갈라서 청와대를 향해 줄지어 갔다. 상명여대 입구의 세검정 사거리를 지나 자하문 고개에 이르렀을 때, 종로경찰서 소속 순경 둘이 검문을 했다. "누구냐?"고 묻는 순경의 말에 김종웅은 "CIC(방첩대)"라고 대꾸하고 가던 길을 재촉했다. 그러나 순경 2명이 일당들의 맨 뒤에 있던 정치부 조장을 공격했다. 일당들이 경복고등학교 후문 근처에 이를 무렵, 종로경찰서장과 함께 지프차를 타고 다시 나타난 순경 둘은 일당들의 앞을 가로막았다가 애먼 죽음을 당하고 말았다.

"나는 이해할 수 없었다. 수상한 청년 30여 명이 청와대를 향하고 있는 상황에서 어떻게 경찰서장 단독으로 길을 가로막고 나설 수 있었는지, 또 어떻게 비상이 걸린 그 지역으로 버스가 들어올 수 있었는지."

작전 중 김신조가 내게 말했다.

김신조와 일당들 중 몇몇은 자하문 고개가 노출된 것을 알고 경복고등학교 후문으로 들어섰다. 운동장을 가로질러 정문으로 빠져나가려는 순간, 총소리를 듣고 놀란 일당 중 한 명이 밖에 나와 있던 수위를 향해 총을 쐈다. 다른 일당들은 경복고등학교 마당으로 들어오기도 했고, 오던 길로 퇴각하거나 북악산 쪽으로 숨기도 했다. 서울 시내는 이미 청와대 경내와 외곽 경비를 수경사 예하 30대대가 맡고 있었고 대대장은 전두환 중령이었다. 김신조는 다른 일당 2명과 함께 모든 무기를 버린 채 여차하면 자폭하기 위한 수류탄 하나만을 집어 들고 인왕산 줄기를 탔다. 몇 걸음 걷지 않아 좁은 길이 나타났는데 앞서던 일당 하나가 총을 맞고 피를 뿌리며 고꾸라졌다. 이어서 땅이 흔들리는 것 같은 폭음과 함께 다른 일당 1명이 자폭했다. 김신조 역시 사방에 깔린 군인들에 의해 포위가 됐으나 다급함에 어느 집 지붕 위로 도망쳤다. 하지만 어두운 밤에 지붕을 타다가 지붕이 푹 꺼지는 바람에 부부가 자는 안방으로 떨어지고 말았다. "도둑이야!"를 외치는 주인 부부의 외침을 뒤로 하고 도망을 쳐 상명여대 입구와 문화촌 입구의 세검정 계곡까지 뛰었다. 바위 뒤로 숨어들었으나 이내 군인들에 의해 포위당했다.

 "나오면 살려 준다. 손들고 나와라."

 자수를 권고하는 군인들의 목소리가 계속됐다. 김신조는 반응이 없었다. 얼마쯤 지났을까, 김신조가 두 손을 치켜들고 한 걸음 한 걸음, 걸음을 뗐다. 손에는 수류탄이 들려 있었다. 여차하면 너 죽고 나 죽을 표정이었으나 눈빛은 복잡했다. 추위와 배고픔에 지쳐 있는 몰골에서 그가 더는 악명 높은 북한군 특수부대원이길 포기한 것이 역력했다. 이래도 죽고 저래도 죽을 바엔 차라리 사는 게 낫겠다 싶었던지 인간적인 선택을 했던 것이다.

 "땅에 내려 놔!"

 군의 외침에 그는 자수를 하기 위해 손에 들려 있던 수류탄을 천천히 내려 놨다. 이를 놓칠세라 군이 치고 들어가 그의 몸을 돌려 두 손을 묶었다.

도주로 차단작전

1월 22일 새벽 4시 30분경, 방첩부대 특공대장인 나는 인왕산 기슭에서 자수한 김신조를 데리고 우리에게 협조하도록 회유, 설득해 특공대원 25명을 지휘하여 적의 도주로 차단작전을 신속히 전개했다. 오전 5시 컴컴한 새벽, 우리 특공대원 25명은 나의 지휘하에 작전에 돌입했다. 오전 6시, 경복고 정문을 통과하여 인왕산으로 향했다. 학교 추녀 밑에 경찰 20여 명이 추위와 겁에 질려 떨고 있었다. 나는 경복고등학교 운동장에서 토가레프 북한 권총 1정을 노획하여 불발된 권총탄을 제거했다. 그리고 김신조에게 일당들이 도주한 방향으로 안내할 것을 명했다.

맨 처음 간 곳은 간밤에 숙영한 곳이었다. 거기서부터 비봉 승가사 우측 90m 지점에 공비들이 남기고 간 각종 물건이 널브러져 있었다. 모포를 비롯해 실탄, 수류탄, 척탄통 등을 획득했다. 그때 나는 좁은 길을 따라 나무에 빨간 리본이 걸려 있는 것을 발견했다. 철수를 위한 통로개척을 위해 표시한 것으로 판단됐다. 임무수행 후 청와대 차량을 탈취해 경계망을 뚫고 판문점까지 강행 돌파하여 북으로 넘어오라는 것이었다. 임무수행이 목적이지 이들이 죽든 살든 생명 보장 없는 희생을 강요하는 공산당의 잔악성을 그대로 드러내는 단면이었다. 이를 김신조에게 말해주었는바 그가 고개를 끄덕였다. 김신조는 결국 혼자 남아서 동료들의 주검을 확인해야 했다. 총에 맞아 죽은 동료들의 주검을 확인하는 그의 심정은 이루 말할 수 없이 착잡해보였다.

일당 중 가장 북단까지 올라간 공비는 임진강에서 얼음을 타고 북으로 가다 사살되었다. 아는 퇴로가 많지 않았던 터라 왔던 길을 퇴로로 잡았기 때문이다. 파주군 북노고산에서 가장 많은 11명의 공비가 사살됐다. 반면 우리 군의 희생도 많았던 곳이기도 하다.

영하 20도의 1월 하순 한파에 빙판인 산비탈을 타고 작전을 함께 수행하던 1사단 12연대의 수색중대장 송강수 대위와 연대장 이익수 대령이 전사했다. 또한 쓰러져 있던 공비를 수색하다가 목숨을 잃은 군인도 있었다.

사단장, 군단장이 급하게 작전을 종결하기 위한 욕심이 강했다. 무장공비들은 못 먹어서 무거운 총까지 버릴 만큼 지쳐 있었다. 시간이 지날수록 우리에게 유리한 작전이었다. 나는 이런 사실을 이세호 6군단장에게 3번 이상 건의를 했으나 각 부대가 필요 없는 전과 욕심을 부리는 바람에 아군 희생을 자초하였다.

1968년 1월 24일 오후 3시, 경기도 파주군 북노고산 남쪽 줄기에서 1사단 15연대장 이익수 대령이 50m 전방에서 "저놈 봐라, 저놈" 하는 사이 날아온 적의 총탄에 전사했다. 나와 김신조는 방탄조끼도 입지 않은 채 80m 거리에서 상황을 목격하고 있었다. 오후 3시 밝은 대낮에 급하게 작전을 한 것은 무리일 수밖에 없었다. 포위된 적에게 노출된 상태에서 급하게 적진으로 달려든 것은 무모한 처사였다. 6·25전쟁을 경험한 고급장교로서 권총을 휴대한 연대장이 현장에 나와 지휘하는 것 또한 무리였다. 기다릴 줄도 알아야 했다. 당시 연대 CP에는 사단장이 와 있었다. 상급지휘관들의 현장방문은 작전에 도움은커녕 연대장을 현장으로 내몬 격이 되었다. 나는 군단장과 사단장은 정해진 위치에서 연대장 CP에 나오지 말고 지휘하기를 건의했다.

남파 되었던 31명의 공비 중에서 살아 돌아간 공비는 단 1명이다. 자수한 김신조를 빼면 29명의 공비가 죽었다. 그들 중에는 1960년에 남파 경험이 있었으며 1966년 송추에서 접선했던 '노성집 사건' 때 북으로 살아 돌아가 영웅이 된 이재형과 우명환이 포함돼 있었다.

우리는 그 29명의 시신을 판문점으로 옮겨 북측에 인도하려 했으나 북측에서는 그런 사람들을 남파시킨 일이 없다며 끝내 시신 인수를 거절했다. 스물아홉 구의 시신은 경기도 문산 가도 국도변에 묻혀 있다.

얼마 전 TV 출연차 방송국에 들렀다. 나는 그곳에서 오랜만에 배병휴 씨를 만났는데 그가 내게 다가와 김신조로부터 들었던 이야기를 전해줬다.

"나로 말하자면 이북에서 '악' 소리 날 만큼 훈련받은 손꼽히는 특공대원으로 그야말로 난다 긴다 하는 사람이다. 그런데 남한에 내려와서 내 눈을 의심하지 않을 수 없었다. 눈이 엄청 내려 무릎까지 찼고 연일 이어지는 한파로 길이 미끄러워 걸어 다니는 데에도 애를 먹었는데, 펄펄 날아다니는 사람이 있더라. 더구나 총알이 빗발치는 곳을 방탄조끼도 입지 않고 다니더라. 남북을 합해서 제일 무서운 사람은 이진삼이다. 엄청 쌓여 있던 눈 속에서 빗발치던 총알을 피해 나와 이진삼 대위가 다리에 힘이 다 빠졌음에도 살아남은 것은 체력도 좋았지만 운도 좋았어요. 나와 이 대위 그리고 대원 3명이 작전 중 눈 속에 갇혔었거든요"

실제로 대개 눈 속에서 죽음을 맞게 되는 것은 그곳을 빠져나오지 못해서다. 그렇게 많이 쌓여 있는 눈 속에서는 300m만 걸어도 다리가 떨어지지 않는다. 눈 쌓인 산 속에서 조난당하면 죽는 이유도 여기에 있다. 그러니 김신조의 말마따나 방탄조끼도 입지 않고 눈길을 걸어 다니며 살아남은 것은 기적이다. 아마도 죽음에 대한 두려움을 떨쳐낸 때문일 것이다. 군인이 된 그 순간부터 내게 있어 삶은 곧 죽음이고 죽음은 곧 삶이었다生死一如. 삶과 죽음이 하나라 여긴 이상 죽고 사는 문제에 대해 연연하지 않았다. 군인으로서 명예를 지키고 스스로에게 부끄러움이 없다면 그것으로 충분하다고 여기며 살았다.

1·21사태 책임

작전이 끝난 1968년 2월 초, 나는 윤필용 부대장실을 찾아갔다.

"1·21사태에 책임을 지고 사단장으로 나가시죠. 명분도 좋고 어차피 사단장을 하셔야 되니까 대통령께 말씀드리십시오."

나는 윤 장군에게 소신을 전했다. 듣고 있던 윤 장군은 잠시 생각을 하다가 고개를 끄덕이며 말했다.

"참 좋은 생각이다."

이후 윤 장군은 경기도 연천군 백의리에 있는 20사단장으로 나갔고, 이듬해는 베트남의 맹호부대 사단장으로 나갔다. 귀국 후 육군 수도경비사령관 재임 중에 대한민국을 뒤흔든 사건에 휘말리게 되는데 그 이야기는 7장에서 다루기로 하겠다. 1·21사태로 인해 윤필용 장군은 책임지고 방첩부대장직을 내놓게 됐다. 후임으로 6관구사령관 김재규 소장이 부임했다. 김재규는 곧 부대명을 육군 보안사령부로 개칭했다. 방첩부대장직을 준장이 줄곧 맡아온 터라 소장인 그의 계급에 부대명이 걸맞지 않다고 여긴 까닭이다. 김재규의 부임과 함께 나는 위기 아닌 위기를 맞아야 했다.

윤필용과 김재규 둘의 관계가 물과 기름이었다. 김재규가 부임 즉시 609특공부대로 초도순시를 계획하였다. 윤필용과 친했던 나를 해임시키기 위한 수순이었다. 전국의 많은 직할 및 도 단위 대령급 이상 부대만 초도순시 대상이다. 내가 맡았던 609특공부대는 사령부 직할부대로 대위가 아닌 소령 직책이었다.

윤필용과 김재규

박정희 대통령으로부터 두터운 신임을 받고 있던 윤필용 준장과 김재규 소장, 두 사람의 사이가 나쁜 건 공공연한 비밀이었다. 육사 기수로는 2기인 김 장군이 8기인 윤 장군보다 선배였지만 나이는 별 차이가 없었다.

윤 장군 입장에서는 능력과 인품 특히 청렴도 등에서 문제가 있는 사람이 보안사령관을 맡아 군은 말할 것도 없거니와 군 통수권자를 제대로 보좌할 수 있을지 우려했다. 반면 김 장군은 자신이 육사 선배인 데다 박 대통령의 동향 후배라는 권위를 내세워 윤 장군이 자기에게 고개를 숙여야 한다고 생각하는 듯했다. 두 사람 사이는 한 치의 양보도 없이 팽팽하기만 했다. 상황이 그렇다 보니 새로 부임해 온 김재규 장군 입장에선 윤필용 장군이 인정하는 나를 곱게 볼 까닭이 없었다.

신임 김재규 사령관

"하늘은 스스로 돕는 자를 돕는다."고 한다. 하지만 하늘만 돕는 건 아니다. 사람도 스스로 돕는 자를 돕는다. 1968년 2월, 윤필용 장군에 이어 보안사령관으로 부임한 김재규가 1968년 2월 23일, 609특공부대로 초도순시를 왔다. 김 장군은 지휘방침과 부대활동 등의 보고를 받으면서 1·21사태 작전을 보고받던 중 갑자기 물었다.

"이봐, 이 대장! 그건 됐고, 장병들 사격 성적은 어때?"

김 사령관의 느닷없는 질문이었다. 나는 책상 서랍을 열고 준비해 두었던 대원들의 최근 사격 성적을 설명하면서 덧붙였다.

"특공부대의 임무는 검거한 간첩을 회유, 역이용 접선하는 부대로서 적을 생포해야 하기 때문에 위험이 따를지라도 필사즉생 정신으로 임무를 수행합니다."

브리핑이 끝날 무렵 김재규는 "그만하면 됐어"라며 자리를 떴다. 약 1시간 후, 김 사령관을 수행했던 대공처장과 비서실장이 각각 나에게 전화를 해왔다. 김 사령관은 김교련 대공처장에게 나의 브리핑에 흡족해하며 보직한 지 얼마나 되었는지를 물었고 김교련 대공처장이 "소령 직책이지만 적격자가 없어서 대위로 14개월, 월남 1년을 다녀온 후 재보직 19개월, 총 3년 동안 많은 성과를 거양하였습니다. 월남에서 귀국 후, 전투부대를 희망하는 이 대위를 잡아 두었습니다. 이 대위가 없던 1년 동안 소령 2명이 보직하였으나 지휘통솔에 문제가 있어 부대원들을 장악 못 하고 성과도 없었습니다. 이진삼 대위는 박 대통령이 인정하는 장교입니다"라고 대답했다고 했다.

1968년 2월 김재규 사령관 초도순시

　이어 중령 황인수 비서실장 역시 "15기 중 유명한 장교로서 금년 10월 1일 소령진급 예정자입니다. 앞으로 장래성 있는 장교입니다"라고 덧붙였다고 했다. 그러면서 황인수 비서실장은 내게 부대 순시 내용을 "오늘 수고 많았다. 부대 순시는 성공적이다."라고 했다.

　김 사령관은 내가 일개 대위였지만 자신이 싫어하는 윤 장군의 심복이라 생각하고 순시에 나섰으나 뜻밖에 만족스러운 결과를 얻은 듯했다. 특히 박정희 대통령조차 "방첩부대에 간첩 잘 잡는 이진삼 대위가 있을 거요."라고 했다는 말에 놀라지 않았을까 싶다. 어떻게 대통령이 일개 대위를 알고 있는지 또 그 대위가 어떤 인물인지 몹시 궁금했던 것 같다. 만약 내가 군인 본연의 임무가 아닌, 권력에 기대어 '해선 안 되는 일을 하고, 해야 할 일을 게을리 하는 군인'이었다면 분명 보직 해임되고 타부대로 전출되었을 것이다.

1968년 4월, 김재규가 사령관으로 부임한 지 2달이 지날 무렵 나는 3개월간의 교육 과정인 고등군사반을 지원했다. 어떡하든 이 기회에 보안사령부를 떠나 일반 전투부대로 옮길 심산이었다. OBC(초등군사반)는 이미 1959년에 수료했으며, OAC(고등군사반) 수료 후 소령이 되면 육군대학을 졸업해야 한다. 육군대학은 1947년 육군참모학교로 설립된 후 1951년 대구에서 육군대학으로 정식 출범한 육군 최고의 교육기관이다. 즉 고급장교가 되는 필수 과정이다.

1968년 4월, OAC(고등군사반) 교육을 받기 위해 보병학교로 떠나는 나에게 김재규 사령관이 다가와 말했다.

"그동안 수고 많았다. 교육 마치고 다시 복귀하길 바란다."

"저는 일반 전투부대에 가서 연대참모하고 대대장하겠습니다."

서로 데려가려는 상관들

고등군사반은 소령이 받는 교육과정으로 나는 소령 예정자로 교육을 신청했다. 교육 기간 중 나는 20사단 사단장 윤필용 장군으로부터 다녀가라는 연락을 받아 그곳을 방문했다. 사단장실로 들어서는 내게 그는 다짜고짜 고등군사반 교육이 언제 끝나는지를 물었다.

"7월에 졸업입니다."

내가 대답하자 윤 장군은 교육을 마치면 20사단으로 올 것을 제안했다.

"저는 다른 데 가려 합니다. 아는 분 밑엔 안 가겠습니다."

사단장이 일개 대위에게 제안하고 일개 대위가 거절한다는 것은 상상할 수 없는 일이지만, 나와 윤 장군의 관계가 두터웠던 터라 가능했다. 내 말에 윤 장군은 "이 사람, 정말 고집 세네" 하더니 윤 장군은 내 말엔 아랑곳하지 않고 옆에 있던 참모장 우종림 대령을 향해 "여보 참모장, 이진삼 대위 자리

하나 만들어."라며 명을 내렸다. 내가 고등군사반을 마치자 보안부대가 아닌 보병부대 이곳저곳에서 연대참모인 연대작전주임으로 요청이 있었다. 그러자 보안사령부 인사과장 황진기 중령은 나를 보안사령부로 호출했다.

"이 대위(1968.10.1 소령 예정자), 중령 자리 비워뒀어. 그러지 말고 더 있다가 중령 되면 전투부대로 대대장 나가."라고 권했다. 남들이야 그 좋은 자리, 힘 있는 자리를 왜 마다하느냐고 묻겠지만, 나는 '좋은 자리, 힘 있는 자리'보다는 야전의 전투군인이 되는 것을 원했다. 사실 당시에는 보안부대에서는 장군 되기가 어려웠고, 군인으로서의 성공은 기대하기 어려웠다. 많은 상급자들이 내게 "앞길이 창창한데 왜 거기에 붙어 있나, 보안부대에서 나와라."고 말하기 전부터 나는 나갈 결심을 하고 있었다. 이상한 것은 초급장교 때부터 시작 된 나의 보직에 대한 계급이었다. 거의 모두 계급보다 상위직책 보직이 장군 될 때까지 계속 됐다. 중위 중대장(대위), 대위 방첩부대 625특공대장(소령), 대위 월남 맹호부대 기동대장(소령), 대위 보안사령부 609특공대장(소령), 소령 대공과장(중령), 소령 사단보안부대장(중령), 소령 보안사령부 인사과장(중령), 중령 공수부대 참모장(대령), 대령 사격지도단장(준장) 등 위관장교 시절부터 9개 보직을 계급보다 상위직책을 수행했다. 돌이켜 보면 보람도 있었지만 숱하게 사선을 넘나들며 순간순간 아찔했던, 스스로도 이해할 수 없는 천운을 타고났다 할 정도로 숨 막히는 순간이 많았다. 만약 남들이 좋다고 하는 보직을 찾아 다녔다면 오늘의 나는 존재하지 않을 것이다.

1968년 7월 13일, 고등군사반을 졸업하고 대위인 내가 발령받아 간 보안사령부 충남 '507대공과장'으로 중령 자리였다. 서해안으로 침투하는 간첩을 검거하기 위한 보직이다.

추이와 상상력, 선견적 대적관對敵觀

대위가 소령 예정자로 간첩을 잡는 대공과장(중령)의 보직을 받았다. 직위보다 2계급 상위직책의 임무를 부여받았다. 과분한 일이라 책임감이 한층 더했다. 간첩을 잡기 위해선 무엇보다 영감과 육감이 있어야 한다. 적을 잡는 대공과장은 꿈을 꿀 정도로 임무에 몰두하고 모두가 간첩으로 보여야 한다. 아닌 게 아니라 '저 놈이 간첩이다' 싶으면 틀림없는 간첩이었다. 그것은 설명되지 않는다. 사람에게는 사는 동안 딱히 설명되지 않는 몇 가지가 있는데 내게 있어 간첩을 잡기 위한 추이와 상상력, 관찰력, 치밀성, 영감, 집중, 지식, 체력, 전투 기술과 노력 등이 아니었나 싶다. 운運은 아무에게나 오지 않는다. 준비된 자에게만 찾아오는 것이므로 늘 준비하고 있어야 한다.

어린 시절, 시골 교회에서 어린 후배들과 함께 성경을 읽었던 시편 23편 4절 다윗의 시를 기억한다.

"내가 사망의 음침한 골짜기로 다닐지라도
해害를 두려워하지 않을 것은 주께서 나와 함께 하심이라
주의 지팡이와 막대기가 나를 안위安慰하시나이다."

1967년 3월 22일, 판문점을 통해 남쪽으로 탈출한 북한 중앙 통신사 부사장 차관급 이수근, 나는 그가 '위장 귀순'한 것을 감지했다. 왜 귀순 했느냐는 질문에 창건 19주년 김일성에 대한 기사를 소홀히 다루어 숙청 대상이 되어 넘어왔다고 했는데 미심쩍었다. 미군이 찍은 화면에 탈출 시 20명의 권총을 뽑은 북 경비병이 소리 지르며 하늘과 땅을 향하여 사격한 것이다. 위장 귀순이란 확신이 들었던 것은 중앙정보부 요원과 함께 강연하러 왔을 때였다. 내가 '공산주의의 본질과 7대 비밀 그리고 잔학성에 대하여 설명해 달

위장간첩 이수근 강연 청취(앞줄 맨 오른쪽)

라'고 요청하자 그가 어물쩍 넘어가려는 답변을 했다.

"그거 다 그런 거 아닙니까, 얘기하지 맙시다."

나는 돌아가려는 중앙정보부 안내 요원에게 "저놈, 빨갱이다. 잘 감시해야 되겠어."라고 당부해 보낸 적이 있다. 아닌 게 아니라, 결국 이수근은 홍콩을 경유하여 탈출하려다 베트남 사이공(호치민시) 탄산누트 비행장에서 검거되어 형장의 이슬로 사라졌다. 위장간첩 남파 요원에 대한 중요한 교육과 수칙 중 하나는 간첩으로 인정받아 죽는 한이 있어도 '김일성과 당(최고의 존엄)을 폄훼하지 말라'는 교육을 받는다. 이수근 역시 공산당의 지침을 철저히 지켰던 위장간첩이었다. 공산주의를 알고 있는 나의 판단(선견적 추이와 상상력)이 적중했던 것이다. 1967년 3월 22일 위장귀순 3년 전부터 판문점 회담

시 기자 완장을 착용하고 참석한 후 판문점 탈출 시 북괴 경비병들이 위장 사격을 연출하였다. 합법적인 신분을 취득한 후 전쟁 공포심을 유발시키는 심리전 및 정보 수집 등 임무를 부여받았다. 파격적인 환영 행사, 정착금 15억 원, 자가용 운전사, 대학 여교수와 결혼 알선 등 간첩 활동 토대 구축을 해주는 등 정부 당국자들의 무능 무지의 대표적인 사례다.

간첩 송순영

1968년 9월, 충남 당진 해안에 출현한 무장괴한 송순영을 체포하고 조원 1명을 사살했다. 9월 23일 새벽 5시, 37사단 초소 앞에서 괴한이 출현했다는 신고를 접수받은 나는 부대원 4명과 함께 즉시 출동했다. 작전부대로부터 상황 설명을 들은 후, 무장괴한의 도주로를 봉쇄하고 당일 체포한 송순영을 대동, 현지검증을 통해 조원 성춘경의 사체를 확인 후 사건을 종결했다.

무장간첩 임관재, 박일근 사살

1968년 10월 1일 나는 소령으로 진급했다. 대위로서 중령 직책에 있다가 소령 진급을 하다 보니 해프닝도 있었다. 나를 잘 알지 못하는 사람은 소령으로부터 중령에 진급한 줄(대공과장 중령 직책)로 착각하고 중령 계급장을 보내온 것이다. 주로 사복 차림으로 근무했던 것이 오해하게 했다.

1968년 11월 1일 오전 7시 20분, 서산군 성연지서에서 거수자(거동 수상자) 출현 신고가 접수됐다는 보고가 들어왔다. 오전 8시 30분 현장으로 출동하여 무장간첩이 휴대했던 유기물을 확인한 후 현지 부대 출동은 시간적으로 문제가 있다고 판단하고 제51사단장 신건선 준장에게 전화를 걸었다. '조치원에 위치한 51사단 병력과 성환에 위치한 제53탄약창 병력, 그리고 예비군으로 온양-당진 간 도로를 차단하고 전투부대 1개 대대를 투입, 당진-서산 간 도로 일대를 수색할 것'을 건의, 원점을 중심으로 포위망을 형성하여 수색작전을 전개했다.

11월 2일, 전단 8,000장을 제작, L-19 항공기를 이용해 살포하고 자수를 권고하면서 수색작전을 수행했다. 다음 날인 11월 3일 오전 8시 30분, 가야산 기슭으로 괴한 2명이 도주했다는 신고가 접수되었다. 나는 지프차에 남상일 대위와 김태용 상병을 이끌고 간첩들이 도주하고 있는 계곡과 능선을 따라 공비들이 숨은 능선에 은밀히 접근했다.

210고지로부터 동남방 9km 지점인 가야산(677m) 방향으로 도주를 예상하고 차단, 고착 견제하려 했다. 그러나 지원 병력이 없어 사살하기로 결심, 210고지를 공격했다. 가야산으로 도주할 경우 작전이 장기화될 것으로 판단했다. 북괴는 같은 기간인 1968년 10월 31일부터 11월 2일까지 동해안 울진 삼척 지역에 130명을 침투시켰으며 서해안은 기만을 위한 경험이 많은 무장요원을 침투시킨 것으로 판단하였다.

안전한 장소를 점령한 홍성 분견대장 소병민 소령은 전인철 상사, 전용주 하사와 함께 무장간첩이 위치한 호로부터 150m 떨어진 정상에서 적을 감시 차단했다. 그의 우측에 있던 전인철 상사가 갑자기 "대장님 위험합니다. 엎드리시죠."라고 외치는 소리에 고개를 돌리는 순간 "탕! 탕! 탕!" 하는 소리와 함께 무장간첩이 쏜 흉탄에 소 소령이 후두부 관통상을 입고 전사했다. 소 소령이 전사했다는 다급한 목소리를 들은 나는 즉시 소 소령을 긴급 후송할 것을 큰 소리로 지시한 후 적이 있는 고지 정상으로 전진했다.

210고지 정상 150m 전방에 이르렀을 무렵 무장간첩의 집중사격을 받았다. 나는 이에 즉각 칼빈 소총으로 응사하면서 적이 위치한 고지 우측 은폐된 작은 길을 따라 정상 30m까지 접근했다. 그때 예기치 못한 무장간첩의 기습적인 권총 사격을 받았다. 선두에 섰던 나는 반사적으로 5m 후퇴, 아래

움푹 팬 곳에 몸을 던져 엄폐했다. 호흡을 고르고 마음을 안정하기 위해 성경 시편 23편 4절을 암기하고자 했으나 급한 상황에서 성경 구절이 떠오르지 않았다. 불안했다. 그 순간 내가 신앙심이 약하다는 생각이 들었다. 그러면서도 신앙심이 약하지만 죽기를 각오하고 달려든 나를 향해 죽음의 비운이 비껴갈 거란 막연한 예감이 들었다. 절체절명의 많은 순간에서도 살아나온 내가 아니었던가. 3번의 대북 응징보복작전 때도, 1·21청와대(김신조) 침투사건 작전 때도. 아니나 다를까, 운전병의 철모 중앙으로 권총 실탄이 날아와 그중 1발이 이마에 명중했으나 관통하지 않고 튕겨나갔다. 나는 철모를 쓰지 않았지만 총을 맞지 않았다. 10m 밀려났으나, 은폐된 지점에서 5분간 대기하였는바 그들은 우리가 철수한 줄 믿고 있었을 것이다. 우리는 비장한 각오로 다시 고지정상 20m까지 육박, 운전병이 사격하는 동안 나는 단독 20m 우회하여 그들 후방에서 수류탄 2발을 투척하여 210정상 호를 명중시켰다. 무장간첩은 우리 향토예비군이 지역 방어로 파놓은 호 속에서 서로 탈출 못 하도록 발을 묶어 놓고 죽어 있었다. 개인호 주위로는 수류탄 8발을 가지런히 깔아두고 CAR 소총과 권총으로 결사적인 대항을 했던 흔적이 발견되었다. 아찔했다. 그때 만약 20m 밑의 우리보다 유리한 고지에 있던 적이 수류탄 1발만 던졌어도 우리 모두는 죽었을 것이다. 하늘이 돕지 않고서야 어찌 그런 일이 있을 수 있는가. 말 그대로 구사일생이었다. 적은 우리가 사살되었거나, 소 소령 전사 후 철수한 것으로 착각할 수도 있었을 것이다. 5분간 적막이 흘렀기 때문이다. 만약 작전 병력이 도착할 때까지 막연히 기다리고 있었다면 나의 생명은 붙어 있지 못했을 것이다. 유리한 고지에 위치한 철저히 훈련받은 공비들이 자기들을 잡으러 온 군인들을 관찰만 하지는 않았을 것이다.

본 작전 이후 실제로 북한은 대남침투 전술 방향을 수정하였고, 대규모 무장간첩 침투를 자제했다. 김일성은 중앙당 연락국인 대남사업 국장 허봉

학을 경질시키고 김중권을 재기용하면서 조선노동당 중앙위원회 비서국 대남사업담당 비서로 격상시켜 인민무력부의 정찰국 임무와 대남공작 사업을 총괄하게 하였다. 현재는 정찰총국이다. 이때 사살된 임관재와 박일근은 북한 노동당 연락부 소속으로, 특히 임관재는 충남 서산초등학교 5학년 중퇴 후 대서소 종업원으로 일하면서 운동을 즐겨하는 만능 운동선수였다. 씨름을 잘했고 변장술에도 능했다. 청년이 되어선 일본군에 입대, 남양군도에서 복무하다가 8·15광복과 함께 귀국, 공산당에 가입하여 남로당 박헌영 직계로 서산경찰서를 습격한 주모자로 악질적인 좌익 활동을 해왔다. 1948년 10월에 체포되어 서대문형무소에 수감됐다. 무술 경관 20명이 잠복 급습해 체포할 만큼 힘이 세고 체격이 매우 건장했다. 6·25전쟁 때 서대문형무소에서 탈옥하여 서대문 내무서장과 경인지구 인민군 군사후원회 위원장을 하다가 월북, 노동당 중앙위원으로 활동하던 중 남파교육을 받고 박일근과 함께 무장간첩이 되어 서산 해안으로 침투했다.

이때 전사한 소병민 소령은 1968년 11월 3일자로 중령으로 추서되었고 을지무공훈장이 추서되었다. 소 소령은 6·25전쟁 때 소위 신분으로 참전했던 전투 경험이 많은 군인이었다. 그의 부인이 찾아와 시신을 부둥켜안고 우는데 나 또한 덩달아 울었던 기억이 난다. 죽지 않아도 될 사람이었기에 더욱 마음이 괴로웠다. 차라리 내가 저 운구차에 타야하는데 하는 생각이 들었다. 군 선배인 소 소령 희생은 직책상 상위직위였던 나로서는 책임이 있다. 애초 작전에 들어가면서 나는 대공과장으로서 소 소령과 두 하사관에게 안전한 지역에서 적을 고착견제 하도록 지시했었다. 위험한 지점으로 공격한 우리보다 생명의 위협은 없었는데 전사하여 더욱 안타까웠다. 육군본부 군사연구실에서는 이날의 작전을 교육 자료로 만들어 국군장병들에게 교육했다. 현지 주민의 거수자 출현신고를 접수하고 이를 예리하게 분석 판단하여 필사즉생 정신으로 도주하는 적을 지근거리까지 따라붙어 완전 섬멸한 집념, 결사 정신, 그리고 전투기술을 장병들에게 정신교육 자료로 배포했다.

당시 나는 대위에서 소령으로 진급한 지 한 달하고 사흘이 지났다. 만약 작전 중 내가 사망했다면 중령으로 추서되었을 것이다. "그랬다면 33일 만에 대위에서 중령으로 2계급 진급하는, 세계적으로 유례없는 기록(기네스북)의 역사를 남겼을 것"이라며 해서는 안 될 농을 하는 이들도 있었다.

간첩 김재홍, 한인동 일당 검거

1969년 3월, 남파 간첩 김재홍과 고정 간첩 김강렬 등 일당 7명을 검거했다. 당시 나는 6·25전쟁 때 행방불명된 간첩용의자 김재홍이 서울에 거주 중이라는 첩보를 입수, 1969년 3월 7일에 김재홍의 삼촌 김강렬과 그의 처 이옥수, 장녀 김혜숙 등 3명을 임의 동행하여 철야 신문한 결과, 김재홍이 서울에서 김현각이라는 가명으로 활동 중이라는 진술을 확보했다. 김재홍과 김강렬은 각각 징역 15년과 7년의 실형이 선고됐다.

같은 해 3월에는 생포 간첩 송순영을 신문하여 3차례에 걸쳐 남파 활동 중이었던 한인동과 그에게 포섭된 일당 9명을 검거했다. 송순영으로부터 한인동과 무인포스트를 설정하여 접선하기로 되어 있다는 자백을 받고, 한인동과 그의 일당 검거에 나서 모두 검거했다. 이후 한인동 등은 전향하여 우리의 역용접선공작에 적극 협조했다. 1970년 5월 3일에는 충남 서산군 안면면 승언리 해안으로 침투한 무장간첩 3명을 역용공작으로 유인, 사살했다.

고정간첩 이춘택 검거

모기관이 증거 불충분으로 수사 종결한 사건을 재수사하여 1969년 4월 19일, 간첩 이춘택 일당을 검거했다. 이춘택은 1965년 11월 12일, 서천군 지하당 구축 임무를 띠고 남파되어 3회에 걸쳐 북한의 지령을 수신하고 주민 포섭을 기도했다. 1969년 4월 3일에는 6·25 당시에 의용군에 입대하여 월북한 후 남파되어 활동 중이었다. 4월 15일, 이춘택에 대한 첩보를 입수하고, 증거를 확보하여 2주간 미행한 끝에 재수사 후 이춘택, 김용점**母**, 이춘만**弟** 등을 검거하였다. 이 사건은 507대공과장에서 8사단 보안부대장으로 발령되기 이틀 전에 검거하고, 8사단 보안부대장으로 부임 직전 종결한 사건이다.

북한은 호시탐탐 악랄한 수단으로 우리의 안보를 위협해 왔다. 예전이나 지금이나 변한 것이 없다. 달라진 것이 있다면 예전에는 그 모든 것을 중앙당 연락국에서 담당했던 것을 현재는 정찰총국에서 수십 년째 담당해오고 있다는 점이다. 북한은 자신들이 추구하는 무력적화통일의 당헌 당규를 헌법에 명시하고 있으며 세습체제 유지에 대한 노선은 달라지지 않고 있다. 그럼에도 불구하고 북한 체제를 신봉하고, 국가체계를 문란하게 하고 위기상황이 오면 내란을 일으킬 준비를 하는 사람들이 득세하는 대한민국의 현실이다. 반공법, 보안법도 처리 못 하는 국회의 안보 불감증. 우리 대한민국은 건국 이래 최대의 위기를 맞고 있다.

보안부대 8년

> 나라를 망하게 하는 것은 외침이 아니라,
> 공직자의 부정부패에 의한 민심의 이반이다.
> **다산 정약용**

8사단 보안부대장

 산짐승은 인간이 주는 먹이를 먹지 않는다. 먹이를 받아먹으면 산짐승이 아니라 가축이 된다. 나는 산짐승이었다. 어디에도 길들여지기를 거부했다. 내가 추구한 삶은 오직 군인으로서 가져야 할 애국과 애족이다.
 당면한 애국은 대한민국을 공산주의로부터 민주주의 체제를 수호하는 것이요, 군대는 국민의 재산과 생명을 보호하기 위해 존재한다는 것은 애족이다. 다행히 보안(방첩)부대이지만 공산주의자들과 투쟁했다는 점에 있어서 긍지와 자부심을 갖고 있다. 평화는 목표이며 전쟁은 수단이다. 올바른 정치 지도자는 국군이 생명을 바쳐 나라를 지키겠다는 각오를 갖도록 북돋아 주는 것이다. 군에서 전방근무 중령 이상에게 관사(공관)가 주어진다. 가족과는 별거하면서 개인 시간을 갖는 좋은 기회를 갖게 된다. 나는 공병전술, 지휘통솔 등 자료를 정리하고 매일 2시간 이상 공부하였다.

 1969년 4월 17일, 소령 진급 6개월 17일 만에 중령 보직인 8사단 보안부대장으로 발령받았다. 사고로 결원된 8사단에 김재규 사령관의 지명 보직이었다.

8사단 보안부대가 주둔한 곳은 포천 일동 지역으로 군인은 물론 군내 간첩 침투, 민간인까지 신경 써야 했다. 지역 군부대의 정보를 수집 보고하는 간첩을 검거하는 부대다.

전투부대 근무 당시 느꼈던 것 중의 하나는 파견된 보안부대 요원들의 사고방식이 구태의연하다는 것이었다. 부임하자마자 제일 먼저 했던 일은 부대 장병들의 정신교육이었다. 나는 전투부대를 위해 봉사하는 보안부대가 되게 하겠다고 다짐했다. 비록 보안부대장이라는 단위 부대지만 각 부대 전투지휘관들의 생각을 바꿔보겠다는 각오를 다져갔다. 그 결과 3개월 만에 우리 부대에 대한 사단 지휘관들과 장병들의 인식이 달라졌다.

1969년 9월, 16연대의 한 병사가 탄약고에 들어가 총을 들고 2명의 병사를 사살하고 난동을 부린다는 보고를 받았다. 성질이 급했던 연대장이 "빨리 저놈 잡아라"며 대대장에게 지시하는 것을 내게 맡겨달라고 했다. 지휘관은 부대 장병의 육체적, 정신적 상태를 항상 파악해야 전쟁에서 이길 수 있다고 말하고 연대장 오철 대령과 같이 행동하면서, 공비를 잡던 경험으로 도주로를 차단하고 병사의 심리 상태를 이용, 정신적인 안정을 기다리며 식사 등을 넣어주었다. 보안사령부 대공처에 연락해 인천에 거주하는 병사의 어머니를 3시간 만에 모시고와 마이크를 들고 10분간 병사를 설득한 끝에 스스로 총을 놓고 자수, 탄약고를 나오도록 했다.

진종채 사단장이 나를 찾는다 해서 갔다. 그날 저녁, 연대장 일동을 대전옥으로 소집하고 내게도 참석할 것을 권유했다. 그리고 연대장들을 향해 "새로운 보안부대장이 인민군 잘 잡는다고 소문났더니만 아군도 잘 잡네." 하며 호탕하게 웃었다. 이후, 사단장이나 연대장들은 서울로 외박을 나가게 되면 나에 대한 칭찬을 아끼지 않았다. 나는 보고만 받아도 될 사람이지만 부대에 문제가 발생하면 대대장과 연대장들을 직접 찾아가 문제를 같이 해결하였다.

부사단장 문왕상, 연대장 김영동, 윤대영, 배성순, 오철, 김상은, 장기오, 이덕만 대령, 그리고 수많은 선배 사단참모와 대대장들과 인간적으로 가까이 지내며 지휘통솔, 전투력 증강에 대한 토의를 하였다. 선배들로부터 육군대학 교재를 받아 공부도 열심히 했다. 보안부대를 떠나 육군대학을 졸업하고 대대장 준비를 하였다.

백석주, 진종채, 장봉천 등 세 분을 사단장으로 모시면서 세 분 모두 특징 있는 장군으로 나에겐 아주 좋은 기회였다. 나는 사단장을 자주 만나 "모든 지휘관과 참모들이 열심히 한다"는 말을 전했다. 내 말에 사단의 사기가 충천했다. 보안부대장 소령 한 사람의 말이 그렇게 중요한 줄 몰랐다.

1970년 4월 어느 날, 장봉천 사단장이 내게 말했다.

"여보 보안부대장, 내가 사단장할 때 대대장 때워요."

정말 고마운 말이지만, 사양하였다.

"저는 대대장 자격 없습니다. 사단장님은 육군대학을 졸업해야 하고 중령이어야만 대대장 시키는 분이 아니십니까. 제가 하면 안 되지요. 저는 육군대학도 졸업하지 않았고 아직 소령입니다. 중령이 되려면 1년은 더 있어야 됩니다."

장 사단장은 서울로 외출을 나가 김재규 보안사령관을 찾아갔다. 이종찬 장군이 육군대학 총장 시절 김재규 장군이 부총장, 장봉천 소령이 비설실장이었기에 김재규 사령관과 가까운 사이로 사단장으로 추천했다고 나에게 말해 주었다. "우리 사단 보안부대장, 대대장시키려 하는데 승인해 주십시오."라는 요청에 김 사령관은 "안 돼요, 인사군기 확립을 위하여 보안사령부 인사과장 시킬 겁니다. 소령에서 중령 특진시키려고 육군본부에 추천해놨어요."라며 단호히 거절했다.

김재규 사령관의 말처럼 1년 후 중령 진급 예정자였던 소령인 나를 1970년 10월 보안사령부 중요 직책인 인사과장으로 내정했다. 보안사령부로선 예상 밖 인사발령이었다.

책 사건

1970년 보안사령부에서는 전국의 각 부대를 상대로 책과 가방을 판매한 일이 있었다. 전 장병 특히 하사관 이상 간부에게는 의무적으로 구매하도록 각 보안부대장들에게 지시 하달되었다.

정신전력에 관한 책이었는데 나는 이에 동조하지 않았다. 정신전력은 각 부대 지휘관과 정훈참모 소관이었다. 정신전력에 관한 책이었으니 각 지휘관들은 명분이 좋다고 여겼다. 판매가의 절반은 송금하고 나머지 반은 각 보안부대장이 알아서 쓰라고 했다.

나는 사단에 파견된 보안 반장들에게 "강매하지 말고 이권에 개입하지 마라. 사단 정훈참모 소관이지 보안부대 소관이 아니다. 정상적인 업무 이외는 관여치 마라."고 지시하였다. 우리 보안부대가 책장사를 할 수는 없기 때문이다.

얼마 지나지 않아 1군사령부 보안대에서 부대장 L 대령이 8사단을 방문한다는 전문이 내려왔다. L 대령이 L-19를 타고 경기도 포천군 이동에 위치한 8사단 비행장에 도착했다. 8사단만 책을 구매하지 않고 있어 사단장 면담차 방문한 것이다. 그는 곧바로 사단장 집무실로 들어갔다. 나는 따라 들어가지 않았다. L 대령은 사단장과 30분간 대담 후, 11시 30분 원주로 돌아갔다. 나는 식사도 않고 떠나는 L 대령의 뒷모습을 보며 측은하다는 생각이 들었다. J 장군이나 L 대령을 지금도 나는 이해 못 하고 있다.

문제가 발생한 것은 그즈음이었다. 정신교육 필독서라는 명목으로 보안사령부에서 구매를 지시한 내용이 어느 기관을 통해 박정희 대통령에게 보고되었던 것이다. 김재규 보안사령관이 박 대통령에게 불려갔다.

"아무리 정신교육 책자라 하더라도 동기가 불순해요. 이 사실을 사령관은 알고 있었소?"

"네, 알고 있었습니다. 참모장과 관계 참모들이 군 정신교육 차원의 책자라고 하여 승인했습니다."

"그러면 군 정훈 계통을 통해 예산으로 구입해야지 장병들의 주머니를 털어서야 되겠소. 사령관, 앞으로 잘하세요."

대통령으로부터의 질타가 있었다.

"보안사령부 임무가 무엇인지 알고 있어요? 옛날 특무대나 방첩대처럼 장병들을 괴롭히는 일을 해선 안 되지요."

"명심하겠습니다."

보안사령부와 업자와의 합작 일명 책가방 사건이다.

사령관은 보안처장 K 대령에게 지시하여 전국보안부대 감사를 하였다. 8사단을 제외하고 모두 문제가 되었다. 사령관은 나에게 면담지시를 내렸다. 김 사령관은 대통령과의 면담내용을 들려주며 내가 책 사건과 무관한 것을 보고받고 말했다.

"인사군기가 문란한데 인사과장을 해야겠어, 그리 알고 있어. 그간 고생 많이 했다."

"아닙니다. 저는 대대장 나가겠습니다."

"아직 시간 있으니까 1년 하고 대대장 해도 되잖아."

사령관은 봉투 하나를 내밀었다.

"오늘은 제가 사양하겠습니다. 받지 않겠습니다."

"얼마 안 돼. 받아, 이것은 상급자 격려금이야."

"감사합니다. 병사들 내무반에 텔레비전과 탁구대를 사령관님이 사주신 것으로 하겠습니다."

내 말에 김 보안사령관은 또 하나의 봉투를 꺼내들었다.

"그러면 이것은 가족에게 전해주게, 명령이야."

공수부대 마크가 아깝네

1970년 10월 15일, 소령으로 8사단 보안부대장에서 보안사령부 인사과장으로 명령을 받았다. 1970년 10월 14일 오전 이·취임식을 마치고 나자 5군단 보안부대장 김원태 대령이 내게 5군단장에게 인사드리고 떠날 것을 제안했다. 신고나 인사를 꼭 할 입장은 아니었다. 그러나 지역 군단장을 예의상 찾아보기로 했다. 당시 군단장은 이병형 장군으로 6·25전쟁 때 대단했던 인물이었다. 사실 군단장은 사단 보안부대장이 어디로 가든 관심 없는 직책이다. 군단장이 식사하러 갈 때 식당입구에서 대기하고 있다가 인사하는 것이 좋겠다는 비서실장의 귀띔대로 나는 식당 입구에서 군단장을 기다렸다가 인사를 했다.

"저는 보안사령부 인사과장으로 발령 받아 오늘 떠납니다."

그러자 이병형 장군은 내가 입고 있는 전투복의 가슴에 달린 공수 마크를 가리키며 "자네는 공수부대 마크가 아깝네."라는 뼈 있는 한마디를 하며 악수를 하고는 "식사하고 가라"는 말 한마디 없이 식당으로 발길을 돌렸다. 공수부대 훈련 받은 육사 출신의 장교가 전투부대에 있지 않고 보안부대에서 근무하는 것이 못마땅하다는 비아냥거림이었다. 지휘통솔 지침에 상급자는 하급자에게 비꼬는 언사를 하지 않도록 명시되어 있다. 너무했다 싶은지 몇 걸음 떼던 군단장이 걸음을 멈춰 "밥 먹고 가지"라며 식사할 것을 권했다. 5군단 보안부대장과 함께 이동 갈빗집으로 갔다. 부대 식당에서 먹게 되면 대령까지는 장군 자리에서 같이 먹을 수 있지만, 소령인 나는 구석에서 따로 먹어야 했기 때문이다. 그렇게 이동갈비를 먹고 헤어진 다음 22년의 세월이 흐른 1992년 7월, 예비역 이병형 육군 중장을 만났다. 내가 체육청소년부 장관을 할 때였다. 그는 용산 육군본부 자리에 전쟁기념관 건설사업 총책임을 맡고 있었다. 내가 그곳을 방문한다는 소식을 듣고는 직원들과 도열, 맨 앞에 서서 반갑게 맞이했다. 내가 먼저 "어인 일이십니까?" 묻자 그가 "장관님 오신다고 하니 당연히 나와 봐야죠." 하며 만면에 미소를 머금었다. 그 무섭던 분이……. 그는 전쟁기념관을 안내했다. 내가 안보전시관을 만들고 싶다는 의중을 내비치자, "기념관의 학예사들을 비롯한 전문 인력이 있으니 뭐든 연락하면 해드리겠습니다"라고 했다. 그런 옛 상관을 보면서 옛 일을 떠올렸다.

1972년 보안사 인사과장을 끝으로 나는 이미 계획했던 대로 대대장으로 나갔다. 육군대학을 졸업하고 8사단 21연대 3대대장으로 나가면서 군단장 이병형 장군의 말대로 전투지휘관이 된 것이다. 그가 군단장일 때 노태우 연대장은 대령으로 그의 부하였다. 1988년 대통령이 된 옛 부하 대령(8사단 21연대장) 노태우는 예전의 5군단장 예비역 중장을 전쟁기념관 건립 책임자로 임명했다.

군기반장

1968년 10월 소령이 된 후 3년 만에 1971년 10월 중령 예정자가 되었다. 1971년 3월 소령으로 보안사령부 인사행정과장으로 명 받았다.

인사행정과장은 보안사령부의 기율紀律을 담당하는 군기 담당자다. 일개 소령인 나를 김재규 사령관이 모처로 불렀다. 그러고는 내 앞에 편지 한 통을 꺼내놓으며 읽어보라고 했다. 보니까 '친애하는 김재규 장군 귀하'로 시작하는 박정희 대통령의 자필 편지였다. 나는 잠시 시선을 떼어 김 사령관을 바라보았다. 나와는 좀체 정치적인 이야기는 하지 않는 사령관이 무슨 일인가 싶어서였다. 그러자 그가 턱짓으로 계속해 편지를 읽으라는 신호를 했다. 시선을 돌려 다시 편지를 읽기 시작했다.

전방 지휘관인 모 장군이 외출을 나와 박 대통령과 식사를 하게 되었다. 박 대통령은 장군들이 외출을 나오면 불러서 식사도 하고 촌지 주는 것을 즐겨했다. 모 장군은 식사 자리에서 박 대통령에게 애로사항을 털어놓게 되었다. 전방에 있는 보안부대원들이 정상적인 방법이 아닌 것으로 지휘관들을 괴롭히고 있어 고충이 이만저만이 아니라고 했다. 박 대통령은 모 사단장으로부터 그 이야기를 듣고 있을 수 없는 일이라고 했다. 김재규 사령관에게 이것을 시정하길 바란다는 편지 내용이었다.

김 사령관은 나에게 "어떻게 했으면 좋겠나?" 하고 물었다. 순간 나는 나보다 계급이 높은 장군, 대령들이 많이 있음에도 그들을 놔두고 나에게 지시한 이유를 잠시 고민했다. 특히 자신의 경쟁자 윤필용 장군이 나를 총애하는 것을 알면서도 그런 문제를 의논해온 것은 나를 믿었기 때문일 것이다. 그가 내게 인사과장을 발령 냈던 이유와 부합된다고 여겼다.

"시정해야죠."

"어떻게? 당장 부대장들을 사령부로 집합시켜?"

"사령관님, 그건 안 됩니다. 지금 집합하라는 명을 내리면 왜 오라고 하느냐로 세상이 시끄러워집니다. 지난번에 8사단의 책 사건이 있을 때 저를 부르시지 않았습니까. 전부 불러오면 시끄러우니까 제가 책임 있는 과장들을 불러 교육하고, 대통령의 편지를 교육하고 전달하는 것으로 조치를 취하겠습니다. 그리고 다른 요원들 모르게 인사조치 하겠습니다."

물론 이때 보안처장이나 정보처장, 대공처장, 그리고 나의 직속상관 행정처장을 불러낼 수도 있었을 텐데 굳이 과장인 나를 불러 의논한 것은 김 사령관의 속사정을 들여다볼 수 있는 대목이다. 나를 공정하고 빠르고 슬기롭게 처리할 것으로 인정한 것으로 판단한 나는 더욱 무거운 책임감을 느꼈다. 나는 한마디 덧붙였다.

"문제는 시행에 옮기는 겁니다. 감사실에 지시하지 않고 제가 직접 조사하여 일벌백계一罰百戒하고 전 부대 기율을 확립하겠습니다."

그러자 그가 긴장하며 나를 쳐다보았다.

"역시 이진삼 과장이야. 군인으로서 판단이 명석하구먼."

그러면서도 김 사령관은 나의 대답에 당황한 게 역력했다.

잠시 샛길로 빠져서 생각해보면 그때의 김 사령관 표정은 나를 헷갈리게 했다. 그런 표정을 지닌 사람이 1979년 10·26사건과 같은 일을 저지를 사람인가 하는 생각이 든다. 부마사태와 한미관계, 차지철 경호실장의 처세 등이 복합적으로 작용했을 것이다. 분명 부마사태와 한미관계에 대한 보고를 중앙정보부장 김재규가 대통령에게 하는 과정에서 차지철과 갈등이 있었을 것이다. 차지철의 김재규 선배에 대한 불경과 건방진 행동이 최악의 사태를 불러오지 않았나 싶다.

군사영어학교 대선배 장군 출신의 비서실장 김계원과 2기생인 정보부장 김재규와 만나서 대위 출신인 차지철의 행동에 불만을 토로하는 등 동조하면서 불쾌하게 생각했을 것이다. 실제로 김계원 실장과 김재규가 그런 이야기를 나눈 적이 있다. 어쩌면 부마항쟁이 4·19보다 더 큰 사태가 될 것이라 판단하고 이를 박 대통령에게 보고하였다. 그러자 차지철이 부마사태에 대하여 "캄보디아에서 800만 명 중 200만 명을 죽였는데Killing Field 우리라고 100만 ~200만 명 못 죽이겠느냐"고 했다. 이 말을 들은 김재규는 불길함을 감지했다. 비서실장인 김계원을 만나 "차지철이 저러면 안 되는데"라며 걱정했다. 그러니 10·26사건은 직간접적으로 차지철로 인해 생긴 불행한 역사로 판단된다. 이는 비서실장실에서 흘러나와 나의 귀에까지 전달되어 알고 있었다.

"충성은 눈에 나타나기 시작하면 변질되어 가고 있고, 눈에 나타나면 이미 변질된 것이다"라던 김 사령관의 말을 나는 지금도 기억한다.

"사령관님, 이러한 획기적인 조치는 반드시 대통령님께 보고하셔야 합니다. 편지에 대한 답변을 하셔야 합니다."

김 사령관은 그런 나를 보며 신속하고 정확하게 일을 처리할 것에 대해 만족감을 표시하고 "좋아, 좋은 생각이야" 칭찬을 아끼지 않았다.

이처럼 인사과장으로 근무하는 10개월 동안 나는 많은 것을 배웠다. 군 내부의 조직·편성과 지휘관들 각자의 특성 중 장점을 배웠고, 지휘통솔법과 지휘관 참모들의 보좌 방법 등 군 지휘와 관련된 많은 것들을 배울 수 있었다. 어떻게 보면 육군 소령 계급에 걸맞지 않은 많은 경험을 할 수 있었던 기회였다.

샛길에서 나와

때를 기다렸다. 내 꿈은 전투부대 전투군인으로 기회만 살피고 있었다. 남들은 그 좋은 부대를 왜 나오려고 하느냐고 하지만, 내 길은 원래 그 길이 아니었다. 내 인생에 있어서 방첩대에서 특공대장, 파월 기동대장, 대공과장, 사단 보안부대장, 보안사령부 인사과장까지 7년의 기간은 샛길이었다. 화려한 버섯일수록 독을 품고 있는 것처럼 많은 사람들이 선망하는 자리는 내게 있어 화려한 독버섯에 지나지 않았다. 1970년 10월부터 2년 예정인 직책을 사양하고 1971년 8월 10개월 보직을 끝으로 보안사령부를 떠났다. 기회는 항상 주어지는 것이 아니다. 머뭇거리거나 적극적이지 못한 사람은 모든 것이 불가능해 보인다. 야전 대대장인 전투지휘관으로 복귀하기 위해 육군대학을 자원해서 갔다.

영국 극작가 버나드 쇼의 "우물쭈물하다가 내 이럴 줄 알았지"라는 비문**碑文**처럼 나는 내 삶에 우물쭈물할 틈을 주지 않았다.

김재규의 복귀 요청과 강창성의 표창장

김 사령관은 내가 인사과장을 끝으로 육군대학을 지원하자 육군대학을 마치면 미처 주지 못한 '훈장'과 '영웅' 칭호를 주겠다고 하면서 내 생각과 다르게 육군대학을 마치면 다시 보안사령부로 돌아와 함께 근무할 것을 당부했다. 그는 내가 육군대학에 간 지 얼마 되지 않아 3군단장으로 부임하였다.

그 뒤를 이어 강창성 장군이 보안사령관으로 부임하였다. 1972년 1월 22일, 소장 강창성 장군은 육군대학에 다니고 있던 나를 불렀다. 내게 표창장과 트로피를 주면서 학비 명목의 봉투를 건넸다. 나와는 함께 근무한 적은 없지만 지난 보안부대 근무 시 공로를 생각해서 주는 것이라 했다.

"내가 부임해서 들으니 이 중령이 육군대학으로 가면서 보안사에 복귀하지 않고 야전대대장을 희망한다는 보고를 받았다. 대한민국 군인, 경찰, 대공요원들 중 누구도 할 수 없는 많은 공비 간첩을 생명 걸고 잡는 성과를 거양했고, 대북 응징보복작전, 1·21 김신조 청와대습격 사건 등 위험한 작전을 수행한 유일무이한 공로자 아닌가. 대대장 끝나면 대공 분야에서 실력을 발휘할 수 있도록 보안사령부 전입을 요청하겠으니 대답해주길 바란다."

나의 경력과 평점표를 보면서 말하였다. 나는 그의 말에 아무런 대답을 하지 않았다.

육군대학으로

> 부대의 우열은 간부의 우열에 비례한다.
> **이진삼**

육군대학은 소령은 1년 과정이고 중령은 6개월 과정이다. 나는 단기 33기를 신청하였으나 때가 늦었다. 그때였다. 33기 명단 중에 낯익은 이름 석 자가 눈에 띄었다. 다름 아닌 소령 이진백이었다. 육군본부에서는 동생 이진백을 빼고 그 자리에 형인 나를 입교자 명단에 포함시켰다. 동생 이진백은 다음 기로 입교토록 조정되었다.

나는 이미 육군대학 교재를 획득 예습하면서 부족하다 싶었던 학과는 보충했다. 그 결과 150여 명 중 2등을 했다. 결코 우연이 아니었다. 대위시절, 고등군사반 입교 전에도 교재를 입수하여 1년 전부터 예습한 덕분에 우등을 할 수 있었다. 이런 나를 지켜보았던 선후배 장교들은 "그럼 그렇지, 이진삼이 우등이라니? 보안부대 근무하면서 고등군사반과 육군대학 가기 전에 선배들 교재를 가지고 이미 공부를 했으니 우등이지."라며 모든 과정 탑이었던 것을 화제 삼았다.

군 보수교육은 낙제가 없다. 졸업만 하면 된다는 생각이 들 수도 있지만, 나는 졸업 후 군인으로서 지휘관 참모 등 임무수행을 잘하기 위하여 공부했을 뿐이다. 후배들에게 '미리 알고 미리 막는 슬기로운 간부가 되자'. 말보다는 실천, 계획보다는 결과다.

대대장

육군대학 졸업 1개월 전부터 아홉 군데에서 대대장으로 요청했다. 수경사의 윤필용 소장을 비롯한 수기사단장 신현수 소장, 5사단장 정병주 소장, 26사단장 김진구 소장, 7사단장 차규헌 소장, 30사단장 곽영배 소장, 8사단장 장봉천 소장, 1공수여단장 전두환 준장, 8사단 21연대장 노태우 대령도 나를 요청했다. 서울 지역을 벗어난 8사단 21연대 3대대장으로 지원하였다.

02
영광과 파란

- 유신
- 반전
- 발탁

유신維新

8사단 21연대 3대대장

1972년 1월 27일, 8사단 21연대 3대대장으로 부임했다. 강원도 철원에서 경기도 포천까지를 아우르는 지역이다. 처음 부대에 도착해 파악한 것은 병사들의 훈련 상태였다. 지휘 방침을 정하기 위해서였다. 늘 스스로에게 다짐했던 것처럼 병사들에게도 필요한 것은 첫째도 임무, 둘째도 임무, 셋째도 임무였기에 임무수행을 위한 병사들의 훈련 상태를 강조했다.

전투의 3대 필수 요소가 정신, 체력, 전투기술이다.

부대는 무엇보다 초급간부인 분대장, 선임하사, 소대장, 중대장에게 달려 있다. 한번은 소대장들의 BOQ(독신자 숙소)에 가보니 모포가 널브러져 있고, 소주병이 굴러다니는가 하면 책들이 헝클어져 있는 것을 목격하게 되었다. 저녁에 그들을 관사로 불러들여 "이 봐 소대장들, 군 생활 멋지게 해보자. 소대장들이 멋있다는 소리 들어보도록 해야지"라고 했더니 BOQ를 깔끔하게 정리해 놓았다. 이것을 사단의 감찰참모가 보고는 그 길로 사단장에게 "21연대 3대대 소대장 BOQ에 가보니 호텔보다 더 잘해놨더라"는 보고를 했다. 그러자 사단장 장봉천 소장과 연대장 노태우 대령이 우리 대대의

BOQ를 둘러보고는 사단 내 소대장들에게 견학을 지시했다. 사단장은 사단 전체회의 때 나를 불러 칭찬과 함께 격려금을 주었다. 나는 그 돈으로 소대장교 숙소의 난방장치와 조명장치를 설치해주고 간부 휴게실 겸 연구실도 마련해주었다.

"부대의 우열은 간부의 우열에 비례한다."라는 표어를 간부 연구실에 부착했다. 보안부대 출신 5공병여단장 장영근 대령에게 부탁, 대대장 관사의 연구실을 설치했다. 책상과 걸상을 제작하여 20명 이상의 장교, 하사관이 계급별 토의를 할 수 있는 환경을 만들었다.

1개월에 한 번씩 전 대대원 특별 정신교육을 하고, 나이 많은 하사관들은 큰 형님이나 부모와 다름없으니 병사들을 자식 같이 보살피도록 독려했다. 실제로 하사관 가족들은 병사들의 옷 손질을 해주는 등 골육지정으로 똘똘 뭉치도록 했다.

"부모형제 떠난 병사 자식 같이 보살피자. 저 이름 모를 산과 들에서 적과 싸우다 쓰러질 때 다친 상처를 싸매주고 물을 먹여주며 마지막에 시체를 걷어주는 것도 전우라는 것을 알고 철석같이 단결해야 한다. 이때 부모님과 친구들은 옆에 있을 수 없고 오직 전우만이 있을 뿐이다."

병사들이 적과 싸우다 쓰러질 적에 "선임하사님!" "소대장님!" 또는 "중대장님!" 하고 부른다. 어머니 아버지를 찾는 병사는 없다. 부모님에게는 죄송하지만 "소대장님 위험합니다. 조심하십시오. 저는 괜찮습니다." 하면서 숨을 거둔다.

직접 사병들을 접촉하지 못하는 대대장이 되다보니 초급장교 시절의 부족했던 점이 느껴졌다. 만약 내게도 초급장교 때 대대장이 교육을 해줬다면 더 잘할 수 있었을 텐데 하는 아쉬움이 들었다.

윤필용 장군의 미련

"이 중령, 윤필용 장군이 계속 당신을 수도경비사령부 33단장으로 보내라고 하는데?"

서울로 2박3일 외박을 다녀온 연대장 노태우 대령이 나를 연대장 공관으로 불러 대뜸 하는 말이었다.

"그래서요?"

"연대장인 나로서는 안 된다고 그랬지. 그런데 그 양반 말을 일방적으로 거절할 순 없잖아. 이 중령 본인 의사를 물어본다고 그랬지."

"저는 안 가겠습니다. 제가 대대장으로 온 지 얼마나 됐습니까. 취임식에서 우리 3대대는 강력한 전투력을 증강하고 충성을 다하자고 다짐, 약속한 이진삼이 중간에 우리 대대원을 버리고 서울로 가면 안 됩니다. 계속 대대장 하면서 연대장님을 모시겠습니다."

그러자 노 대령은 그 자리에서 윤 장군에게 전화를 걸었다.

"사령관님, 이진삼이 안 가겠답니다." 사실은 노태우 대령은 3개월 후면 연대장 임기를 마치고 먼저 떠날 입장으로 나에게 서울로 가서 윤필용 장군을 모시라고 했다. 사실 수경사는 서로 가고 싶어 하는 자리다. 그러나 나는 정들은 부하들과 헤어질 수가 없었으며 서울지역 근무를 피하고 싶었다.

방첩부대장 윤필용 장군과 함께

위풍당당 3대대

대대장으로 부임한 지 얼마 되지 않아 운천 지역에 있던 미군 여단이 철수했다. 미군들이 주둔했던 많은 막사가 비게 되자 군단에서는 우리 3대대로 시설을 포함한 각종 장비의 경비임무 명령을 내렸다.

미군이 주둔했던 빈 막사를 보는 순간 좋은 생각이 떠올랐다. 식당을 지었으면 하는 생각이 들었던 것이다. 1972년 당시 각 중대는 대대 취사장에 식사당번 8명이 교대로 차출되어 밥과 국, 반찬 3가지(1식 3찬)를 운반, 각 내무반에 둘러앉아 식사를 했던 터라 여러 모로 불편했다. 처량하기 이를 데 없었다. 그 길로 나는 5군단 작전참모 김복동 대령에게 달려갔다. 부탁을 받은 김 대령은 두말 않고 군단 공병참모에게 전화를 걸어 제일 큰 강당 건물을 지정해 주었다.

보안부대에서 함께 근무했던 장영근 5공병여단장의 도움을 받아 시멘트를 비롯한 여러 재료들을 얻어 손재주가 있는 하사관들을 시켜 그럴듯한 식당을 짓도록 했다. 대대원 전원이 식사할 수 있는 식탁과 의자를 들여 놓을 만큼의 크기로 지은 다음 음향 전기장치와 무대 조명장치도 설치하였다. 식당내부는 콘크리트 바닥으로 만들고 산정호수 수로를 돌려 물청소가 가능하도록 했으며, 식당 입구에 대형 선풍기를 설치하여 환풍과 실내온도 조절을 가능하게 했다. 간부식당은 폐쇄하고 대대장과 중대장 전 대대원이 자유배식을 함으로써 인력과 시간 절약은 물론이고 비가 오든 눈이 오든, 덥든 춥든 사시사철 실내 교육과 오락회 개최나 영화 관람 등에도 전천후로 활용했다. 대대 식당이 전투력 증강의 교육장이 되었다. 군사령관과 군단장도 놀랐다. 당시 8사단 사단장실은 슬레이트 지붕에 콘크리트 벽돌집이었다. 각 참모부는 낡은 퀀셋 건물로 열악하기 그지없었다. 대대 관내인 경기도 포천군 영북면 야미리 쇠골 철광산 박임호 소장에게 부탁해 돌을 이용해 대대 역내 배수로를 정비하고 역내 도로에 자갈을 깔아 춘하추동 먼지 없는 내무반이 되었다. 때마침 정부에서는 새마을 사업이 한창이었기에 군단장이 우리 대대를 방문한 후 전 군단에 새마을 사업을 지시하였다.

나는 거기에서 끝내지 않고 내친김에 큰 나무들을 이용 평행봉과 골포스트를 만들어 체력단련을 하도록 했으며 각 중대 화장실도 깨끗하게 개축하였다. 대대원들의 사기가 충천했으며 전투력 증강의 계기가 되었다.

저희 대대는 이 없습니다

5군단장이 8사단 1개 대대를 순시하겠다고 사단에 지시하였는바 8사단에서는 21연대 3대대를 순시하도록 보고했다. 모자와 양 어깨에 번쩍번쩍 하얀 별 3개씩 총 9개의 별을 단 그 이름도 무서운 유병현 군단장이 차에서 내렸다.

나는 부대대장, 중대장 참모들과 도열하여 경례하고 군단장을 안내해 대대장실로 향했다. 군단장은 대대장실 입구에서 영접하는 사단장 박노영 준장, 연대장 노태우 대령과 악수하며 인사했다.

빈약한 토막사 대대장실에서 브리핑을 받던 군단장이 갑작스레 취사장으로 향했다. 군단장은 취사병들의 사타구니와 겨드랑이를 만지기 시작했다. DDT가 들어 있는 헝겊주머니가 있는지 확인하고 있었다. 별 셋의 군단장이 취사병의 겨드랑이와 사타구니를 만지니 모두가 당황했다. 나는 의중을 꿰뚫고 군단장에게 말했다.

"군단장님, 저희 대대는 이 없습니다."

내 말에 정작 긴장한 사람은 사단장과 연대장이었다. '감히 대대장이 군단장에게?' 군단장이 의아해하며 "대대장, 어떻게 이가 없나?"라고 물었다.

"군단장님, 우리 부대 하사관들은 부대의 어머니입니다. 우리 부대는 목욕을 1주일에 두 번 이상 합니다. 내복을 갈아입히는 것 또한 하사관들의 임무입니다. 저기 보이는 산정호수에서 흐르는 물을 부대 앞으로 흐르도록 돌려 야전목욕탕에서 목욕하도록 하고 있습니다."

군단장은 흐르는 물을 보면서 물었다. "그래요?" 취사장에서 밥과 찌개가 끓는 것을 확인하고는 군단으로 향했다. 군단장이 돌아간 후, 사단장과 연대장이 "대대장, 수고했어, 잘했어"라고 칭찬하고 떠났다.

나는 대대 식당에서 점심식사를 하며 군단장과 있었던 DDT 헝겊주머니 이야기를 했다. 군단장이 우리 대대를 여전히 자유당(1950년대) 시대의 군대쯤으로 알고 있다는 사실에 모두가 한바탕 큰 웃음을 터뜨렸다. 그래도 조금은 불안했다. 군단장이 그런 나를 어떻게 생각할 것인지. 군단장은 다음날 아침 군단 상황보고 회의에서 "나는 어제 군인 중의 군인을 보았다."고 하면서 나를 "소신 있는 대대장"이라고 말한 것을 군단 인사참모 황관영 대령이 전화로 나에게 알려주었다. 그 후 군단장은 군단 내 대대장을 포함 동계 간부 집체교육을 수료하는 모든 간부는 8사단 21연대 3대대에 가서 지휘통솔에 대한 토의를 하고 귀대하라고 지시했다.

화장실을 찾은 1군사령관

이번에는 별 넷의 최세인 군사령관이 우리 대대를 방문한다는 연락을 사단으로부터 받았다.

빨간 판에 반짝이는 별 넷을 단 군사령관의 헬리콥터가 우리 대대 연병장에 내려앉았다. 대대장실에서 브리핑을 받은 군사령관은 병사들의 화장실로 향했다. 대대는 5개 중대가 있고 옆으로 각 중대별 깨끗한 화장실이 있었다.

군사령관의 느닷없는 화장실 순시로 군단장, 사단장, 연대장은 화장실 밖에서 지켜보았다. 군사령관은 병사들의 화장실 내부를 꼼꼼히 살펴보았다. "화장실 깨끗하게 잘 되어 있구나." 하고 칭찬하자 나는 걸어놓은 화장지를 가리켰다.

"군사령관님, 저희 대대 화장지 이상 없습니다."

"그래 어떻게?"

"화장지는 대대 보급관이 관리합니다."

군사령관이 화장실을 들여다보는 것이 착잡하고 답답했다. 6·25전쟁을 겪으며 초급장교를 얼마 안 하고 장군이 된 터라 20년 전 생각을 하고 있었다. 그때의 군인들이 보급품을 부정 처리했던 생각에 화장지 확인차 화장실로 갔던 것이다. 연말에 후방에서 위문품으로 보내준 비누, 칫솔, 치약 등 위문품을 보관, 부족한 보급품을 1년간 보충하여 썼다.

23년의 세월이 지난 1996년, 예비역 1군사령관 출신 모임인 '통일친목회'에서 최 사령관을 만나게 되었다. 그가 내게 물었다.

"이 총장, 혹시 산정호수 근처에서 대대장 하지 않았나요?"

나는 깜짝 놀라 옛 생각에 "그때 군사령관님으로부터 여러 가지 지도 많이 받았지요. 그때 제가 결례한 거 같은데요."라며 늦었지만 사과를 했다. 상급자에게 거침없이 말을 했던 것이 후회스럽고 미안한 생각이 들어서였다. 당시 1군사령부 참모로 근무하고 있으면서 수행했던 이덕만 장군으로부터 "이 중령, 당당하게 말하는데 내 속이 다 시원합디다."라는 전화를 받았다. 1군사령부로 돌아간 군사령관은 "나는 오늘 8사단 대대장으로부터 기합 받고 왔다. 앞으로 예하 부대 순시할 적에는 조심해야겠다."고 했다 한다.

윤필용 사건

베트남 맹호사단장으로부터 귀국 후 수도경비사령관으로 부임한 윤필용 장군이 1973년 3월 구속되었다는 소식이 전방까지 날아들었다. 윤필용 장군이 이후락 중앙정보부장, 신범식 서울신문 사장과 함께 저녁 식사 중 반

주를 하면서 후계자 얘기를 나눈 것이 화근이었다고 했다. 윤 장군이 느닷없이 이후락 부장에게 각하께서 연세도 있으신데 앞으로 무슨 일이 생길지 모르니 미리 후계자를 정해야 되는 거 아니냐고 말을 꺼냈다. 술좌석에서 한 대화였다. 당시 박 대통령의 나이는 57세였다.

며칠 뒤, 신 사장이 박 대통령과 태릉에서 골프를 치면서 "나이도 있으신데 후계자도 생각해둬야지요"라고 말했다. 골프를 칠 땐 아무 말 않고 있던 박 대통령이 골프를 마치고 저녁을 먹으면서 "아까 했던 말이 무슨 얘기야?"라며 신 사장에게 따지듯 물었다. 신 사장은 윤 장군과 술자리에서의 일을 보고했다. 화가 난 박 대통령은 보안사령관인 강창성에게 내사를 시킨 후 칼을 휘두르게 했다.

내가 겪었던 윤 장군은 박 대통령에게 불충한 마음을 가졌을 어떤 이유도 없었다. 오히려 윤 장군의 박 대통령에 대한 충성심이 차고 넘쳤으면 넘쳤지 그런 마음을 가질 분이 아니었다. 말을 꺼낸 후계자 운운은 이후락을 염두에 두고 말했을 뿐, 군인인 자신을 운운한 것은 아니었다. 술자리에서 의도하지 않은 실언이 신 사장을 통해 잘못 전달된 듯했다. 윤 장군을 알고 있는 이들 대부분은 나와 같은 생각이었다. 윤 장군은 우수한 군인이었다. 다만 내가 항상 걱정했던 부분은 스스럼없이 하는 말 때문이었다. "형님, 장군이 되셨으니 말씀을 조심하셔야 합니다."라며 건방지게 충언하기도 했던 1965년 생각이 났다. 더욱 민감한 것은 윤필용 장군 직책이 수경사령관 신분으로 근위 대장이었으니 더욱 민감하게 받아들일 수밖에 없었을 것으로 나는 판단하고 있다.

칼자루 쥔 강창성

육사 8기 윤필용 장군과 동기생 강창성 장군의 사이가 좋지 않았지만 평상시 표면화되진 않은 상태였다. 많은 선배와 후배들이 보안사 서빙고 분실에 끌려갔다. 윤 장군과 친할수록 더욱 그러했다. 윤 장군이 아끼던 육사 11기 권익현(보안사), 손영길(수경사참모장)을 비롯하여 12기 정동철(보안사), 이광근(보안사), 13기 황진기(보안사 인사과장), 신재기(육본진급과), 14기 배명국(보안사 인사과장), 박정기(수경사 비서실장), 그리고 15기인 이진삼(보안사 인사과장)을 포함했다. 이 사건으로 총 8명이 전역조치 되었고, 15기인 나는 전역되지 않았다. 내가 윤필용 장군의 심복으로 알려져 있던 터라 많은 사람들이 의당 전역조치 될 것이라 예상하였으나 격오지 전방 15사단 38연대 부연대장으로 쫓겨 갔다. 전역된 대부분의 장교들은 수도권에 보직되었던 수도경비사령부 2명, 보안사령부 5명, 육군본부 1명의 주요직위자 8명이었다.

　윤 장군이 기분파여서 군대가 잘 되려면 육사 출신들을 키워야 한다고 후배들을 아꼈던 것이 문제가 되었던 것이다. 그들 대부분이 서울 근처 지휘관이나 참모 등 주요직을 가졌다는 점에 대한 반성은 필요했다. 후배들을 어려운 직책을 수행토록 하고 훈련시켜 야전성 있는 군인을 만들지 못한 것이다. 이 점에 있어서 선배들은 후배들에게 서울 근처를 떠나는 보직을 주어 경험을 쌓도록 유도하고, 본인 스스로도 솔선수범했어야 했다. 동창과 각기의 동기생 간에도 객관성을 유지하지 못했던 것이 아쉬웠다. 어쨌든 강창성 장군은 본인 의도와는 달리 이런 선후배 간의 관계를 과장해 발표함으로써 여론을 오도했다고 본다.

　윤필용 장군을 조사하라고 지시했던 박 대통령도 강 장군이 이처럼 사건을 확대해 많은 유능한 장교들을 희생시키는 것을 알고는 조사를 중단시키고 그를 보안사령관직에서 해임시켰다. 박 대통령의 이런 조치가 없었다면 더 많은 장교들이 희생되었을 것이다.

　강창성 장군은 서로가 자연인으로 돌아갔던 1993년 가을, 지난 과거사를 언급했다. 보안사령관 시절 박정희 대통령이 "60년대 후반에 이 대위라고 보안사에서 특공대장으로 있었어. 아직도 있나?"를 물어와 "중령으로 진급해 육군대학 졸업 후 본인의 희망으로 야전부대에 나가 전방 대대장하고 있습니다. 열심히 잘하고 있습니다."라고 말한 적이 있다며 1973년의 '윤필용 사건'이 있었을 때, 대통령 관심 사항으로 내게 관심을 갖고 있었음을 말해주었다. 돌이켜 보면 내가 그때의 사건에 휘말리지 않았던 것도 박정희 대통령의 끊임없는 관심 덕분이었다.

윤 장군은 온갖 고초를 겪은 끝에 1973년 4월 28일 열린 육군본부 보통 군법회의에서 특정범죄가중처벌법, 업무상 횡령, 근무 이탈 방조 등 8개 죄목을 적용받아 징역 15년을 선고받고 수년간 옥고를 치렀다.

그가 당하게 된 이유를 객관적인 입장에서 분석 정리해 볼 필요가 있다. 먼저 윤 장군 주위에 모여드는 사람들이 지나치게 많다 보니 별의별 이야기들이 나돌고 심지어는 삼각지(국방부나 육군본부)보다 필동(수도경비사령부)이 더 세다는 소문까지 퍼져 있었다. 내가 윤 장군 이었다면 수경사령관 직책을 사양했을 것이다. 지난 방첩부대장 자리도, 맹호사단장 자리도. 참모들 가운데 누군가가 적색경보를 강하게 울려 자신들의 정확한 위치를 확인하고 처신에 각별히 신경을 써야 했는데 아무도 이를 챙기지 못했다. 나는 그 전에 이와 관련하여 바른말을 하긴 했으나 좀 더 강력하게 하지는 못했다. 내가 잘나고 자랑하고 뽐내기 위해서가 아니다. 나는 나대로 위험한 직책 그리고 어렵고 험한 지역 군 생활을 택한 것은 사실이다. 말로 하는 애국애족, 필사즉생, 위국헌신 군인 기본자세 표어보다 몸소 실천이 중요하다. 후배들에게 하고 싶은 말이다.

쫓겨 가는 신세

1973년 3월 29일 8사단을 출발 29일 15사단 부임을 명령 받았다. 후임자도 없는 초라한 이임식, 자랑스러운 대대 장병 여러분 우리는 국가보위를 위하여 최선을 다하였다. 언젠가 여러분도 3대대를 떠난다. 그러나 승리의 3대대 영원무궁할 것이다. 나는 당당하게 대대원들의 환송도열을 지나면서 병사들 울음소리에 나도 참을 수가 없었다. 나를 따라오던 진돗개가 서서 바라보고 있었다.

그날로 15사단 부연대장으로 쫓겨 가는 급박한 상황에서 사단장에게 신고를 해야 했다. "전출 신고합니다."를 하자마자 박노영 사단장은 신고를 생략하고 내 손을 꽉 잡으며 앉으라고 했다. 내가 자리에 앉는 순간 인사참모가 퇴장하고 당번병이 커피 두 잔을 놓고 나갔다. 둘은 아무런 말을 못 하고 있다가 허공에서 눈이 마주침과 동시에 누가 먼저랄 것 없이 눈물을 떨어뜨렸다. 사단장이 먼저 눈물을 닦으며 휴지 한 장을 빼 나에게 건넸다.

"시간이 없어 식사도 못 하고 떠나보내게 되어 섭섭하다. 누가 뭐래도 이 중령은 우리 사단을 빛냈다. 야전군 사격대회와 태권도 최우수 부대 등 모든 분야에서 성과를 올리는 것에 애 많이 썼다. 3개월 전, 연대장 노태우 대령이 육군본부로 떠나면서 이 중령 부탁을 하고 떠났다."

그 말에 나는 "그간 특별 배려해 주신 은혜 감사드립니다."라며 자리에서 일어나는데 사단장이 책상 위 책을 내게 건네며 "읽어 봐라"고 했다. 책 안에는 우리가족 앞으로 쓴 편지와 함께 촌지가 들어 있었다.

15사단은 전방 중에 최전방이다. 부연대장으로 갔으니 당연히 진급은 꿈도 꿀 수 없는 일이었다. 수도경비사 참모장이었던 준장 손영길이 3일 전, 15사단 부사단장으로 명패만 남기고 연행된 방을 보면서 며칠 내에 나도 그런 신세가 되지 않을까 하는 생각을 떨쳐낼 수 없었다. 사단 내 참모 지휘관 모두가 나를 색안경을 끼고 보는 듯 했다. 나는 애써 당당함을 보였다. 하지만 최고회의 박정희 장군의 전속부관이었던 11기생 중 1차로 장군을 달아 시쳇말로 '끗발 좋다'던 수경사 참모장 손영길 장군이 구속영장도 없이 붙잡혀 간 마당에 중령인 나를 시한부로 보는 것은 당연한 일이었다.

반전

비밀 편지

삶이란 흐르는 강물과도 같다. 더러 맴돌기는 하지만 한 자리에 영원히 머물지 않는다. 흘러가는 것이고 흘러갈 수밖에 없다.

1973년 3월 23일, 윤필용 사건으로 15사단 부연대장으로 쫓겨 가기 일주일 전 일요일 오후, 8사단 박노영 사단장은 주말을 빌어 전방으로 온 우리 가족을 관내인 산정호수 근처 조용한 식당으로 점심식사에 초대했다. 사단장이 대대장 가족을 불러 식사하는 예는 극히 드문 일이다. 그 자리에서 박 사단장은 내게 "서울 소식을 들었나?" 하고 물어왔다. 못 들었다고 대답하자 윤필용 사건을 알려주었다. 윤 장군과 내가 막역한 사이라는 것을 알고 귀띔해준 것이다. 소식을 접한 나는 한동안 말문을 열지 못했다. 믿을 수가 없었다.

3월 29일, 8사단을 출발하여 같은 날인 15사단 38연대 부연대장에 부임하도록 명령이 났다. 이런 경우는 없었다. 서울 근처에는 얼씬도 하지 말고 바로 발령지로 가라는 명령이었다. 15사단에 도착해보니 3일 전에 손영길 장군이 붙잡혀 간 터라 부대 안이 어수선했다. 대부분의 사단 참모들은 나 또한 같은 처지로 보고 있었다. 15사단장 김학순 장군에게 신고를 하고 돌아서서 나오려는 순간, 김 사단장은 내게 앉으라고 권하면서 편지 한 통을 보여주었다.

– 이진삼 중령은 내가 보장합니다. 앞으로 귀히 써주십시오. –

말하자면 15사단으로 쫓겨 가는 나를 위해 8사단장 박노영 장군이 15사단의 김 사단장에게 준 당부의 편지를 보낸 것이다. 만약 그 사실이 밝혀진다면 박 사단장이나 김 사단장 둘은 보직이 해임될지도 모른다. 육사 출신의 젊은 장교들을 무더기로 자른 강 사령관이 아니었던가. 살벌했던 당시의 군 분위기 속에서 박노영 사단장의 용기는 정말 감동이 아닐 수 없었다. 박노영 사단장과 김학순 사단장은 예현2기 동기생이다. 그러면서 김 사단장은 나지막이 말을 이었다.
"앞으로 작전기획 분야를 공부해두도록 하세요."
앞으로 작전참모의 보직을 주겠다는 말이었다. 상상도 못했던 일이었다. 앞으로 감시받고 있을 나로서는 감히 엄두조차 못 냈던 일을 김 사단장으로부터 듣는 순간, 장군다운 말과 태도에 존경심을 갖게 되었다.
73년 9월에 15사단 작전참모가 국방대학원에 갈 예정이어서 그 자리에 나를 보직시키겠다는 의중을 피력한 것이다. 작전참모는 대령진급에 유리한 보직이다.
"예, 알겠습니다."
그러나 3개월 후, 김학순 사단장은 15사단을 떠나게 되었다. 육군본부 정보참모부 차장으로 발령받았다. 이임 하루 전, 김 사단장은 나를 사단으로 불렀다. "참고 견디면 잘 될 것으로 믿는다. 내가 떠나게 되어 미안하다"며 후임인 박완식 장군에게 말하고 떠나겠다고 했다.

감시

"박완식 장군, 15사단장 영전을 축하한다. 그곳에 가거든 이진삼 중령 잘 돌봐줘라."

육군본부 작전참모부 작전처장에서 전방 15사단으로 부임하는 박완식 장군(준장)은 육군본부의 차규헌 장군(소장), 이범준 장군(소장), 양원섭 장군(소장)으로부터 나를 잘 돌봐주라는 부탁을 받고 부임했다.

박완식 15사단장은 육군본부에서 받은 부탁과는 다르게 당시 2군단장이었던 김종환 장군이 천거한 육사 14기 박종원 중령을 작전참모로 임명했다. 나를 부탁했던 육군본부 장군들은 사단장 박완식 장군(준장)을 소신 없고 신의 없는 장군으로 취급했다. 그러나 나는 38연대 부연대장으로서의 임무를 최선을 다해 수행했다.

2년 후, 박완식 장군은 진급을 하지 못한 채 사단을 떠났으며, 준장 예편 후 미국으로 이민, LA에서 87세의 노년을 보내고 있다.

나는 최전방에서 모든 것을 참아내며 연대장을 보좌하여 부연대장으로서 대대장 경험을 살려 연대참모 훈련, 전투단 훈련 등 임무에 최선을 다했다.

3개월 후 서울 답십리동 집에 2박3일 외출을 나왔다. 통행금지 시간이 지난 밤 12시 15분쯤, 현관 초인종이 울렸다. 사복 입은 보안부대원 2명이 있었다.

"무슨 일로 왔나?"

나는 따지듯 물었다.

"인사드리고 가려고 밤늦게 들렀습니다. 죄송합니다."

2년 전 보안사령부 근무 시절 함께 근무했던 후배장교들이었다. 서울지구 보안부대 요원으로 임무를 부여받은 소령과 대위였다. 내가 외출 나온 것을 전방 보안부대에서 서울본부로 보고하고 관할(서울) 부대로 지시하여 내가 누구를 만나고 무엇을 하는지에 대하여 파악 보고하는 등 분위기가 살벌했다. 나는 보고하든 말든 소공동 '남강' 일식집에서 1공수단장 전두환 준장, 육군본부 정보참모부 전투정보과장 노태우 대령을 만나 식사하고 밤 11시경에 귀가했다. 전방에서 오후 2시에 출발 6시쯤 도착했을 때부터 통행금지 시간이 지나서까지 동향을 감시하고 있었던 것이다.

"왜 더 감시하지!"

"이젠 철수해야죠, 죄송합니다."

그들이 돌아간 후 나는 잠자리에 누워서도 잠을 이룰 수 없었다. 생각할수록 화가 치밀어 올랐다. '이것이 민주주의 대한민국이란 말인가, 나는 대체 누구를 위하여 목숨을 내놓고 싸웠단 말인가…….'

15사단 깊은 산속 계곡 초가집 셋방 추운 방에서 잠을 자고 아침도 거른 채 출근했다. 박철순, 이응배 두 후배가 고향인 부여에서 면회를 왔다. 방이 좁아 여관에서 같이 자며 새벽 2시까지 많은 이야기를 나누었다.

삼진운수 대표

"철순아, 시골에 가면 방앗간 있는지 알아봐."

"왜요?"

"아무래도 내가 방앗간이나 하면서 새마을운동과 지역봉사 하며 나무도 심고 농사도 짓는 전원생활을 해야겠다. 또 한 가지, 대전에서 택시 사업도 해볼까 생각 중이다. 집을 팔면 택시 대여섯 대는 살 수 있지 않겠어? 은행 융자 받아서 사장 겸 운전도 하면 어떨까? 내 이름이 이진삼 아니냐. 삼진운수라는 간판 걸고 모범적으로 친절하고 착실하게 회사를 운영해 대전에서 제일 유명한 회사를 만들어야지. 택시기사의 임금을 다른 곳보다 더 주고, 친절한 이미지 만들고, 택시에는 노란 칠을 해서 특색 있는 옐로우 택시라는 것을 알려 '삼진택시를 타면 안전하다'는 인식을 갖도록 하고 군대에서 배운 경험과 노하우를 바탕으로 '관리' '고용'을 통해 이익을 창출, 지역 사회에 봉사함으로써 보람을 찾고자 한다."

이런 얘기를 찾아온 후배들에게 말한 것은 꿈이라기보다 현실적인 발상이었다. 중령이면 높은 계급이다. 사관학교 졸업하고 중령까지 했으니 이만하면 성공한 거 아닌가. 더구나 나의 조그만 소망과 꿈을 이루었으니 더 이상 여한이 없다. 육사 출신으로서의 긍지와 기백을 발휘하여 나름대로 성공하겠다는 각오를 다짐하기도 했다.

버티고 살아남다

"강한 자가 살아남는 게 아니라, 살아남아서 강한 것이다."

어느 영화의 대사처럼 어쨌든 나는 살아남았다. 15사단에서 13개월이 지날 무렵, 1974년 4월부터 군 분위기가 바뀌기 시작했다. 내가 그렇게 버티고 살아 있으니까 서울 육군본부의 장군, 대령 선배들이 '이진삼을 빨리 서울로 나오게 해야 한다, 그리고 진급시켜야 한다'는 소식이 전방까지 들려왔다. 대령이 되어야 하는데 15사단의 부연대장으로는 진급이 불가능했기 때문이다. 7사단, 15사단, 27사단과 군단까지 대령 진급 해당자들이 40여 명이었다. 부연대장으로는 대령 진급이 불가능했다. 군단 내에서는 잘 돼야 3명이 대령으로 진급을 한다. 나를 진급시키기 위한 움직임이 시작되었다.

육군본부 인사참모부에서 2분기 계획인사로 분류하여 명령을 발부했다. 군단에서 진급 서열 없이 중앙심사대상으로 만들었다. 역사에 없는 급조된 명령이 발부되었다. 그 결과 1975년 10월 1일 대령 진급 예정자로 포함되었다. 15기 동기생 176명 중 10명이 내정된 것이다. 귀양 갔던 내가 목숨도 길지만, 많은 분들의 도움과 하나님 은혜로 진급을 하게 되었다.

명월리에서 서울로

"여보, 당신 명령 났어."

1974년 6월 26일 오후. 혼비백산이 된 아내가 서울에서 5시간이나 되는 먼 거리를 버스로 달려 소식을 가지고 왔다. 그날 아침 일찍, 수경사 작전참모인 박세직(육사 12기) 대령이 집으로 전화했다. "제수씨, 이 중령 육군본부 작전참모부로 명령 났다고 빨리 가서 알려주시죠. 이대로라면 5일 후에나 명령서가 사단에 도착하니, 6월을 넘기면 안 됩니다." 시간이 없다며 서두를 것을 전했다.

관사가 없던 부연대장으로 아내와는 떨어져 지낼 때였다. 아내는 서울에서 혼자 아이 셋을 키우고 있었고, 나는 강원도 화천군 상서면 마현리 산골 집을 얻어 생활했다. 아침을 굶고 출근할 때가 많았다. 아내로부터 들은 소식은 '6월 28일 출발하여 6월 29일부로 육군본부에 신고' 하도록 되어 있었다. 대개는 일주일의 여유를 두고 명령 내는 것이 관례다. 그러나 일주일이 걸리면 7월 초가 되니까 중앙심사가 안 된다. 계획적인 발령이었다. 이미 발령이 났으니 문서가 도착되기까지 걸리는 시간으로는 제때 출근할 수 없기 때문에 가족인 아내가 전방까지 달려올 수밖에 없었다. 시간이 촉박했다. 일단 나는 서둘러 사단으로 갔다. 아직 명령이 도착하지 않아 사단 인사참모는 모르고 있었다. 나에 대한 인사발령은 한마디로 작전을 방불케 했다.

"여보 인사운영감, 이진삼 빨리 명령 내시오!"를 종용하던 감찰감 양원섭 소장을 비롯해 9공수여단장 노태우 준장, 1공수여단장 전두환 준장, 작전참모부장 차규헌 소장, 군수참모부장 이범준 소장 등의 많은 장군들의 합동작전으로 명령을 2/4분기로 앞당긴 것이다.

중령 한 사람의 대령 진급을 위해 인사운영감실 통제실장 육사12기 이상규 대령이 빠른 조치를 취했다. 육사 15기로 15사단에서 15개월간, 인생의 또 다른 면을 배울 수 있었다. 드라마보다 더 드라마틱한 일이었다.

1년 3개월 전, 부사단장 손영길 준장은 붙잡혀 갔지만 나는 살아서 15개월 만에 부연대장 자리를 털고 떠나게 되었다. 내가 육군본부로 발령 받아 간다는 소식이 알려지면서 그간 측은하게 여겼던 태도와는 달리 참모들은 부러운 듯 환송해 주었다. 일개 중령이 육군본부로 명령 난 것이 무슨 대단한 일이라고. 발 달린 사단 장교들은 거의 찾아와 축하를 해주었다.

신고를 마치자 박 사단장은 내게 차를 권하면서 "그간 고생 많았소. 육군본부에 가거든 많은 분들께 안부 전하시오." 했다. 그 말을 듣고 일어서려는데 사단장이 붙잡았다.

"집사람한테 연락해 불고기 준비했으니 저녁 먹고 가시오."

시간이 촉박해 사양하고 싶었으나 나는 사단 참모들과 함께 불고기 파티에 참석했다.

"그간 신세 많이 졌습니다. 실오라기 같은 생명줄이 굵은 동아줄이 되어 오히려 튼튼하게 되었습니다. 군을 위하여 최선을 다하겠습니다. 안녕히 계십시오."

늦은 밤, 6인조 파티밴드의 이별노래 속에 뼈 있는 인사말을 남긴 나는 특별히 내준 차량에 아내와 함께 몸을 실었다. 헌병 호송을 받으며 꼬불꼬불 험한 수피령 고개를 넘자니 더욱 감회가 새로웠다.

시골 방앗간과 대전의 삼진택시 사업 계획은 그날로 접었다. 내 짧은 인생 무엇이 잘못 되었기에 천신만고, 파란곡절을 겪어야 했는지….

산처럼

육군본부로 발령 후에 제일 먼저 찾아가 인사를 했던 분은 15사단장이었던 정보참모부 차장 김학순 장군이었다. 김 장군은 "내가 15사단에 계속 있었어야 했는데 그러지 못해 미안하다"고 했다.

1973년 3월, 8사단장 박노영 장군이 15사단장 김학순 장군에게 보낸 편지 내용을 나는 잊지 못하고 많은 장군과 선후배들에게 이야기 했다. 위험을 무릅쓰고 나를 위해 편지를 써준 8사단 박노영 장군의 용기와 소신 있는 행동은 훌륭한 장군으로 회자되었다. 그는 이후 수도군단장을 거쳐 한미연합사 부사령관으로 대장의 반열에 올랐다. 반면 15사단 박완식 장군은 준장으로 옷을 벗었다.

사람은 특히 군인은 무릇 사람을 대할 때 저울처럼 무게에 따라 이쪽저쪽으로 기울어선 품위가 떨어진다. 자신에게 이익이 있는지 없는지를 따져 이익이 큰 쪽으로만 움직이게 되면 저울은 고장이 난다. 산처럼 늘 그 자리에 서 있는 그대로의 모습을 보여주어야 한다.

육군본부

말단 참모장교 생활은 지휘관과 달리 책임도 없고 맡은 업무에 충실하면 되는 편안한 자리였다. 출근하면 제일 먼저 사무실 청소와 정돈을 몸소 했다. 이전까지는 해보지 않은 일이었다. 8월이 지나도록 대령 진급심사는 이루어지지 않아 해당자들은 초조하게 기다리고 있었다. 나는 운명에 맡기고 계획된 하계휴양이나 다녀오겠다며 처장 신위영 장군에게 보고하고 10일간의 휴가를 떠났다.

고향인 부여 은산에 모신 아버님 묘소를 찾아 가는 길에 대전에 들러 옛 학교 동문들과 밤늦게까지 지냈다. 유성 군인호텔로 찾아온 친구들과 아침식사 후 이발을 했다.

3개월 전, 강창성 소장은 보안사령관에서 3관구사령관으로 전보되어 있었다. 누가 보고를 했는지 나를 만나보겠다고 부관을 이발소로 보내왔다.

"사령관님께서 이 중령님을 모셔오라고 하셨습니다."는 말을 전했다. 만나고 싶지 않았다.

"시골 산소에 들러야 하기 때문에 시간 없다고 말씀 드려."

내 말에 강 장군의 부관은 한참을 머뭇거리다 돌아갔다. 찾아뵙고 인사드리는 것이 도리인 줄 알지만 같은 동기인 윤필용 장군에 대한 치욕적인 고문과 선배들의 옷을 벗기고 나를 전방으로 내친 일을 생각하니 만날 수가 없었다.

내 말에 머리를 손질하던 이발사가 놀라는 눈치였다. 관구사령관이 오라고 사람까지 보냈는데 일개 중령이 안 간다고 하니 놀라지 않을 수 없었을 것이다. 10분쯤 지났을까, 또다시 부관이 찾아왔다. 공관은 걸어서 3분 거리에 있었다.

"사령관님은 오늘이 일요일이라 고아원 방문을 하셔야 되는데 가시지 않고 기다리고 계십니다. 제 입장 좀 봐주시면 안 되겠습니까, 이 중령님?"

"그래?"

부관 안내로 공관으로 막 들어서자 2층에 있던 사령관이 1층으로 내려와 나를 맞이했다. 그는 내게 이런저런 말로 지난날 자신이 했던 일에 대해 변명을 했다. 그런 그를 향해 나는 말문을 열었다.

"제가 1970년 8사단 보안부대장 시절, 5사단장님 하셨죠. 그때 뭐라 하셨습니까. 저를 불러 앞으로 같이 근무하자고 하셨지요. 육군대학에 다니고 있을 때는 보안사령관으로 오셔서 저를 오라고 하여 표창장도 주시고 교육비도 주셨고요. 간첩사살 훈장을 못 주었다고 안타까워 하셨고, 대대장 끝내고 보안사로 다시 왔으면 좋겠다고 대공처장 김교련 장군에게 말씀 하신 것 잘 알고 있습니다. 제가 15사단 부연대장으로 쫓겨 가는 바람에 아무 말씀도 못 드렸습니다. 저는 이제 제대를 할 테니까 앞으로 우리 후배들은 잘 봐주십시오."

나는 가슴에 켜켜이 쌓여 있던 말을 뼈 있게 꺼내놓았다.

"이 중령이 작전참모부에 와 있는 거 알아. 이번에 진급해야지. 나희필 장군이 작전참모부장이야. 내가 나 장군한테 이 중령 진급 부탁하겠다."

"아닙니다, 사령관님. 말씀 드리지 마십시오."

나희필 장군이 내가 어떤 처지인지도 모르는데 거기다 대고 얘기한들 무슨 도움이 될까 싶었다. 해당자가 52명이었다. 강창성 사령관이 대령 진급과 관련해 나희필 장군에게 내 얘기를 해놨던 것은 사실이다. 작전참모부 진급 예정자 2명 중 한 명으로 나희필 참모부장에게 인사차 들렀을 때, 나 장군은 강창성 3관구사령관으로부터 나에 대한 부탁을 받았음을 전해주었다. 나는 강 사령관에게 윤필용 사건과 연관된 얘기를 언급하지 않았다. 강 사령관 또한 그 일에 있어서 충분히 미안해하고 있었다. 무엇보다 좌천당한 강 장군 앞에서 더는 언급하고 싶지 않았다.

진급심사

대령 진급심사를 한다는 소식이 들렸다.

심사위원 명단이 나오기 시작했다. 전화로 여기저기서 알려왔다. 위원장 양원섭 소장을 비롯하여 전두환 준장, 김재명 준장, 우종림 준장, 나동원 준장, 김영동 준장, 배성순 준장 등 7명의 장군이 심사위원이었다.

진급발표 후 감찰감 양원섭 장군 방에 차규헌 소장, 전두환 준장 셋이 모여 전화로 나를 불렀다. 진급심사위원장이었던 감찰감 양원섭 장군이 말문을 열었다.

"이 중령, 내가 대령 시킨 거 아니야. 이진삼 기록카드를 들고 모든 위원들이 진급시켜야 한다고 해서 제쳐 놓았어. 만약 안 되면 위원장 직권으로 진급시키려고 했어. 그런데 인민군을 육박전으로 때려잡았다고 하면서 모두가 진급시켜야 한다고 하더군. 그나저나 웬 무공훈장이 그렇게 많은 거야. 초등군사반, 고등군사반, 육군대학, 국방대학원 모두 우등, 지휘관을 많이 했고, 교육기관 훈육관을 했으며 참모생활은 보안사령부 인사과장과 육군본부 전투교리발전장교뿐이더군."

중위로 중대장(대위)부터, 특히 대령으로 사격단장(준장) 등 매 직위마다 상위계급 직책을 수행했다. 특히 보안부대 등 비정규군 부대에선 진급이 어려웠으나 다행히 보안사령부 재임 중 소령에서 중령을 3년 만에 특진한 것은 능력 없는 나로서는 기대할 수 없었다. 특히 진급할 수 없는 부연대장이란 별 볼 일 없는 직책이었던 내가 대령이 될 줄은 누구도 예상하지 못했던 일이었다.

외국 출장 중이었던 군수참모부장 이범준 장군은 군수참모부 김영동 준장이 대령 진급심사위원에 선발되었다는 소식에 영국에서 술 한 잔을 하고, 심사위원장으로 양원섭 장군이 결정되자 또 한 잔을, 한국에서 날아온 나의 진급소식에 프랑스에서 또 한 잔을 했다고 했다. 이범준 장군은 출장 전, 이세호 참모총장에게 대령진급 심사위원으로 보급정비처장 김영동 장군을 부탁하고 떠났었다. 귀국 후에는 기분이 좋다며 당시 시청 옆 일식집 '이학'으로 김영동 장군과 나를 불러 축하해주었다. 보안부대 재직 시 이범준 장군은 베트남에서, 김영동 장군은 사단에서 모셨던 적이 있다. 심사위원 장군들 대부분이 인간적으로 가깝게 지냈던 분들이었다. 신의의 관계였으며 아껴주던 분들로 지금 생각해도 눈물겹도록 고맙다. 많은 선배 가족들은 진급할 때마다 특히 이순자(전두환 영부인) 여사와 김옥숙(노태우 영부인) 여사는 이구동성으로 말을 모았다.

"장군님은 도대체 산소를 어떻게 썼기에 죽을 고비를 몇 번이나 넘기면서도 살아나신대요? 진급도 선두 주자로 하고 대단합니다."

나는 "이 모두 여러분이 도와주신 덕분입니다."라고 답했다.

축하하는 사람들

진급발표를 앞둔 1974년 9월, 육군본부 청사 안은 조용했다. 오후 3시, 마침내 진급 발표가 났다. 여기저기서 걸려온 축하 전화로 전화가 불통되자 사무실로 직접 찾아와 축하해주는 이들도 많았다. 내가 대령으로 진급되자 자신의 일처럼 좋아하는 사람들이 많은 것을 보면서 나는 다짐했다. 더 열심히 군을 위해 노력을 하겠다고.

학창 시절엔 우등 한 번 못 한 나였지만, 임관 후 다른 사람보다 몇 배 노력해야 한다는 각오로 전술학, 학술학, 지휘통솔 등 보병을 비롯해 전투와 관계되는 포병, 기갑, 통신, 공병, 전사, 군사학 등을 쉼 없이 공부했다. 사단 보안부대장, 대대장, 연대장, 여단장, 사단장, 군단장, 군사령관에 이르기까지 남모르게 공관에서 매일 2시간씩 공부했다. 초등군사반, 고등군사반, 육대 교재를 사전에 획득, 공부한 것이 1~2등의 성적을 거둘 수 있는 밑거름이 되었다.

보병학교 생도대 훈육관 시절, 우리 군에 맞는 신총검술 교재를 제작하였고, 보안부대 특공대장 3년간 적 특수부대 전술교리 대간첩, 대침투, 대전복, 교리를 연구하여 교범을 작성 전파하기도 하였다. 특전사 9공수여단 참모장과 단장 시절에는 특공무술 참호격투, 비정규전 교리 발전을 위해 연구했다. 또한 사단장 임무수행을 위해 포병, 기갑, 통신 항공 교재를 탐독하고 전투병과 학교 후배 중 교관이었던 후배들을 불러 배우기도 했다.

대간첩, 무장공비 소탕 등 일촉즉발의 순간들, 부연대장으로 쫓겨났으나 당당하게 살아야 했던 일들이 주마등처럼 스쳐갔다. '눈물의 빵'을 먹어봐야 인생을 안다고 했다.

귀성부대 참모장의 오기傲氣

1974년부터 육군본부에서 13개월간 계획발전장교를 마치고 발령 난 곳은 노태우 장군의 요청에 의한 9공수여단 참모장이었다.

당시 육군에는 공수특전 7개 여단이 있었다. 내가 9공수여단 참모장으로 갔을 무렵은 창설된 지 1년이었으나, 여단장을 보좌하며 '부대의 우열은 간부의 우열에 비례한다.'는 말을 교훈 삼아 일신 또 일신하며 부대의 정예화에 노력을 기울인 결과 얼마 지나지 않아 모든 면에서 추종을 불허하는 부대로 변모하였다.

9여단의 닉네임은 귀성鬼星으로, 어느 날 여단장으로부터 부대 앞에 귀성부대라는 표지석을 세우라는 지시를 받았다. 나는 마땅한 돌을 찾기 위해 부평 미 공병 대대장에게 부탁, 최신장비 기중기와 불도저 운반용 트레일러를 끌고 여러 곳을 찾아다녔다. 큰 돌을 발견한 곳은 파주에서 가까운 북노고산 지역으로 습지대였다. 문제는 그 돌을 어떻게 빼내느냐였다. 기중기의 발톱으로 누르고 빼려고 했으나 습한 지형으로 기중기를 움직일 수 없었다. 어쩔 수 없이 병사들을 시켜 돌과 모래주머니를 만들기 위해 심야작업을 했지만 돌을 빼낼 수 없었다. 실패하고 귀대했다. 이를 본 여단장 노태우 장군이 내게 말했다.

"참모장도 불가능한 게 있구먼."

그 소리에 나는 약이 바짝 올랐다. '3개월만 기다리자, 무슨 일이 있어도 그 돌을 반드시 끄집어내고야 말겠다.'는 다짐을 했다.

땅이 꽁꽁 어는 2월까지 기다렸다. 기중기 발톱이 중량을 견딜 수 있을 때까지 기다린 후, 발톱 밑에 철판을 깔고 돌을 빼내 미 공병 트레일러에 싣고 왔다. 이를 본 노태우 장군은 혀를 내둘렀다. "참모장 오기에 두 손 모두 들었다"고 말하기에 "여단장님, 제가 오기傲氣가 있어 육사 오기五期로 들어갔습니다." 하며 거수경례를 했다. 그러자 노태우 장군은 "그래, 악수 한 번 하자. 노력에 비하면 악수 한 번은 너무 약소하지!"라며 웃었다.

9공수여단 정문에는 귀성부대 표지석이 40여 년간 우뚝 서 있다.

9공수특전여단장

참모장을 마치고 다시 그곳을 찾아 근무하게 된 것은 3년 11개월 후, 장군이 되어서다. 3대 9공수특전여단장으로 부임하여 1980년 7월부터 1982년 12월까지 28개월간 임무를 수행하였다. 그때의 9공수여단은 미 1군단에 작전 배속되어 그들의 훈련과 작전 계획 개발에 참여했다. 미 1군단 전면의 적 후방 16km까지 종심縱深을 갖고 그 지역 내에 있는 적敵 부대의 병참시설, 탄약고, 도로 등을 기습 공격하는 것이었다.

군에 있어 승리의 첫째 요소는 평소의 강인한 훈련에 있다.

매년 실시하는 중요한 훈련으로는 두 가지가 있는데 하나는 대대별로 하는 천리행군을 포함한 특수 훈련이고, 다른 하나는 한미군이 합동으로 실시해 온 포울 이글(후방지역 작전)이다. 육체적 한계점을 여러 차례 극복해야 하는 훈련으로 강한 의지와 인내가 필요한 훈련이다. 여러 차례의 한계상황 고비를 극복하고 부대로 복귀하는 장병들의 눈을 보면 자긍심으로 번쩍거린다. 군에서 가장 힘든 훈련이 천리(400km) 행군이다. 나는 수시로 훈련장을 방문해 장병들을 격려했다.

생존 훈련은 적 후방 산악지대에서 보급이 완전히 두절된 상태에서 살아남아야 하는 훈련으로 때로는 뱀을 비롯하여 각종 곤충과 야전 식용식물 등으로 연명해야 한다. 생존 훈련장을 방문하면 진기한 장면들을 많이 접하게 된다. 강원도 깊은 산골짜기 훈련장을 찾아 그곳에 은거하고 있는 대원으로부터 생존훈련 상황을 브리핑 받으며 땅에 묻어 놓았던 독을 열어보면 개구

1975년 3월, 9공수특전여단을 방문한 이세호 참모총장

리와 뱀, 지네 등이 가득했다. 여러 가지의 약초를 채집해 놓기도 했다.
"특전부대 용사들, 이것을 먹을 수 있는가?"
"네, 모두 맛있게 먹고 있습니다. 식사 대신 몸보신하고 있습니다."
인간이 얼마나 강인한 존재인지 새삼 확인하게 되었다.

발탁

오기로 윤필용 예비역 장군을 찾아가다

감옥에서 나왔지만 윤필용 장군은 여전히 감시를 받고 있었다. 나는 전투복을 입고 대방동에 살고 있는 그의 집을 찾아갔다. 다른 사람들은 혹시라도 오해를 살까 싶어 몸을 사렸지만 나는 거리낄 것이 없었다. 벨을 눌렀다. 낯익은 운전기사가 문을 살짝 열고 얼굴만 내밀고 말했다.

"아무도 못 오시는데 어떻게 오셨습니까?" 하면서 문을 열었다. 현관까지 나온 윤 장군도 나를 확인하고는 집안을 향해 큰소리로 외쳤다.

"해관 엄마, 이진삼 대령 왔어"

윤 장군은 기쁨을 감추지 못했다.

"형님, 고생하셨습니다."

"이 대령, 중령 때 나하고 헤어졌는데 전방으로 쫓겨 갔다며. 어디로 쫓겨 갔었지? 다 죽었는데 어떻게 살았어? 옷 벗지 않고 대령 되었구나."

궁금한 게 많은 듯 윤 장군의 질문은 쉴 새 없이 이어졌다.

"형님이나 저나 잘못한 게 뭐가 있습니까? 제가 항상 형님께 말조심 하시라고 그러지 않았습니까. 그러니 이제와 어쩌겠습니까. 모든 것을 잊으십시오. 저희가 있지 않습니까."

내 말을 가만히 듣고 있던 윤 장군이 빙긋이 웃으며 말했다.

"지금 전방에서 전쟁이 일어났단 말이야. 전쟁에서 이기느냐 지느냐 위급한 상황이야. 병력을 열차에 싣고 전방으로 시속 100km로 가야 하는데 급한 마음에 시속 150km로 달리다보니까 내가 거기서 떨어진 거였지."

당신이 피해를 보았다는 것을 자조하며 빗댄 말이었다.

세월이 흘러 전두환 대통령이 예편한 윤 장군을 도로공사 사장으로 발령했다. 그때 나는 전방 21사단장으로 있을 때였으며 2박 3일 서울 외박 중에 도로공사로 윤 장군을 찾아뵈었다.

"제가 있는 양구 지역은 눈이 한 번 오면 녹지 않아서 비탈진 음달 길에는 차가 미끄러져 인사 사고가 잦습니다. 200km 되는 도로작업을 위해 사단 병사들의 고생이 이루 말할 수 없습니다."라고 하자 그가 애로사항이 무엇인지를 물었다.

"도로 빙판 방지를 위해선 염화칼슘이 필요합니다."

"얼마나 필요해?"

"우선 2.5톤 트럭으로 5트럭, 12.5톤이면 됩니다."

그는 이내 기획실장을 불러 "이 장군 요구하는 대로 5트럭이든 100트럭이든 내주라"고 지시했다. 옛날과 다름없이 통 큰 사나이였다.

그러고는 "이곳까지 이 장군이 찾아왔으니 우리 도로공사 현황을 브리핑 하겠다"며 2m 지휘봉을 들고 직접 전국의 도로망과 장차 있게 될 도로건설 계획에 대해서 설명했다. 송구스러워 "기획실장에게 설명해 달라"고 했으나 끝까지 서서 직접 설명을 했다. 당당한 모습과 용기는 여전했다. 나에 대한 애정과 신의 관계를 재차 강조하며 "나는 이 장군이 반드시 군에서 성공할 것으로 믿었다"고 하면서 한사코 싫다는 내게 금일봉을 건넸다. 나는 그것을 땅굴 탐지 요원들을 위한 신형 난로와 취사용품 등을 구매하는 데 썼다. 그의 금일봉은 제4땅굴 발견에 큰 도움이 되었다.

3번의 드라마

안보, 전략, 산업 3개 과정으로 구성된 국방대학원은 국가 안보의 최고 교육기관이다. 학생들은 주로 국방부, 내무부, 통일부, 외교부, 국영기업체, 사법, 행정 분야 등에서 선발된다. 국방대학원 입교 3일째 되는 날, 뜻밖에 대학원장이 나를 찾는다고 해서 원장실에 갔다. 그곳엔 별 셋의 임지순 장군이 앉아 있었다.

"대학원에 입학 잘했어요. 내가 도와줄 일 없어요?"

전과 달리 아주 친절하게 대해 주었다.

"도와주실 일은 없습니다."

내말이 끝나자 임 원장이 계속 말을 이었다.

"나는 군대 생활 여기서 끝나요. 내 방에 자주 들러요, 이 대령."

그러고는 교학처장을 불러 나를 잘 돌봐주라고 당부했다.

내가 임지순 원장을 처음으로 만났던 것은 2년 전인 1974년 9월, 부연대장을 마치고 육군본부 작전참모부 계획발전장교로 일할 때였다. 임 원장은 소장으로 인사참모부장이었다. 그의 보좌관으로 제주도 출신의 김 대령은 육사 3년 선배로 나를 아꼈다. 어느 날 내게 "여보, 인사참모부장이 당신과 같은 고향, 부여 분이야. 인사나 드리지."라고 하는 것을 괜찮다고 거절했다가 몇 번을 권유해온 터라 고마운 마음에 찾아갔었다. 여군 중사가 문을 열어주기에 나는 들어가 경례를 하고 서 있었다. 그는 내게 앉으라는 말도 않고 쳐다보며 충청도 억양으로 "누구야?" 하고 물었다. "작전참모부 이진삼 중령입니다"라고 인사를 하니까 "그래, 부여가 고향이라고 들었다" 하고는 "잘해라"를 끝으로 서있는 나에게 아무런 말도 걸어오지 않았다. 경례를 하고 뒤로 돌아 나오려고 문을 여는 순간, 차를 들고 오던 여군 중사와 마주쳤으나, 차를 마실 겨를도 없이 방을 나오고 말았다.

"김 대령님, 이러지 마십시오. 나를 망신 주는 겁니까?"

서운한 마음에 나는 선배인 김 대령에게 한마디 던졌다. 그러자 그가 미안해하면서 나를 이해시키려 애를 썼다.

"나를 위해서 인사하라고 한 것은 감사합니다만, 제가 그분께 진급시켜 달라고 하겠습니까, 보직 부탁을 하겠습니까. 제가 그런 사람입니까?"

따지듯 했더니 김 대령의 얼굴이 홍당무가 되었다. 이후 김 대령은 인사참모 부장에게 나에 대한 이력을 자세히 전하고 다시 인사 갈 것을 권했으나 나는 찾아가지 않았다. 1976년 중장 진급과 동시에 국방대학원장으로 부임한 임 원장은 학생 신분으로 입교한 나를 만나자 2년 전의 1974년과는 달리 자리에서 일어나 반갑게 맞이해 주었다.

토인비는 '역사는 돌고 돈다'고 했다. 그러니 돌고 도는 역사의 궤적에서 사람과 사람의 만남은 인연을 따라 모였다가 또 그 인연을 따라 흩어질 수도 있다. 임 원장과의 만남도 마찬가지였다. 따라서 사람의 인연은 마무리가 중요하다. 임 원장은 그것을 나보다 먼저 간파한 듯했다. 국방대학원 졸업을 2주 앞둔 어느 날, 임 원장이 총학생회 학생장 정명환 소장을 불렀다.

"정 장군, 국방대학원 졸업하면 인사운영감으로 부임하시죠? 아무래도 정 장군이 육군본부를 다녀와야겠어요. 국방대학원에 다니는 5명을 포함해 10여 명이 전방 연대장을 희망하는 것 같은데 전방 연대장은 20사단 61연대 한 자리밖에 없지 않습니까? 내가 볼 땐 적임자가 이진삼 대령밖에 없어요. 당신이 오후에 시간 있으니 육군본부에 다녀오시지요."

2년 전 육본 인사참모부장 시절 냉정하게 대하던 것과 달리 나에 대해 신경을 쓰는 임 장군이었다. 정 장군은 임 원장의 부탁을 받고 육군본부를 방문 했다. 인사참모 부장 곽영배 장군을 만났다. 그가 책상서랍을 열고 서류를 보여주며 말했다.

"이진삼 대령, 참모총장 결재 받아놨으니 염려 마세요. 나한테 맡겨 두세요. 내가 보안사령부 참모장 할 때 그 사람 인사과장 이었소. 간첩과 공비도 많이 잡은 공로자요. 대단했어요. 특히 보안사 장교들 계급별 직능을 분류하여 보직시킴으로써 능률 위주의 인사 등 인사군기를 확립하고 영관장교 47명을 심사해서, 육군으로 전출시키고 자원해 육군대학 입교 후 전방 대대장으로 갔어요. 벌써 세월이 흘러 연대장 나가게 됐어요. 염려마세요. 이것은 아무도 못 바꿔요."

정 장군이 국방대학교로 돌아와 임 장군에게 보고하자 임 원장은 나를 불렀다. 정 장군이 임 원장에게 보고하는 자리에 나를 참석시켰던 것이다. 나는 두 분의 장군께 고마운 마음이 들었다. 국방대학원장 임 중장은 가끔 나를 불러 "나는 이제 군 생활 마지막 보직이다. 아무런 힘이 없어 이 대령을 봐주지 못해"라고 하면서 미안해했다. 2년 전 내게 냉정하게 대한 것이 몹시 마음에 걸리는 듯했다. 임지순 장군은 본래 원칙주의자로 융통성 없는 장군으로 알려져 있다.

또다시 임 원장을 만난 것은 그로부터 2년 후. 그가 전역하고 마사회 회장으로 자리를 옮겼을 때였다. 당시는 마사회가 농수산부 산하 사업부서로 내부적으로 공금횡령과 마권 승부조작 등 이권을 두고 장난치는 일이 비일비재하였다. 임지순 회장은 이를 경찰에 정식으로 수사의뢰했는데 어찌된 영문인지 의뢰했던 일들이 임 회장의 잘못으로 둔갑해 언론에 보도되었다. 이를 알게 된 나는 위로차 마사회에 들렀다. 그때 나는 전방의 연대장을 거쳐 육군 사격지도단장으로 있을 때였다. 나를 보더니 임 회장은 "여보, 당신 말이야. 이번에 장군 될 거야. 내가 인사참모부장을 해봐서 아는데 이번에 정승화 장군이 참모총장이 되었잖아. 그 사람 매사에 정확하고 공명정대한 장군이야. 내가 볼 때 당신 장군 확실히 될 거야"라며 마치 내가 장군이라도 된 듯 좋아했다. 원래 말수가 적은 임 장군이 그런 말을 할 줄은 미처 몰랐다.

"어제 신문을 보니까 마사회 문제로 복잡하신 것 같은데 무슨 일입니까?"

나에게 설명해 주면서 마사회 정화 노력의 일환이었는데 국민들은 내 잘못으로 알고 있다고 토로하며 자진사태 의지를 밝혔다. 나는 잘 아는 농수산부 장관의 비서실장인 김태수에게 전화를 걸었다. 김 실장은 15년 전부터 나를 좋아하고 따랐다. 나는 김 실장과 통화하면서, 마사회의 실정을 설명하고 임 회장의 마사회에 대한 비리 부정부패 척결의지를 피력했다. 자체 수습차원에서 경찰에 수사의뢰한 내용도 덧붙였다. 마사회가 조사하여 처리하도록 부탁했다.

"형님, 알겠습니다."

약 10분 후, 마사회를 감사하던 감사실장이 회장실에 들어와 "장관실에서 자체 처리 후 보고하시라는 지시를 받았다"며 감사를 중지하고 떠났다. 임 장군은 4년 전 인사참모부장 시절, 내게 냉정한 태도를 보였으나, 2년 후 국방대학원장으로 있을 때는 전과는 정반대의 모습으로 나를 전방 연대장 시키려 애를 썼다. 그리고 다시 2년 후, 마사회장 임 장군과의 관계는 마치 작가가 만들어낸 드라마 같았다. 도움을 주고받는 조건관계는 아니지만, 사람을 대하는 태도나 진지하게 남의 고충을 들어줄 줄 아는 인간 신의를 다시 한 번 생각하게 되었다. 지금은 국립묘지에서 우리 관계를 잊지 않고 누워계시겠지요!

전방 연대장

1977년 8월 4일, 전방 20사단 61연대장으로 부임했다. 군에서는 연대장과 사단장을 가장 보람 있는 지휘관이라고 해서 흔히 '지휘관의 꽃'이라 부르곤 한다. 그만큼 연대장은 지휘관으로서는 최고의 직책이라고 할 수 있다. 내가 연대장으로 간 20사단은 전방 GOP사단이다. 육군본부 인사참모부장 곽영배 장군이 참모총장의 결재를 받아놓았다. 곽 장군은 내가 보안사에서, 참모장으로 모셨던 분이다. 내가 올렸던 결재를 한 번도 반려하거나 부결시킨 적이 없을 만큼 나에 대한 신뢰가 돈독했다. 내가 대대장으로 나가기 전, 육군대학에 다닐 때에는 30사단장으로 있으면서 교육비를 여러 번 보내주었다. 돌이켜 보면 내 삶에 있어 감사드려야 할 분들이 너무나 많다. 이 지면을 빌려 내 삶에 동행했던 많은 모든 분들께 머리 숙여 감사드린다. 나의 비문碑文을 "나는 신세지고 떠납니다."라고 할까 생각 중이다.

군의 술 문화

1977년 8월 전방 20사단 61연대장으로 명을 받았다. 사단장 K 소장은 전군에서 술로 유명한 장군이었다. 매주 토요일 오후 6시 사단장, 부사단장, 연대장, 참모장 등이 가족 동반, 넥타이 정장으로 속칭 단합대회라는 명분으로 모임을 가졌다. 연대장이 부임하면 술 마시는 주법을 부사단장과 참모장이 보여주게 되어 있었다. 컵에 양주 3/4, 얼음 1/4을 넣고 자리에서 일어나 사단장에게 인사하고 "사단장님 주시는 술 즐겁게 잘 마시겠습니다." 하고 팔짱을 낀 채 마시면서 지켜야할 수칙이 있다. '노털카', 잔을 놓거나, 털거나, 카 소리를 내면 벌주를 마시게 되어 있다. 술 못하는 나는 60연대장과 팔을 엮고 대작對酌, 속칭 러브샷love shot을 하게 되었다. 나는 술에 입만 대고 넥타이를 제치고 셔츠 속으로 술을 부었다. 얼음덩이가 가슴, 배를 지나 벨트에 걸려 배꼽이 차가워 견디기 어려웠다.

사단장은 "이 대령은 술도 못하면서 어떻게 장군 되려고 하나?" 이어서 두 연대장들은 거뜬히 마시자 "자네들은 장군 될 자격이 있다."라는 판정을 내렸다. 나는 참지 못하고 "장군 안 되어도 좋습니다. 사단장님 장군 오래오래 하세요."라고 말했다. 밖에서 경비 서는 헌병과 병사들은 우리를 보고 무슨 생각을 할까. '최상급 지휘관들이 수많은 부하들에게 생명 바쳐 싸우자고 어떻게 훈시할 수 있으며, 예하 지휘관 그리고 커가는 장교의 표본이 될 수 있는가' 생각하면서 나는 자리에서 일어나 가족을 태우고 나오면서 여러 가지 생각이 났다. 나의 군 생활 자세와는 맞지 않다고 생각하면서 사단 위병소를 통과하자 위병장교가 참모장 전화라고 바꿔주기에 참모장에게 "나는 20사단연대장 자격도 능력도 없다. 술 못 하니까. 공적 업무를 제외하고 나를 부르지 말라."고 하며 사단장이 찾으니 돌아오라는 그의 말을 뿌리치고 연대로 귀대하였다.

단합대회 분위기가 가라앉으면서 여름 해가 지는 시간 8시 15분보다 빠른 7시 반도 안 되어 해산했다. 사단장은 화가 났는지 부사단장과 참모장을 불러 가족들의 만류에도 만취 상태까지 술을 마셨다는 말을 들었다.

다음 날인 일요일 08:00시에 사단장 가족이 우리 가족에게 전화를 걸어 왔다. 10:00시경에는 사단 참모장으로부터 사단장이 만났으면 한다는 전달을 받고 "내가 어제 말한 대로 공적 업무가 아니면 안 가겠다." 했으나 참모장의 어제 썰렁했던 분위기와 아침에 사단장 만났는데 사단장이 침울하다는 말에 마음을 바꿨다.

"참모장! 우리가 왜 군복입고 있나? 이 사람아, 나라 지키기 위해 있다. 오후 2시까지 가겠다. 공적인 사단장 명령이라면 목숨을 바치겠다."

사단에 도착하자 정문에서 보고가 되었는지 사단장이 문까지 나오면서 악수 겸 손을 잡고 들어가며 "이 대령, 내가 어제 말실수를 했소. 가족에게 내 말 잘 전해줘요, 나는 어젯밤 가족과 같이 밤잠을 제대로 못 잤소. 밤늦게 전화할 수도 없고 날이 새기만을 기다렸소." 하기에 "죄송하게 되었습니다. 술에 옷이 다 젖어서 돌아갔습니다."라고 마음을 풀어 주었다. 사단장은

1969년 8사단에서 연대장 시절 사단 보안부대장을 했던 나와는 특별한 관계 등 덕담을 하면서 많은 이야기를 하였다.

"사단장님, 건의 사항이 있습니다. 우리 사단은 서부 지역에서는 가장 험준한 속칭 알프스 지역으로 한국전쟁 시에는 백마고지 야월산 전투 등 치열했던 격전지입니다. 철책을 담당한 GOP사단으로 휴일에는 특별히 경계를 강화해야 합니다. 휴일에는 사단장, 연대장 외박외출도 금지 아닙니까? 군사분계선과 철책을 담당한 지휘관이 매주 토요일마다 가족동반 만취한 상태에서 비상사태가 발생하면 어떻게 되겠습니까? 대대장, 중대장들 보고 받고 상황 처리가 가능합니까? 각 부대에 예속된 포병, 전차 등 지원부대들은 연대장 없이 원활한 작전이 불가합니다. 또한 부대의 기간基幹인 성장하는 장교들에게 우리가 모범을 보여야 합니다. 12,000명의 GOP 전 사단 장병들이 주야로 전투 감시 체제에 있습니다. 그들이 우리를 어떻게 평가하고 존경하겠습니까?"

"여보 이 대령 8년 전 사단장과 연대장들은 소령에서 3년 만에 중령으로 특진한 이 중령, 육군대학 가려고 교재를 가져와 미리 예습을 하고 보안부대를 떠나 전방 대대장 할 계획을 하고 있다는 것을 우리는 알고 있었소."

술 못하면서 어떻게 장군 운운하던 사단장은 나의 과거사를 들추기며 덕담에 열을 올리기 시작했다. 1969년 여름 8사단 16연대 탄약고에서 병사를 사살한 탈영병 어머니를 후방 보안부대에 연락, 오시게 하여 설득, 직접 체포한 것을 기억한다고 하면서 나에게는 말할 기회도 주지 않고 20여 년 전 대위 시절 언론에 비쳤던 쌍권총 선글라스 이 대위가 적을 잡은 이야기를 계속하기에 "사단장님 토요일 행사는 중지하시는 게 좋겠습니다."라고 말을 끊고 단합대회가 부당한 이유 몇 가지를 더했다.

"그간 행사를 위하여 준비하는 가족들은 목요일부터 서울에서 장을 보아 버스에 싣고 전방으로 옵니다. 어느 연대는 부하들이 충성하기 위하여 연대

참모 가족, 대대장 가족들이 토요일 직속상관 모시려고 3~4일간 비상 체제에 돌입합니다."

"지금 생각하니 이 대령 말이 맞아요. 그렇지 않아도 토요일 행사는 하지 않기로 아침에 지시하였소."

"군인 아파트에 집단 거주하는 하사관이나 초급 장교들이 어떻게 보겠습니까?"

사단장은 잠시 동안 눈을 감고 앉아 있다가 "우리 앞으로 잘합시다." 하며 나의 손을 꽉 잡았다. 한편 연대장 가족들은 서울의 자식들을 시부모나 친정 부모에게 맡기는 등, 부담을 갖지 않게 되었다. 3개월 후 전방 60연대 3대대장 유운학 중령이 백마고지 측방 역곡천 월북 사건으로 사단장과 연대장이 해임, 전역되었다. 사단장은 6·25 전쟁 중 우수한 하사관 출신으로 현지 임관(현임)한 건장하며 호탕하고 남자다운 기질에 특징 있는 군인으로 장래가 촉망되는 장군으로 알려져 있었다. 전역 후 간암 수술로 고충을 겪었으며 《다시 태어난 인생》을 책으로 남겼다.

내가 아는 20여 명의 유명한 선배 장군들이 술로 인하여 70세 전후로 유명을 달리했다. 동기생인 참모장 신대진 대령은 훌륭한 장군으로 소장 예편 후 위장 수술했으며 5년 전 고인이 되었다. 소련 장군들은 밤낮 없는 보드카 독주로 작전 실패한 전례가 있다. 미국 군인들과 공무원들 규정에 일과 시간엔 금주다. 대한민국에서 근무했던 미국 장군들은 후배 장군들에게 충고 제일성으로 한국 장군들과 칵테일 정도는 좋지만 술자리(방석집)는 하지 마라. 폭탄주 조심해라. 한국 장군들 술 실력은 세계 제일이다. 1961년 5·16후 박정희 군사재건최고회의 의장 비서실장이었던 윤필용 장군은 수경사령관이었던 1973년 이후락 등 3명과 군 통수권자와 관련된 술자리 말실수로 고충을 당했다. 대한민국은 음주운전을 포함하여 술로 인한 인명, 재산 손실은 물론 알코올 중독자, 패가망신자가 세계 1위를 기록하고 있다.

발탁

나는 1978년 10월 14일 토요일 오후, 사단에서 주관하는 대대 ATT를 받고 있는 2대대(대대장 중령 조영길) 훈련장을 위문차 방문하고 있었다. 그때 사단장으로부터 급히 사단장 공관으로 오라는 무전이 날아왔다. 테니스 하자는 호출로 알고 부대에 연락하여 운동복을 포함, 운동 준비를 하여 사단장 공관 테니스 코트로 가져올 것을 지시하고 사단장 공관으로 갔다.

"여보 61연대장, 축하해요. 배병노 장군 후임으로 사격지도단장으로 명령이 났소. 연대장 후임자는 당신 동기생 방서남 대령으로 명령 났소."

"안 가면 안 됩니까?"

"왜?"

"연대장 임기가 더 남았습니다."

"참모총장 특명이오. 장군 직위로 발탁 인사라고 인사참모부장과 교육참모부장으로부터 연락 받았소, 3일 후 이·취임식 하고 떠날 준비 해야겠소."

급한 인사 발령의 배경에는 대통령 경호실장이었던 박종규가 대한사격연맹 총재로 지난 1978년 9월 서울 태릉에 제42회 국제사격선수권대회를 유치하였는데, 결과가 좋지 않았다. 박정희 대통령은 대회 개회식에 참석, 시사試射를 하는 등 사격에 큰 관심을 보였다. 국제사격대회 주최국인 우리가 개인전의 금 26, 은 28, 동 25개의 메달 중 은 2, 동 2개를 획득하는 데 그쳤다. 단체전에서도 금 26, 은 26, 동 20개의 메달 중에서 은 1, 동 3개를 획득해 개인전과 단체전 총 은 3, 동 5개의 메달을 획득하는 저조한 성적으로 주최국 체면을 손상했다. 이에 박 대통령이 몹시 진노했다. 박 대통령은 무엇보다 안보에 대한 관심이 많았고, 사격을 중요시 여겨 정부 부처별 사격대회를 매년 개최하고 시상했다. 사격대회에 앞서 직접 시사試射하는 대통령의 모습이 TV, 신문에 대서특필되기도 했다. 대통령 경호실장이었던 박종규가 대한사격연맹 총재로 국제사격대회를 유치했으나 성적이 좋지 않게 나오자 박 대통령이 이세호 참모총장을 호출했다.

"이 총장, 대육군에서 무엇하는가. 사격을 맡았으면서 어째서 메달이 그것밖에 안 되나?"

박 대통령 앞에 불려간 이 총장은 당황할 수밖에 없었다. 더구나 북한의 이호준이 1976년 제21회 몬트리올 올림픽에서 소총 3자세(엎드려쏴, 무릎쏴, 서서쏴)를 총 600점 만점에 598점으로 금메달을 딴 터라 박 대통령으로선 더욱 화가 나 있었다. 육군본부로 돌아온 이 총장은 인사참모부장, 교육참모부장, 작전참모부장, 인사운영감 모두를 불러 모았다. 배병노 준장을 해임하고 새로운 장군을 선발, 보직하라는 불호령이 떨어졌다. 다급해진 참모부장들은 준장 300여 명의 인사기록 카드를 놓고 적격 인물을 찾기 시작했으나 아무리 찾아봐도 적격자를 찾을 수가 없었다.

연대장	대령	지오피 5개월	77. 08. 04	78. 10. 17	14	20사단61연대
단장 **(사격 지도단)**	**대령→** **(준장)**	발탁(상위직)	**78. 10. 18**	**80. 07. 29**	**21**	**사격지도단**
단장(특전사)	준장		80. 07. 29	82. 12. 05	28	공수특전여단
사단장	소장		82. 12. 06	85. 01. 13	25	제21사단

인사기록 카드

그때였다. 교육참모부장 채항석 장군이 "장군 중에는 없고 대령 중에는 적격자가 있습니다."라고 했다. "누굽니까?" 누가 먼저랄 것 없이 다른 참모부장들의 눈과 귀가 채항석 장군에게 쏠렸다. 태권도, 육상 등 운동 잘하고 솔선수범하는 지휘력 있는 육사 15기 이진삼 대령입니다."라고 하자 인사운영감 정명환 장군을 비롯한 모든 부장들이 인사기록 카드를 보며 고개를 끄덕였다.

"그런데 문제가 있습니다."

"국제행사에 국가대표로 참석하는데 계급이 대령인 데다가 연대장 임기도 채우지 못했습니다. 문제 안 될까요?"

"국제행사에 계급장 달고 갑니까? 총장님께 일단 보고 드립시다."

참모부장들은 인사기록 카드를 들고 서둘러 이세호 참모총장실로 갔다.

"총장님, 문제가 있습니다."

"뭐야?"

"대령으로 연대장 임기를 채우지 못했습니다."

인사기록 카드를 본 이세호 참모총장은 말했다.

"이진삼 대령? 혹시 방첩부대 특공대장으로 내가 6군단장 시절 1968년 1·21사태 때 김신조와 작전했던 장교 아니야? 애들 같은 소리 하지 마. 대령이면 어때. 임무 위주야. 사격지도단장도 지휘관이야. 장군자리로 발탁되는 것 아닌가. 연대장 20개월 이상 보직 규정은 참모총장의 명령이다. 즉시 명령 내."

육군본부 인사참모부장으로부터 20사단장에게 3일 이내에 이·취임식하고 보내라는 지시가 내려왔다. 나는 육군본부 직할부대인 사격지도단이 무엇을 하는 부대인지 잘 몰랐다. 육군본부는 연대장 20개월을 마치지 못한 것이 문제가 없도록 인사기록 카드에 '발탁'이라 기록하고 명령을 하달했다. 1980년 8월에 있을 제22회 모스크바 올림픽에서 사격 금메달 따라는 명령이다. 사격 금메달은 남자 9개, 여자 4개 도합 13개 메달박스로 비중이 크다. 역사상 금메달 근처에도 가본 적 없는 걸음마 어린이에게 세계대회에 나가 금메달을 획득하라는 높은 분들……, 부딪쳐 해내는 수밖에.

훈련의 시스템화

사격을 잘하기 위해서는 무엇보다 체력이 튼튼해야 한다. 상체는 물론 특히 하체가 튼튼해야 한다. 체력단련을 잘 시키는 체육장교를 전군에서 뽑았다. 체육대학 출신의 중위 권봉안을 선발했다. 사격연습을 끝내면 오후 4시부터 강력한 체력단련을 하도록 지시하였다. 장병들의 기본 훈련은 체력, 기술, 정신임을 강조하였다. 대령 반준석 부단장에게 급식과 특식 등 보급문제에 신경 쓸 것을 지시하는 한편, 단장인 나는 총기와 장비 관리, 훈련, 담력 향상, 체력 관리, 수면 관리, 유명한 외국 코치 초빙, 형이상학적, 형이하학적 모든 기법을 적용하는 등 성적 향상에 집중했다.

사격, 골프, 궁도 등 자신과 싸우는 운동은 단체 운동과 달리 담력이 강해야 한다. 집중력과 인내심 그리고 끈질긴 개인 노력을 필요로 하는 종목이다.

일일 주간 단위로 사격 연습한 결과를 훈련장 입구에 써 붙이게 하여 개인별 관리를 했다. 정신적 안정을 위해 녹음테이프, 음악, 성경, 찬송, 기도 등을 개인 방마다 틀어주어 편안한 잠을 잘 수 있게 했다. 특히 외국에서 개최된 국제시합의 경우 시차로 인한 수면부족과 불안감 해소를 위한 취침 녹음테이프 청취는 메달 획득에 큰 성과를 올렸다. 지금은 그런 모든 것들이 당연시 됐지만 당시만 해도 획기적인 훈련 방법이었다. 때로는 스파르타식 지옥훈련을 했다. 배구, 탁구, 야구와 같은 근육을 흔드는 운동은 삼가도록 하는 등 체력단련도 방법을 이전과 달리했다. 감독, 선수 혼연일체, 신명나면서 능률이 오르고 사기도 오르면서 일신우일신 日新又日新, 날로 눈에 보일 정도로 성적이 향상되었다. 부대 전 장병 모두 자기 책임하에 경쟁적으로 열심히 목표를 향하여 뛰었다.

국제대회 참가

사격지도단을 이끌고 제일 먼저 국제대회에 참가한 것은 1978년 12월에 열린 '8회 방콕아시안게임'이었다. 박종길 준위가 국제대회 최초로 속사권총에서 금메달을 목에 걸었다. 금 1, 은 2, 동 6개 등 총 9개를 획득 종합 3위를 했다.

1980년 1월에 있었던 제4회 필리핀 마닐라 선수권대회에서는 12개국 중 금 9, 은 17, 동 5개 등 총 31개의 메달을 획득하여 2위를 하는 등 성적은 계속 향상되었다. 1980년 9월 일본 아세하라 국제대회에서는 서독, 일본, 중공, 미국을 제치고 1위를 하는 등 국위를 크게 선양했으며, 1981년 4월 멕시코 베니토후아레스 국제사격대회에서는 21개 참가국 중 종합 4위를 획득했다. 그러나 우리가 심혈을 기울인 1980년 8월 제22회 모스크바 올림픽은 공산주의와의 냉전으로 미국, 영국 등 자유 우방과 한국의 불참으로 81개국만이 참가하는 21개 종목 반쪽 대회가 되었다.

  미래의 영광과 희망 모두를 선수와 코치 등에게 맡기고 보람과 아쉬움을 남긴 채 1980년 7월 육사 4년 선배 한일수 장군(육사 11기)에게 인계하고 제9공수특전여단장으로 부임했다.

03 장군의 길

- 10·26과 제5공화국 출범
- 21사단장
- 3군단장
- 참모차장
- 군사령관
- 제4땅굴 발견
- 참모총장

10·26과 제5공화국 출범

혼돈의 시기

 1961년 5월16일 박정희 대통령이 혁명을 완수한 후 민정에 이양하고 본연의 임무로 돌아간다고 공약을 했다. 국력을 키우고 부강하게 만든 건 다행스러운 일이다. 특히 집권 기간의 절반 즈음에 유신헌법을 만들어 나라를 더 발전시키려는 명분을 내세웠으나 '유신'이라는 것이 일반 사람들 입장에선 '직접선거제'를 '간접선거제'로 바꾼 것에 불과했다. 7년 후 유신체제는 무너졌고 국가적으로 불행한 사건이 일어났다.
 1979년 10월 18일, 경제가 침체된 부산과 마산에서는 참다못한 시민들이 봉기했다. 이른바 '부마항쟁'으로 일컬어지는 현장을 목격한 김재규 중앙정보부장은 "이래선 안 된다"고 박정희 대통령에게 보고를 했다. 어쩌면 4·19보다 더 큰 회오리가 될 거라 판단했던 것이다. 그러자 옆에서 함께 듣고 있던 차지철 경호실장이 "캄보디아에선 200만 명을 죽였는데 우리라고 100만~200만 명을 못 죽이겠느냐"고 끼어들었다. 김 부장은 불길함을 감지했고 김계원 비서실장을 만나 "차지철이 저러면 안 되는데"라며 걱정했다. 그리고 8일 후인 10월 26일 밤 10~11시쯤, 박정희 대통령이 김재규 중앙정보부장에게 시해를 당한 불행한 소식이 전해졌다.

전군은 비상경계 태세에 들어갔다. 국무총리로 대임大任을 맡게 된 최규하 대통령 권한대행은 27일 새벽, 국방부에서 비상국무회의를 주재, 제주도를 제외한 전국에 비상계엄령을 선포하기에 이르렀다. 나는 급히 부대에 복귀했다. 나의 사무실에 20사단의 박준병 사단장이 와 있었다. 우리 부대를 사단사령부로 정하고 태릉 배 밭에 4개 연대를 배치시켜 놓았다. 북한의 도발에 응전태세를 갖추고 만약에 있을 사태에 대비하고 있었다. 이를 지켜볼 수밖에 없던 나로서는 마음이 몹시 착잡했다. "불행은 결코 혼자 오지 않는다."고 했다. 10·26 당시가 그러했다. 1979년 초부터 몰아닥친 2차 오일쇼크로 우리의 경제는 몹시 휘청거렸다. 그 이전인 1973년의 1차 오일쇼크는 그럭저럭 버텨냈지만, 1979년에는 중화학공업을 중심으로 경제의 규모가 커져 있던 터라 사정이 달랐다. 설상가상으로 박정희 대통령의 갑작스러운 서거로 우리 사회는 표류할 수밖에 없었다.

그 어느 때보다 군의 임무가 막중했다. 우리의 사정에 북한의 김일성이 쾌재를 부를 게 틀림없다. 군은 북한의 어떠한 도발에도 우리 국민과 국토를 지켜낼 수 있다는 자신감을 보여야 국민이 안심할 수 있기에 어느 때보다도 군 내부의 단결이 절실히 요구되는 상황이었다.

정승화 육군참모총장에게 관심이 쏠릴 수밖에 없었다.

정승화 육군참모총장

김재규 중앙정보부장과 정승화 육군참모총장은 각각 육사 2기와 5기로 친분이 두터웠다. 대통령 시해 사건이 있던 그 시각, 근처에 있던 정 총장은 김 부장과 같이 차를 타고 밖으로 나갔다. 이후 정 총장이 계엄사령관이라는 막중한 책임을 지면서 문제가 불거졌다.

정 총장은 자신이 대통령 시해 사건 현장 근처에 있었다는 점을 의식, 자진해서 합수부合搜部 수사관을 불러 조사를 받았지만, 그 문제는 그렇게 넘어갈 사안이 아니었다. 육군의 최고책임자가 국가원수이자 국군통수권자인 대통령이 시해당하는 현장 주변에 있었다면 도의적 책임을 져야 했다. 정 총장이 김 부장의 범행 기도를 전혀 눈치 채지 못하고 현장에 갔더라도 마찬가지다. 정말로 눈치 채지 못했다면 적어도 이용당한 것은 부정할 수 없는 사실이었다.

정 총장이 김 부장의 식사 초대를 받아 사건 현장 바로 옆 건물에 가 있던 상황에서 대통령 시해 사건이 발생했던 것이다. 김 부장의 부하들은 정 총장이 와 있다는 사실만으로도 심리적 불안감을 덜어낼 수 있었을 테니까 사건 직후 정 총장은 법적이든 도의적이든 책임을 지고 물러났어야 했다. 그럼에도 계엄사령관이 된 정 총장은 노재현 국방장관과 더불어 새로운 권력의 핵심으로 급부상했다. 두 사람은 최규하 대통령 권한대행을 차기 대통령으로 옹립하는 데 중요한 역할을 했다. 1979년 12월 6일, 통일주체국민회의에서 최규하 대통령 권한대행이 제10대 대통령으로 당선되었으나 혼돈에 휩싸인 위기의 나라를 이끌어갈 의지와 힘은 부족해 보였다. 그런 가운데 12월 12일 군 내부 충돌은 우리 사회의 안정을 오리무중으로 몰아넣었다. 이른바 신군부 세력이 권력의 중심축으로 급부상하는 계기가 되었다. 나는 12·12사태 시 현장에 있지 않아 내용을 알지 못했다. 하지만 내가 알고 있는 12·12사태의 전모는 밝힐 필요가 있다고 생각한다. 많은 사람들이 오해하고 있는 부분이 있기 때문이다. 당시 보안사령관과 합동수사본부의 본부장을 맡고 있던 전두환 장군은 국가원수를 시해한 김재규를 수사하는 과정에서 그 사건과 관련이 있다고 의심되는 정승화 육군참모총장을 수사할 수밖에 없었다. 전 본부장으로서는 합수부를 지휘하는 직속상관인 정 총장을 수사하는 절차와 방법에 어려움을 겪던 중, 도의적인 책임을 면할 수 없다고 판단해 참모총장직(계엄사령관)에서 물러나 합참의장으로 올라갈 것을 권고

하고자 했다. 정 총장 스스로 최규하 대통령에게 건의하여 실권 없는 합참의장으로 옮겨가도록 했던 것이다. 그런데 상황은 전혀 예기치 못한 방향으로 치달았다. 총장 공관에서 충돌이 발생했던 것이다. 돌발 사고였다. 그때 만약에 정 총장을 강권으로 데려가려고 했으면 전투 요원이 정 총장 공관으로 갔을 텐데 이학봉, 우경윤 등 대령들이 모시러 갔다. 다행히 최 대통령이 사후 승인을 하는 후속 인사 조치를 단행해 군 지휘체계를 갖추게 되었다. 따라서 12·12사태를 두고 쿠데타 운운은 사실과 다르다.

때를 같이하여 사회 각 분야 여기저기에서 민주화 요구가 봇물 터지듯 쏟아져 나왔다. 하지만 이를 수용하고 조절할, 현실적인 권위는 찾아볼 수 없는 혼돈의 연속이었다. 상황은 점점 신군부 세력의 등장으로 전개되었다.

장군이 되다

1979년 12·12 사태가 일어나기 몇 시간 전인 오후 2시 30분, 정승화 참모총장의 수행부관 이재천 소령으로부터 전화 한 통을 받았다.

"대대장님, 오늘 날씨 좋습니다."

"그래. 날씨 좋다."

"대대장님, 돼…… 돼…… 됐습니다."

그의 목소리는 떨리면서 몹시 격앙되어 있었다.

"뭐라고?"

나는 되물었다.

"됐…… 됐습니다, 장군."

그는 끝내 말을 잇지 못했다.

"알았다. 전화 끊어."

나는 소문이 나면 안 된다는 생각을 했다. 아직 최종 결재권자 최규하 대통령 결재가 나지 않은 상태였다. 진급 장군 명단을 가지고 정 총장이 청와대로 출발하기 위해 준비하고 있었다. 전화를 걸어온 수행부관 이재천 소령은 육사 28기로 내가 8사단 21연대 3대대장 재직 시, 9중대 화기소대 초임 소대장이었다. 직접 모셨던 대대장이 1차로 장군이 되었으니 얼마나 흥분 되었겠는가. 지금도 그때 그의 격앙된 목소리가 생생하다. 그날 그의 전화는 두고두고 잊을 수 없다. 1979년 12월 12일, 육사 15기 동기생 중 최초로 3명이 최규하 대통령으로부터 결재를 받고 1980년 1월 1일 장군으로 진급했다.

구제救濟

1979년 12·12 오후 7시 40분, 정승화 참모총장 내외와 이재천 소령은 한남동 총장 공관에서 외출 준비를 하고 있었다. 전두환 합동수사본부장 부관 황진아 소령으로부터 전화가 걸려온 건 그때였다. "보안사 정보처장 권정달 대령이 보고 건이 있어 공관을 방문한다."는 내용이었다. 전화를 끊은 지 얼마 지나지 않아 한남동 공관으로 대령 몇 명과 수사관들이 방문했다. 그때 수행 부관이었던 이재천 소령은 노재현 국방부 장관과 참모총장과의 통화를 연결 중이었다. 순간, 권총 2발이 전화를 걸고 있던 이 소령에게 발사되었다. 1발은 갈비뼈를 관통하고 다른 1발은 권총을 차고 있던 혁대를 관통, 실신하여 한남동 순천향병원으로 후송되었다. 간이 파열되었고 소장을 절단해야 하는 대수술을 받아야 했다. 장장 13시간에 걸친 수술이었다. 겨우 목숨을 건졌으나 또 다른 시련이 그를 기다리고 있었다.

1980년 1월 초, 나는 장군 계급장을 달고 순천향 병원을 찾아갔다. 이 소령의 상태를 알기 위해서였다. 하지만 중환자라 면회할 수 없어 병원장과 주치의의 설명만 듣고 발길을 돌려야 했다. 군 생활 여부는 2개월 후에나 알 수 있다고 했다. 아무런 위해를 가할 상황이 아니었다. 적을 향해서는 총 한

번 쏴본 적도 없는 수사관이 이 소령에게 총을 쏘다니, 나는 총을 쏜 수사관을 이해할 수 없었다.

나는 전두환 합수본부장을 찾아갔다. 이재천 소령을 처벌, 전역시키겠다는 합수부 계획을 안 직후였다. 이 소령이 계속 군 생활을 할 수 있도록 돕고 싶었다. 1980년 1월 말 준장인 나는 소장 전두환 합수본부장에게 이 소령이 총격을 먼저 당한 사실, 그의 군 생활 면면과 나와의 관계, 그리고 대령 황원탁 수석부관의 훌륭한 군인상을 설명했다. 내 말을 들은 전두환 합수본부장은 즉시 수사관 이 대령을 불러 "이진삼이 원하는 대로 해."라고 지시했다.

합수부는 총격 사건으로 수석부관 황원탁 대령과 수행부관 이재천 소령을 구속하고 옷을 벗기려 했다. 나는 그들을 향해 이 소령이 도망을 갔다면 구속하고 군법회의에 회부해야 하지만, 목숨 걸고 상급자를 보호한 것은 용감한 정신이라 변호했고, 황원탁 대령 또한 내가 보장하는 훌륭한 후배임을 강조했다. 황 대령은 2군사령부 참모부로 보직되었다. 나를 아껴주는 2군사령관 차규헌 대장에게 황 대령을 돌봐줄 것을 부탁드렸다.

자신이 소대장 시절에 대대장으로 모셨던 상관이 장군이 된다는 사실을 알고 제 일처럼 좋아했던 이 소령이다. 어찌 내가 모른 척할 수 있는가. 보호해야 했다. 내가 데려다 쓰겠다고까지 했다. 이를 본 대부분의 사람들은 당시는 나의 고집으로 황원탁 대령과 이재천 소령이 순간의 위기는 면했지만, 정 총장의 수석부관과 수행부관이었다는 것으로 종국에는 예편될 것이라 예상했다. 중령 진급은커녕 장군이 될 것은 누구도 예측하지 못했다.

내가 8사단에서 15사단으로 쫓겨 갔던 1973년 3월의 일을 생각하며 많은 이들의 반대에도 불구하고 전역 예정이었던 이재천 소령을 육군대학에 입교하도록 주선해 주었다. 이 소령은 졸업 2주를 앞두고 9공수특전여단장인 나를 찾아와 "8사단 21연대 작전주임 자리가 곧 비는데 가고 싶습니다. 육사 17기 김상욱 대령이 8사단 21연대장으로 내정되어 있답니다. 저는 연대 작전주임 하고 싶습니다."라고 했다. 7년 전 소대장이었던 그가 대대장이었던 내게 하는 말이었다. 나는 "알았다"며 즉시 의정부 한미 야전사령부에 있는 김상욱 대령에게 전화를 걸었다. "이번에 150명 중 2등으로 육군대학을 졸업하는 이재천 소령이 있는데 내가 대대장 때 우수한 소대장이었어. 연대 작전주임으로 잘 데리고 있게."라는 요청에 김상욱 대령은 불문곡직하고 "알겠습니다. 제가 쓰겠습니다." 하였다. 이를 본 이 소령이 바닥에 엎드려 내게 큰절을 했다. 나는 눈물을 감추며 돌아가는 이 소령에게 교육비를 담은 봉투를 건넸다. "괜찮다"며 한사코 거절하는 그의 손에 봉투를 쥐어주자 그가 큰소리로 "충성!" 하며 경례를 했다. 그런 그를 현관까지 나와 주임상사에게 차량으로 서울역까지 배웅하도록 했다. 순간 차에 오르는 이 소령의 뒷모습이 내 눈에 잡히면서 나도 눈물이 났다. 힘들었을 텐데 열심히 공부하고 버텨낸 것이 기특했다.

그 후 일주일, 이 소령으로부터 전화가 왔다. "죄송합니다. 육군대학에서 교관요원으로 지명 차출되어 전방으로 가지 못하게 되었습니다."라며 미안해 어쩔 줄 몰라 했다. 나는 이 소령에게 "괜찮아. 잘됐다"면서 독일의 롬멜 장군도 교관을 하면서 《보병전술》이란 책을 써서 초급간부들 교재로 사용하고, 적국이었던 이태리에서도 30만 권이나 팔렸던 일을 말하며 격려해 주었다.

"교관이 중요한 직책이다. 육군대학에서 최고의 모범교관으로 솔선수범하기 바란다. 다음에는 나하고 같이 근무하자."

이후 그를 다시 만난 것은 육군대학 교관을 마치고 중령이 되어 2사단 32연대 1대대장을 하고 있을 때였다. 21사단장으로 있던 1984년 12월, 3군단 훈련 시범장에서 뜻밖에 이재천 중령을 만났다. 그곳에는 군단 내 지휘관 중령 300여 명과 대령 50여 명이 함께 있었다. 나는 그들이 지켜보는 가운데, 앉아 있는 이 중령 뒤에서 그의 엉덩이를 차며 "이재천 중령 아니야? 자네 지금 어디 있나?" 하고 큰 소리로 말을 건넸다. 그러자 이 중령은 "네, 2사단에서 대대장을 하고 있습니다."라고 했다. "나한테 들러." 나는 많은 지휘관들 앞에서 큰 소리로 말했다. 이는 다분히 의도적이었다. 인접 사단 사단장을 찾아온다는 것은 쉬운 일이 아니다. 나는 이재천 중령의 사기를 올려 주기 위해 많은 장교들 앞에서 일부러 큰 소리로 말을 했던 것이다.

1985년 1월, 나는 격려금을 봉투에 넣어 사단 주임상사를 통해 2사단 32연대 1대대장 이 중령에게 전하고, 정보사령관으로 명령받고 21사단을 떠났다.

1987년 1월, 이번에는 내가 중장으로 진급, 전방 3군단장으로 부임했을 때 이 중령은 대대장을 마치고 2사단 군수참모로 근무하고 있었다. 나는 군단장으로 예하 부대인 2사단을 방문했다. 방문을 마치고 헬리콥터에 오르며 사단장인 도일규 소장에게 이재천 군수참모에 대한 당부의 말을 잊지 않았다.

"이재천 중령, 잘 하지? 관심 갖고 잘 보살펴 주도록."

"알겠습니다."

내 심중을 헤아리는 사단장의 대답이었다.

1988년 7월 1일, 나는 참모차장으로 자리를 옮겨 갔다. 육군군수참모부장에게 2사단 이재천 군수참모를 아는가 물었다.

"잘 압니다. 아주 똑똑합니다."

우수하고 군인다운 이재천 장교는 막강한 참모차장의 관심 장교가 되었다. 그가 모든 것을 이겨내고 장군까지 할 수 있었던 것은 강한 의지로 위기를 극복하고 어떠한 상황에서도 최선을 다한 유능한 장교였기 때문이다.

외롭고 연약한 자를 돕는 억강부약抑强扶弱이라기보다 결국 우수하고 훌륭한 군인이었기에 관심을 가졌던 것이다.

서울의 봄

1980년 봄, 소위 '서울의 봄'이라 일컫던 분위기는 점점 냉정을 잃어갔다. 1980

년의 봄은 5·17 계엄령 확대로 이어졌다. 당시의 국내 상황을 안일하게 보는 사람들이 지금도 많은 것 같다. 하지만 국가안보에 관계된 사람은 말할 것도 없고 조금이라도 관심을 갖고 있는 사람이라면 그렇게 안이하게 생각하지는 않을 것이다. 민주주의만 부르짖었지 혼란을 수습하고 질서를 찾으려고 노력하는 정치인들은 보기 힘들었다. 오히려 거리로 뛰쳐나온 학생과 재야인사들을 선동하고 부추겨 혼란을 가중시킬 뿐 수습하려는 의지는 보여주지 않았다.

이때 북한은 비상을 걸어 놓았다. 많은 장군들은 북한이 간첩을 침투시켜 후방을 교란시킬 것으로 예상했다. 북한이 전방은 전방대로 준비하고 20만 명의 특수전부대원을 차례로 후방에 침투시킨다면 엄청나게 혼란에 빠질 상황이었다. 우리 수도권의 비대화는 그때나 지금이나 안보상 가장 큰 취약점이 아닐 수 없다. 수도권에 포탄 몇 발만 떨어져도 끔찍한 일이 벌어지게 돼 있다. 병력의 대부분이 전방에 집중, 수도권에는 없기 때문이다.

전쟁 준비가 가장 잘 돼 있는 상태는 군이 주둔지역에 있을 때다. 훈련장에 나가 있으면 준비태세가 오히려 취약하다. 또 대간첩작전으로 부대원들이 출동해 있어도 문제가 있다.

5·18

5·18은 유언비어로부터 비롯되었다고 해도 과언이 아니다. "경상도 군인들이 광주시민들 씨를 말리러 왔다" "무지막지한 군인이 임산부의 배를 갈라 태아를 잘라 냈다" "처녀의 젖가슴을 도려냈다" 등 수많은 유언비어가 사실인 듯 발 없는 말이 천리를 떠돌아다녔다. 주한미군 철수와 반미투쟁 선동 등 북한의 무력적화 통일전술 전략의 주장과 너무도 궤를 같이 하고 있는 전국의 용공세력들이 광주로 몰려들어 광주 지역 주민을 부추겼던 것이다. 서울을 비롯하여 전국에 있는 용공분자와 지하조직들이 교도소와 무기

고를 습격하고 군 장비를 탈취해 그곳에 있던 아시아자동차가 만든 APC 장갑차를 앞세우고 나주, 화순, 담양 등 인근 지역으로 확산되었다. 군을 투입시키지 않을 수 없었다. 지하조직들은 반대쪽 건물에서 시위하는 군중들을 향해 총을 쏘았다. 데모하던 군중들은 그것이 군이 쏜 줄 알고 군을 향해 총을 쏴댔다. 슬픈 역사가 아닐 수 없다. 더구나 사후 수습이 잘못 되었다. 정확한 원인과 사인死因 규명을 기초로 한 처벌과 보상이 있어야 했는데 분위기에 휩쓸려 엉뚱한 결과를 가져왔다. 그렇게 시작된 5·18은 전두환 장군이 상임위원장이 된 '국가보위비상대책위원회'의 발족으로 끝을 맺었다.

직언직설直言直說

1980년 5월 17일, 자정이 되면서 제주도를 제외한 전국에 계엄이 선포되고 국회 기능이 정지되었다. 5월 27일, 국무회의에서 '국가보위비상대책위원회' 설치령을 가결했다. 시기적으로 매우 민감한 때라 대내외적으로 보안에 부쳤다가, 5월 31일에 이르러 정부 대변인 이광표 문공부 장관이 국보위 설치 사실을 공식적으로 발표했다. 그 즈음, 전 위원장이 그의 사무실로 불러 내 의중을 물었다.

"사람들은 나더러 대통령을 하라고 하는데, 이진삼 생각은 어때?"

"솔직히 말씀드리면, 지금 민감한 시기에 집권을 하게 되면 국민들은 마치 5·18이 집권하기 위한 수순을 밟은 듯 오해하기 십상입니다. 차라리 모든 것 내려놓으시고 김포비행장으로 향하십시오. 외국에 나가 계시지요. 5년 후, 다시 돌아오시면 그때는 김포 비행장에 인파가 새까맣게 몰려들지 않겠습니까. 제 생각을 간단히 말씀드리면 1960년 3·15는 이기붕을 부통령 시키려고 부정선거를 하지 않았습니까. 결국 이 대통령이 하야, 하와이로 망명하고 이기붕 일가가 자살했죠. 그 후 1년간 여·야 정쟁으로 국가혼란을 자초해 1961년에 5·16이 일어나지 않았습니까?"

나는 그랬다. 그때 당장에 대통령을 하는 것보단 5년 후를 생각하라는 간접표현을 했다. 그러나 내 의중을 듣고 있던 전 장군의 표정에선 이미 내 생각과는 다른 방향으로 마음이 기울어 있는 듯했다. 1주일 후, 전 위원장은 허화평 비서실장을 통해 나를 호출했다. 그 자리에서 전全 위원장은 또다시 내게 물었다.

"이진삼, 어떻게 하지? 여러 사람들이 자꾸 내게 집권하라고 해. 국가의 어려운 문제를 극복해 나가기 위해 집권해야 된다고. 특히 선배들 말이 많은데 어떻게 생각해?"

"만약 하신다면 깨끗하고 멋있게 하셔야죠. 단군 이래 천추에 빛나는 대통령 해야 되지 않겠습니까?"

전두환 장군은 후에도 여러 가지 문제에 대해 상의를 해왔고, 그때마다 나는 소신껏 직언을 했다. 전두환 장군은 군인 그대로 솔직하고 통 큰 남자다운 기질의 소유자다. 시쳇말로 기분파이면서 부하들에 대한 포용력이 크다.

정치권의 유혹

5·17 이후 민정당을 창당하면서 충남 부여 출신인 나를 민정당 충남도당위원장 겸 국회의원에 출마할 후보로 추천했다. 그러나 나는 이를 완강히 거절하고 국가보위비상대책위원장이었던 전두환 장군을 찾아갔다.

"몸을 가누지 못하고 정신이 몽롱한 상태가 아닌 이상 목숨 바쳐 충성하는 군인으로 남겠습니다."

"맞아, 동기생 중 1차로 장군이 되었는데 군대에 그대로 있어. 군인이 최고 좋지. 나더러 사단장 하라면 다시 하겠어. 경호실장 하라는 것도 이 장군이 원치 않는다고 해서 1년 후배 장세동으로 결정했어. 군에 그대로 있어."

이후로도 정치권에서의 유혹은 이어졌다. 1985년 2월 12일 총선 때에도 이어졌다. 나는 이 또한 완강히 거절했다.

제5공화국의 출범

1979년 10월 26일, 박 대통령 서거 이후 유신헌법을 대체할 헌법 개정작업이 정부 주도로 진행되었다. 1972년 이후 유신헌법으로 치러진 두 차례의 대통령 선거 모두가 통일주체국민회의에서 대통령을 뽑는 간선제였다. 그러다보니 1980년 초, 서울의 봄 분위기에서는 대통령 직선제가 대세를 이루었다. 그러나 5·17 이후로 분위기는 확 바뀌었다. 신군부에서 대통령 간선제를 주장하고 나섰기 때문이다. 문제는 임기였다. 대통령의 임기를 두고 신군부 실세들 간에는 미묘한 신경전이 전개되었다. 당시 유신헌법은 대통령의 임기와 국회의원의 임기를 모두 6년으로 규정했던 터라, 대부분의 사람들은 6년이란 숫자에 익숙해 있었다. 다만 장기 집권의 폐단을 막는 단임제 장치를 두는 것에 역점을 두었다. 국보위 상임위원인 노태우 수도경비사령관도 동의했다. 하지만 전두환 위원장은 생각이 달랐다. 프랑스의 예를 들며 대통령의 임기는 7년은 되어야 한다고 했다. 6년보다는 7년이 낫다는 심중을 드러냈다. 이로써 제5공화국 대통령의 임기는 사실상 7년으로 확정되었다. 이런 가운데 최규하 대통령이 하야 성명을 발표했다. 머지않아 사라질 운명에 처한 유신헌법에 의해 8월 27일에 소집된 통일주체국민회의에서 전두환 국보위상임위원장은 제11대 대통령으로 선출되었다. 1980년 9월 1일에 대통령으로 취임하여 최규하 대통령의 잔여 임기 7개월간 대통령을 하였다. 이듬해인 1981년 2월 25일에 다시 대통령 선거가 있었다. 5,271명의 대통령 선거인들이 전국 77곳의 투표장에서 대통령을 선출했다. 전두환, 유치송, 김종철, 김의택 등 네 명의 후보가 출마했고, 전두환 대통령은 전체 투표수의 90.2퍼센트인 4,775표를 얻어 7년 임기의 12대 대통령으로 선출되었다. 오늘의 시각으로 바라보면 민주주의와는 거리가 먼 일이지만 당시로서는 유신헌법에 비해 진일보한 것이었다.

후계자가 된 노태우

1985년 2월 12일에 있었던 12대 총선은 사실상 집권 여당인 민정당의 참패나 진배없었다. 1980년 봄 이후 5년 넘게 눌려 왔던 민주화의 열망이 선거 기간 중 폭발한 것이다. 민주화의 핵심은 대통령 직선제였다. 때를 같이해 대통령이 되고자 생애를 건 투쟁을 해온 김대중과 김영삼은 선거 투쟁의 사령탑이었다. 때마침 민정당 대표에 있었던 노태우가 후계자로 지목되면서 대통령 후보로 필요하다고 생각되는 자리를 맡아 경험을 쌓아갔다. 내 생각으로 노태우 대표가 후계자가 되었던 것은 우리나라의 남북 대치 상황에서 안보를 아는 후임자를 선택한 것이 아니었을까 한다.

21사단장

> 저 이름 모를 산과 들에서 적과 싸우다 쓰러질 적에 다친 상처를 싸매주고 물을 먹여 주며 마지막에는 시체를 거두어 주는 것도 전우임을 인식하여 철석같은 단결을 하여야 한다.
> 병사들은 "소대장님, 분대장님, 위험합니다. 조심하십시오." 하면서 눈을 감는다. 이 때 옆에는 형제와 부모님이 계시지 않고 오직 전우만이 있을 뿐이다.
> 이진삼

최초 사단장
★★

참모총장 황영시 장군은 사단장 결정이 되자 총장실로 나를 호출하였다.

1980년 7월, 사격지도단장을 마치고 9공수특전여단장으로 보직 받은 지 28개월 후인 1982년 12월 소장으로 진급, 동기생 중 유일하게 사단장으로 보직 받았다.

"총장님, 대한민국 전방 중 가장 힘들고 오지인 험한 사단으로 보내주십시오."

나는 가장 험한 21사단을 희망하였다.

황영시 총장은 대통령이 결재하면서 나눴던 이야기를 전했다. 대통령은 이번 교체되는 사단장 5명 중에서 나를 지적하며 "이진삼 내보내시오. 전형적인 야전성 있는 군인이오. 25사단 72연대 윤필용 연대장 밑에서 중위 중대장으로 윤 장군이 서울로 외출 나올 때마다 어찌나 자랑을 하던지. 공비든 간첩이든 끝까지 추격하는 충청도 부여 출신"이라고 했다는 말을 전하면서 황 총장은 대통령으로부터 들었다고 했다.

"진급은 대통령이 결정하지만 보직은 내가 결정할 수 있지."

"이번에 21사단장 임기가 다 된 걸로 아는데 그곳으로 보내주십시오. 정규 육사 출신 21사단장은 제가 처음인 줄 알고 있습니다."

재차 강력히 요청하자 황 총장은 신치구 장군에 이어 나를 21사단의 사단장으로 발령 냈다. 이후 황 총장은 본인이 자처해 21사단 보직을 원한 것을 대통령에게 보고했다.

2년 1개월 동안 나는 전면이 제일 넓고 험준한 산악사단에서 혼신의 노력을 했다. 넓은 지역의 경계와 작전을 비롯하여 땅굴 발견 기초를 다지고 땅굴 발견 작전에 들어갔다.

운명은 만드는 것

"이진삼 장군이 21사단장으로 올 사람이 아니야. 다시 알아 봐. 육군본부로 전화 걸어 확인해!"

사단장 신치구 장군은 내가 21사단장으로 온다는 연락을 받고 잘못 들은 줄 알았다고 했다. 서울 근처에 근무할 장군이지 험한 지역에 올 사람이 아니라 여겼기 때문이다. 사단 참모장 김동준 대령에게 육군본부에 전화를 걸어 확인하도록 했다. "확실합니다. 21사단장을 본인이 희망하였답니다."는 말을 듣고 나서야 21사단장으로 부임하는 것을 믿었다. 21사단장은 대부분의 장군들이 꺼리는 곳이다. 그러나 나는 21사단장, 3군단장, 1군사령관 등 지휘관 보직 때마다 내 고집대로 최전방의 근무지를 택했다. 좋은 것만 찾으면 할 수 있는 일이 없다. 일신의 영달을 위함보다는 어렵고 힘든 직책을 군인의 보람으로 알고 최선을 다하는 것이 바로 솔선수범이다. 솔선수범은 말로 하는 것이 아니라 실천으로 보여주어야 한다. 21사단은 전방 최고 오지의 험한 산악 지역으로 지형뿐만 아니라 기상과도 싸워야 한다. 혹한, 폭설, 강풍, 수해, 200km에 달하는 도로망 유지, 급커브, 경사, 빙판, 교통사고

1983년 3월, 21사단장

등 어려움이 이루 말할 수 없다. 사단 내의 전방을 차로 가는 게 아니라 때로는 헬기로 가야 했다. 더구나 겨울 보급, 급수, 세탁, 목욕 등 병사들 고생이 많다. 서부 지역 지휘관들은 그 상황을 이해하기는커녕 상상도 못한다.

운명이란 주어진 것이 아니라 스스로가 만드는 것이다. 내가 수도권의 보직을 마다하고 험하고 어려운 곳을 찾아 들어간 것 또한 오늘의 내가 있게 한 것이다.

산악사단장

양구 지역 죽곡리 산골에 위치하고 있는 산악사단은 양구군 방산면과 동면, 남면 일대를 책임지는 동부 최전선 지역이다. 특히 이 일대는 6·25전쟁 당시 격전지로서 펀치볼 전투를 비롯하여 해병대의 도솔산, 피의 능선 가칠봉 전투 등 전쟁사에 길이 남을 수많은 전적비가 세워진 최전방 산악으로 피아간 치열한 격전지다. 한국전사에 길이 남을 한국군과 미군이 북괴와 중공군 간 악전고투했던 속칭 김일성, 모택동, 스탈린 고지를 앞에 둔 백석산(1,142m) 문등리, 사태리 계곡, 대우산(1,179m) 등도 있다.

1990년 3월 3일, 제4땅굴이 발견된 가칠봉은 6·25 때 치열한 전투가 벌어졌던 곳 중 하나다. 6·25 당시 김일성은 가칠봉 일대를 일컬어 '남조선 장교의 군번줄 한 트럭을 준다 해도 바꾸지 않겠다.'고 했을 만큼 전략 요충지로 피아간 치열한 교전 지역이었다.

취임식에서 나는 백두산부대의 전통과 동부 최전선 부대의 중요성을 강조하고 최강의 산악전투부대로 육성할 것을 다짐했다. 사단장으로 부임하자마자 적 침투에 철저히 대비했으며 무엇보다 적의 전면전에 대비한 산악, 야간, 동계, 근접 전투훈련을 강화하였다. 일단 유사시 현장에 뼈를 묻을 각오로 진지공사 등 전투 준비와 훈련에 최선을 다 하였다. 평시에 흘린 땀은 전시에 피와 맞바꾸겠다는 사단 전 장병들의 각오는 대단했다.

1984년 8월 일요일 오후, 계곡에서 관내 지휘관들 가족을 위한 불고기 파티를 하던 중 떠오른 시상詩想을 즉석에서 '영靈의 계곡'으로 읊어, 북괴와 1951년 8월 18일부터 9월 5일까지 18일간의 치열한 격전을 치렀던 983고지(피의 능선)의 전투에서 전사한 전우들의 영靈을 기리며 토해낸 말을 훗날 후배들이 비를 세웠다.

아군 326명이 전사했고, 414명이 실종되었으며 2,032명이 부상당했다. 북괴군은 1만 5천여 명이 사망 또는 부상당하는 등 최대의 혈전장이었다. 피로 계곡을 적신 피의능선 전투에서 피아를 구분하지 못하고 찾지 못한 행방불명 전사자가 1,500여 명으로 추정하고 있다. 한국과 미군 대 북괴와 중공군 지휘관들의 결전장으로 지역 확보를 위한 사생결단의 장으로 김일성이 수차 방문, 전쟁을 독려한 지역으로 유명하다.

심리전으로 귀순시킨 신중철

귀순자를 유도하기 위해 선무공작으로 시청각 심리전을 펼쳤다. 대북방송, 시각 매개물 설치, 전단 살포, 심리전 요원화 등 간첩을 잡았던 경험을 살려 대북 전단 책자 등의 내용을 심층 검토했다. 물론 북한도 우리를 향해 심리전을 펼쳤지만, 전력이 부족한 때문인지 우리만큼 활발하지는 못했다.

1983년 5월 7일, 휴전선을 넘어 북한 13사단 민경대대 참모장 신중철이 귀순해왔다. 현역 참모장의 귀순은 휴전 후 처음이었다. 신중철은 "김일성 부자의 계속되는 전쟁 준비에 따른 고달픈 군 생활과 남한의 발전상을 알고 귀순했다"는 진술과 함께 "북괴군이 사단 관할구역 내에서 땅굴을 파고 있다"는 귀중한 정보를 주었다. 땅굴 탐사에 대한 나의 집념은 더 강해졌다. 대대적인 땅굴 탐사 작업을 강행했다. 30여 곳에 시추작업을 벌였으나, 험

1983년 5월 7일, 귀순한 북한군 13사단 민경대대 참모장 신중철

한 지형과 기술상의 어려움으로 성과를 올리지 못했다.

땅굴에 대한 집념으로 21사단장 2년간 기초를 다지고 떠났다 중장으로 진급, 특전사령관을 사양하고 21사단을 관할하는 3군단장으로 1987년 1월 부임하여 땅굴 발견 작업을 계속 하였고 1989년 4월 3군단을 관할하는 1군사령관으로 부임, 1990년 3월 3일 끈질긴 노력과 집념으로 제4땅굴을 발견하였다.

땅굴 탐사 작전에 대한 7년여의 경과는 15장에서 다루기로 하겠다.

남조선 최고의 악질

내가 초급장교인 대위와 소령 시절 많은 적을 잡은 내용이 언론에 노출된

특공무술 지도하는 군단장

후, 장군이 되어 전방 지휘관으로 보직될 때마다 북괴는 확성기 방송을 통해 노골적으로 '남반부 장병을 괴롭히는 이진삼'이라며 입에 담지 못할 욕을 퍼부었다. 그럴 때마다 우리 장병들도 대응방송을 했다. 휴전선에서는 북한군이 종종 아군을 향해 총격을 가하는 일이 있었다. 그런 일이 벌어지면 '사단장인 내가 책임지겠다.'며 몇십 배의 대응사격으로 북괴군의 기를 꺾어놓았다. 1987년 1월 북한의 조국평화통일위원회 위원장 전금철은 평양에서 가진 내외신기자회견에서 "3군단장 이진삼은 북조선에서 남쪽을 침략했다고 까발리는 남조선 최고의 악질이다. 전투 준비를 강조하며 남조선 장병들을 괴롭히는 최고의 악질 선동분자"라고 방송했다. 미국장병들은 합동훈련 때마다 'Tiger General Lee(호랑이 장군)'라고 불렀다.

3군단장 시절, 팀 스피릿 훈련을 참관했던 노태우 대통령이 청군 미 2사단장이었던 팰리스 소장에게 "여러분의 청군 군단장 이진삼 장군은 내가 연대장 때 대대장이었고, 공수여단장인 때는 나의 참모장이었다."고 말하자 미 2사단장은 "우리 모든 장병들은 그를 Tiger General Lee"라 부른다고 말해 그 자리에 있던 모두가 박수를 치며 웃은 적이 있었다.

1989년 9월 미 전력사령관으로 떠나는 한미야전사령관 버바**Burba** 중장이 대장이 되어 고별인사차 1군사령부를 방문했다. 점심식사 메뉴로 불고기 파티를 하던 중 마이크를 잡은 버바 장군은 "나는 1959년 미국 육사를 졸업하였고 Tiger General Lee도 1959년 한국 육군사관학교를 졸업한 동기생이다. 그런데 오늘 나는 이상한 일을 발견했다. 호랑이는 생고기를 먹는데 오늘 고기를 왜 구워먹는지 이해를 못하겠다."고 했다. 나는 답사에서 "요사이 호랑이는 현대화되어 고기를 구워먹는다. 이것을 모르는 버바 장군은 현대화되는 한국군을 아직도 모르고 있다"고 해서 파티장이 웃음바다가 되었다.

귀한 집 자식

북한군이 나를 '남조선 최고의 악질'이라 하고 미국 장군이 '호랑이 장군'이라고 하는 것과는 달리, 같이 근무했던 사단 법무참모는 말한다.

"굉장히 강하고 엄한데 처벌하는 일은 한 번도 보지 못했다."

포병부대 부식차량을 운전하던 운전병이 빙판이 된 UN터널에서 전복, 선임 탑승자 중사가 사망한 사고가 있었다. 사단장으로 부임하기 2개월 전의 일이다. 법무참모가 운전병 처벌결재를 보고했다. 그런 그에게 사단장은 운전병이 운전면허를 어디서 받았는지를 물었다. 군대에서 받았다고 했다. 운전면허를 발급받은 지 3개월밖에 되지 않았던 것이다.

"1년 6개월 징역이 구형됐습니다. 6개월 감형시켜주셔도 됩니다."

나는 일갈했다.

"안 돼, 무죄야. 경고처분이다. 부식을 운반하다가 생긴 사고다. 운전 잘하는 병사를 보냈어야지. 이런 험한 지형에서 경험 없는 초보 운전병이 당황해 브레이크 밟으려다 액셀을 밟을 수 있는 일 아닌가. 운전병을 처벌하면 앞날이 어떻게 되겠는가?"

그러고는 포병대대 운전병을 사단 직할부대 수송부로 전속시키고, 배차한 수송관에게 경고장을 주도록 했다. 사단장은 법무참모가 직접 전 장병에게 사고 예방교육을 실시하여 장병의 사기를 죽이지 않을 것을 지시했다. 사고도 종류가 있다. 임무수행 중 사고였다. 상등병으로 운전대를 잡은 병사에게 처벌은 경우에 맞지 않는 일이다. 처벌에 앞서 구제가 먼저다. 장래가 구만리 같은 병사 인생에 전과자란 낙인이 찍히지 않도록 지시했다.

"법무참모! 귀한집 자식들을 부모 입장에서 생각해라."

사단장은 "내 아들도 전방 6사단 19연대 전투지원중대 소대장으로 근무 중이다." 법무참모는 이 사실을 전 사단 장병에게 대대별로 순회교육을 하면서 알렸다. 장병들은 사단장이 나타나면 여기저기서 함성을 질렀다. 장병들은 "열심히 근무하고 국가에 충성하겠다."는 다짐을 부모에게 편지 써 보냈다. 휴가를 나갔던 병사들로부터 이러한 사실을 전해들은 부모와 형제들로부터도 250여 통의 감사 편지가 날아들었다. 자식을 대하는 마음으로 부하를 살핀 자그마한 마음이 이렇게 큰 파장을 일으킬 줄 몰랐다. 그 후 전 장병은 험한 산악사단 21사단에서 차량사고 한 건도 없이 전역해 부모님 곁으로 돌아갔다. 사기충천한 가운데 부대 전투력이 향상되어 무적 산악사단이 되었다. 사단장의 장병들에 대한 조그마한 조치가 예상치 못한 부대 단결, 상경하애上敬下愛로 뭉쳐 강력한 백두산 부대가 되었다.

　법무참모가 사단 장병들의 사기와 전투력 증강에 크게 기여하였다. 21사단 부대 마크는 산 모양으로 백두산 부대다.

　"한 번 백두인은 영원한 백두인이다." 전역한 장병들의 구호다. 백두인은 지금도 나를 만나면 백두산 화이팅을 외친다.

자작시 모음

계급장은 일등병

1. 정다운 나팔 소리 해는 뜨고 해는 지고
   기다리고 기다리던 계급장은 일등병
   나라에 한 목숨을 바치자는 도를 닦아
   저 북쪽 바라보며 휴전선을 찾아가는 사나이다.

2. 조각달 웃어 주는 야영의 밤 즐거워라
   장부타령 십팔번에 인기 끄는 일등병
   대머리 부대장님 한결같은 사랑 속에
   휴전선 뚫고 넘을 그 명령을 기다리는 사나이다.

1983년 5월 신병교육대에서

병상에 누워서

1. 저 멀리 석양이 서산에 질 적에
   분한 마음 참지 못해 잠 못 이뤘소.
   비 오는 그날도 창문 밖으로
   마음은 전선에 달려가건만
   어이하여 다친 이 내 몸은
   한 발을 못 걸어가나.

2. 저 멀리 달빛이 창문에 질 적에
    부모님 그리워 혼자 울었소.
    눈 오는 오늘도 창문 밖으로
    마음은 고향에 달려가건만
    어이하여 아픈 이 내 몸은
    가지를 못 하고 있나

    1983년 7월, 208이동외과 병원에서

붉은 이리떼

기우는 달 보고
너는 무엇을 기대하겠다는 거냐
너의 칼은 녹슨 채 칼집에 들어 있고
너의 창은 부러져 버려졌고
너의 방패는 여기저기 갈라졌으니
그런데도 너는 누굴 위해
싸움터에 웅크리고 있는가!

1984년 5월, 937고지 백호 OP에서

영靈의 계곡

여기는 지루하고 고독합니다
선배들의 영이 벗이 되어

영광의 전쟁과 무용담을 들려줍니다
영혼들의 비밀을 어디까지 싣고 갈 것인가
부디 영의 귓전에
총검의 이야기로 괴롭히지 말아주오
용맹의 진군 나팔소리
지금도 골짜기를 향해 외친다
내가 쓰러지며 눈물 흘렸으되
너희는 울어주지 않는구나
내가 승리의 함성 외쳤으되
너희는 춤을 추지 않는구나
내가 울고 노래까지 부르란 말이냐

1984년 8월, 983고지 피의 능선 계곡에서

이 한목숨

내 조국 이 땅 위에
부모님 나를 낳으시고
스승님 나를 가르치셔
나라님 총칼 주셨으니
길이길이 닦아
이 나라 지키리라

1984년 8월, 종합훈련장 준공에 즈음하여

3군단장

산악 3군단장
★★★

　1987년 1월 13일, 중장으로 진급하자 전두환 대통령은 나를 서울 거여동에 있는 공수특전사령관으로 내정했다. 나는 참모총장을 방문하여 말했다.
　"저는 9공수참모장과 9공수여단장을 했습니다. 전방 군단장으로 보내주십시오."
　"어제 대통령께 결재 올리면서 결정했는데 어떡하나?"
　"총장님, 고생은 되겠지만 저는 많은 병과를 지휘 통솔하는 정규 군단장을 하겠습니다. 보병, 포병, 공병, 기갑, 통신 등 정규 작전 부대를 지휘하고 싶습니다. 그리고 21사단과 12사단 지역 땅굴을 발견하겠습니다."
　"정 그렇다면, 전화로 보고하는 건 그렇고 내가 청와대 가서 보고 드리고 결정하겠다."
　참모총장은 대통령께 보고했다. 대통령은 오히려 칭찬하면서 "이 장군 3군단 예하부대인 전방 사단장을 했지요. 군인으로서 그게 정상이야. 본인 희망대로 보내줘요."라며 수락했다. 이에 참모총장은 2년 선배인 13기 육완식 장군을 공수특전사령관으로 내정하였다. 특전사령관이나 수방사령관, 정보

1987년 1월 13일 군단장 진급신고

사령관 등 재경 부대장의 보직은 일단 대통령에게 보고하고 재가를 받는 것이 관례다.

내가 험한 21사단 그리고 산악군단인 3군단을 자처해 나간 것은 한국적인 지형에서의 전투지휘관 경력을 쌓기 위함이었다. 소중한 경험이 아닐 수 없었다. 특히 찾지 못한 땅굴을 발견하겠다는 의지를 참모총장에게 말했다.

그 후 나는 참모총장으로 재직하면서 야전성이 충만하고 유능한 장교들을 험한 부대에 배치했으며, 전방을 경험한 장군들을 육군본부 참모부장으로 보직시켰다. 우수 간부들의 격오지 우선 보직은 전 육군의 사기앙양과 더불어 전투력 증강에 크게 기여하였다.

철정 과학화 훈련장

3군단은 강원도 원통, 설악산과 한계령 쪽 강을 따라 합강에서 12km 동남쪽에 기린면 현리라는 곳에 위치해 있다. 전방 GOP사단으로 사단과 사단이 있고, FEBA사단이 있다.

군단장으로 부임하면서 제일 먼저 가졌던 생각은 실전 경험이 없는 우리 군의 전투 수행능력을 배양할 수 있는 훈련방법을 시험하는 일이었다. 과학화한 사격장과 훈련장이 절실했다. 3군단 현리 지역의 서남방에 위치한, 사격장과 훈련장으로 적합한 곳을 찾아냈다. 전국에서 그러한 지형을 찾기가 쉽지 않았던 터라 나는 그 곳에 훈련장을 만들도록 육군본부에 건의했다.

첨단 장비와 시스템을 구축해 과학화한 훈련장을 만든다는 것은 쉬운 일이 아니었다. 땅을 매입하고 훈련시설을 구축해야 하는 절차들이 녹록치 않았다. 다행히 군단장을 마치고 참모차장이 되어서 겨우 예산을 확보해 땅을 매입할 수 있었다. 애초에는 그곳에서 포까지 쏠 수 있도록 계획을 세웠으나 포를 쏘기 위해서는 10km 이상의 토지를 매입해야 하는데 그만한 땅을 매입할 예산확보가 어려웠다. 그나마 다행이었던 것은 내가 그 지역을 관장하는 군단장, 참모차장, 1군사령관, 참모총장을 했기 때문에 강력하게 추진할 수 있었다. 비록 포는 쏠 수 없지만 우리나라가 선진화된 훈련장을 갖게 된 것을 다행스럽게 생각한다.

현재 그곳은 '철정 과학화 훈련장'이란 이름으로 실전 경험이 없는 우리 군이 실전을 방불케 하는 전투훈련을 함으로써 전투준비태세 완비에 큰 역할을 해내고 있다. 이를 둘러본 외국의 많은 군 관계자들은 선진화된 우리 훈련 시스템을 높이 평가했다. 군 임기 중 해낸 보람 있는 일 중의 하나다.

노태우 후보의 고민

"방법이 없을까? 정승화 참모총장과 친분이 두터운 사람을 보내 정 총장이 김영삼 후보 지원 유세를 않도록 해야겠다."

1987년 6·29선언과 함께 대통령 직선제가 되면서 집권당인 노태우 대통령 후보와 전 대통령의 고민은 깊어졌다. 3군단장 시절 외출 나온 내게 연희동 노태우 후보 집에 들르라는 연락이 왔다. 나를 본 노태우 후보는 하소연했다. 김대중, 김종필과 함께 대통령 후보에 나온 김영삼 때문이었다. 정확히 말하자면 후보 김영삼 때문이라기보다는 노 후보를 떨어뜨리기 위해 김영삼 후보 선거를 돕고 있는 전 육군참모총장 정승화 때문이었다. 7년여 전 10·26과 12·12로 맺힌 게 많다 보니 김영삼 후보 편에 선 것이었다. 말릴 방법이 없다고 했다. 가만히 듣고 있던 나는 흘려들을 이야기가 아니다 싶었다. 만약 친분이 두터운 사람이 찾아가면, 정 총장이 큰 소리 한 번 치면 말도 못 붙이고 돌아올 게 뻔하다고 생각한 나는 "악역 할 사람을 뽑아야 합니다. 바른말 하고, 정 총장 입장과 약점을 알고, 미래지향적인 진실한 충고를 할 수 있는 사람이 필요합니다. 적격자를 찾아보시죠."라고 건의했다. 내 말에 노 후보는 "찾을 것도 없겠네. 그런 거라면 이 장군이 적격이지. 내가 이 장군 부른 이유가 있어. 마침 여기 왔으니까 잘됐어. 이 장군, 그분한테 점수 딴 거 있잖아. 이 장군이 총대 한번 져보지그래."라고 의중을 물어왔다.

직감으로 내가 염두에 둔 것은 두 가지였다. 하나는 현재 군인인 '나'와 과거에 육군참모총장이었던 그에게서 공통분모를 찾아내는 일이었고, 나머지

하나는 설득을 통해 조용하게 해결하는 일이다. 문제를 해결할 방법을 찾아야 했다. 그 이외의 생각들은 할 것도 없었다. "알겠습니다."라는 대답과 함께 밤 8시에 정승화 총장 집을 찾아갔다.

"인사드리려고 찾아왔습니다, 총장님. 저 장군 시켜주셨죠. 저의 동기생 3명을 처음으로 진급시켜 주셔서 오늘이 있게 해주셨습니다. 은혜 잊지 않고 있습니다. 감사합니다. 그런데 총장님, 제가 총장님 수행부관 이재천과 수석부관 황원탁을 살려준 거 아십니까?"

"그럼, 들어 알고 있지."

"이재천 소령은 제가 대대장 때 소대장으로 데리고 있었습니다. 구속하고 군법회의에 회부시키겠다고 하는 것을 제가 말렸습니다. 총장님 신변을 보호하는 부관이 도망갔다면 처벌해야 하지만, 경호 차원에서 한 행동은 부하로서 정당한 행동이라고 주장했습니다. 그 후 육군대학에 보내고 중령 시켰습니다. 앞으로 장군도 시키겠습니다. 황원탁 장군도 마찬가지입니다. 제가 책임지고 시키겠습니다. 저를 믿으십시오."

"그래, 알지."

"그리고 섭섭한 것이 있습니다. 육사 나온 아들, 정 중령 말입니다. 인제군 원통, 서화면 천도리에서 포병 대대장 하고 있지 않았습니까. 면회 오시면서 어떻게 군단장인 저한테 연락도 하지 않고 다녀가십니까? 섭섭합니다. 3군단장 출신이신 총장님은 저에게는 연락을 주셔야지요."

"여보, 이 민감한 시기에 내가 연락하면 이 장군 입장이 곤란해질 것 같아서 연락 않고 살짝 다녀왔소. 미안하오."

"총장님, 제가 어디 눈치 보며 사는 사람입니까. 아들 정 중령 앞으로 제가 돌보겠습니다. 그러니 김영삼 후보 손 흔들고 지원유세 하지 마십시오. 3년 후, 5년 후를 생각하십시오. 후회할 일 하지 마십시오. 김영삼 후보, 이번에 당선되지 않습니다. 내일부터 안 나가시는 게 좋겠습니다. 제 말씀 꼭 들어

주셔야 합니다."

　내 말에 정승화 총장은 잠시 눈을 감고 고민을 하다가 옆에서 듣고 있던 아내에게 "여보, 어떻게 생각해?"라며 의중을 물었다.

　"이 장군 말대로 하세요."

　정승화 총장은 아내의 말이 끝나자 "이 장군과 약속하겠네."라며 강경한 어조로 수긍했다. 나는 자리에서 일어나 손을 올려 거수경례를 했다.

　"존경하는 총장님, 훌륭한 결심을 하셨습니다. 존경합니다."

　그 길로 나는 연희동 노태우 후보 집에 들러 자세한 보고를 했다. 밤 10시, 흥분한 노 후보는 청와대 전두환 대통령에게 전화를 걸어 그 사실을 알렸고, 전 대통령이 전화를 바꾸게 해서 요약해서 그대로 보고했다. 전 대통령은 내게 "수고했다"는 말과 함께 "이진삼 대단해, 오늘은 늦었고 다음에 외출 나오면 만나자."며 전화를 끊었다.

　노 후보는 13대 대통령에 당선되었다. 28년이나 지난 그날의 일을 꺼내놓는 이유는 하나다. 국가안보를 생각했다. 대통령은 군의 통수권자다. 김영삼이 대통령이 되어서는 안 된다. 나라가 망한다.

　'내가 하면 로맨스, 남이 하면 불륜'이란 표현처럼, 다른 군인이 정치에 관여하는 것은 정치군인이고, 내가 관여하는 것은 '정의'라고 말하고자 함이 아니다. 그때 내가 가졌던 생각은 혼란을 막고자 했을 뿐이다. 다시 똑같은 상황이 주어져도 나는 또 그대로 할 것이다. 내게 어떤 득실이 있을지를 따지기에 앞서 군인으로서 소신껏 생각한 일을 실천에 옮겼던 것이다. 다른 사람은 듣고서 알았다고 고개만 끄덕일 일에 나는 당당하게 나섰다.

　정보부대에 오래 근무하면 진급이 어렵다는 관례를 깨고 내가 일찍 장군이 될 수 있었던 것 또한 같은 맥락이다. 몸 사리지 않고 최선을 다했고, 대공 분야에서 죽지 않고 최선을 다한 것을 국가가 인정해준 것이다. 보안사령부는 정보요원, 보안요원, 대공요원, 통신요원, 군수요원, 행정요원 등 업무가 다르다. 나는 대공 분야에서 임무를 수행했다. 훗날, 나의 국가에 대한 충정이 '짝사랑'이 된 것은 유감이지만, 그럼에도 국가에 대한 나의 사명감은 여전하다.

골프 예찬

나는 운동을 좋아한다. 취미생활로 낚시나 바둑, 장기 등을 하지만, 나는 태생적으로 앉아서 하는 것을 좋아하지 않는다. 정적인 것은 내게 어울리지 않는다. 사격, 태권도, 테니스, 골프를 좋아하는 이유가 여기에 있다. 테니스는 시작한 지 얼마 안 되었을 때부터 '잘 친다'는 이야기를 들었다. 실제로 사단장 시절인 46세에 정구병과 단식게임을 할 만큼 잘 쳤다. 실력이 전성기였다. 체육관계 부대 근무와 장관을 하게 된 동기가 운동 취미와 소질을 인정받았기 때문에 하게 된 것으로 알고 있다. 골프는 다른 운동에 비해 위험한 운동이 아니다. 필드를 오래 걸어 다니는 것은 체력단련에 많은 도움이 된다. 외국의 경우, 골프장을 많이 만들어 놓기 때문에 골프를 즐기는 사람들은 나이가 들어도 병원 신세를 지지 않는다고 한다. 다른 운동도 마찬가지지만 골프 또한 일단 도취되면 다른 운동은 성에 차지 않는다. 골프는 우리 인생의 축소판이라 할 수 있다. 1번 홀에서 18번 홀까지 가는 동안에 준비한 대로, 마음먹은 대로 잘 될 때도 있고, 기대 이하로 잘 안 될 때도 있다. 특히 미스 샷(잘못 친 공)이 발생하면 점수를 많이 잃는다. 그래서 기복이 심하면 안 된다. 파, 파, 파 나오다가 트리플이 나오면 한꺼번에 와르르 무너진다. 나는 상대방의 스코어에 대해서는 관심을 갖지 않는다. 즐기는 것을 우선으로 한다. 산도 보고 물도 보고 자연의 조화 속에 녹아들어 간다. 동반자 중에는 다른 사람의 스코어를 두고 파냐 보기냐 말이 많다. 나는 다른 사람의 스코어는 일절 관여하지 않는다. 나이 많다는 이유로 핸디를 달라고 요구하지도 않는다. 게임도 좋지만 자연과 어울려 두루두루 함께하는 재미가 더 좋다. 골프는 더구나 단번에 잘 칠 수가 없다. 차근차근 해야 무리가 되지 않는다. 삶에 절차가 있듯 골프를 하는 것도 단계를 밟아야 한다. 왜냐하면 골프를 한다는 것은 자기와의 싸움을 하는 것이기 때문이다. 골프와 사격, 궁도 등은 심장이 튼튼해야 한다. 마음의 안정을 필요로 한다. 축구나 농구, 야구 등의 구기 종목은 여럿이 함께하는 운동이지만, 골프와 사격, 궁도 등은 홀로 하는 외로운 싸움이다. 남이 얼마를 치든 말든 자기와의 싸움이다. 내 할 일을 잘 하는 게 우선이다. 우리나라 사람은 자기 점수보다 남의 점수에 관심이 많다. 나는 남이 잘 치면 '굿 샷'을 힘껏 외친다. 내가 잘 돼도 마찬가지다. 상대방이 잘 쳐서 유쾌하면 나도 기분이 좋다. 내 삶은 항상 직선이다.

 내가 사단장을 하고, 군단장을 하게 된 것 등 모든 것이 국가에 대한 충성의 무게에 견주어 과분한 혜택을 받았다. 계급으로 말하면 사관학교를 졸업하면서 대위 때 중대장 아니면 중령 때 대대장으로 전쟁을 하게 될지도 모른다는 생각도 해보면서 중령 정도를 나의 최고 목표(내가 승진할 수 있는 최고의 계급이 아닐까)로 하고 있었던 내 과거의 소박한 꿈과 파란만장했던 지난날을 돌아보면서 짧은 군의 여정을 걷고 싶었다.

참모차장

보안사령관 안 하겠습니다

 1988년 1월과 2월, 노태우 대통령 당선자는 연희동 자택으로 나를 불러, 보안사령관직을 맡을 것을 두 번에 걸쳐 권유했다.
 "저는 보안사령관 안 하겠습니다. 제가 보안부대 8년, 정보사령관 2년, 10년간이나 정보계통에 있었습니다. 저는 야전(전투) 지휘관 하겠습니다."
 "박준병 장군 보안사령관 했는데 후에 어떻게 되었지?"
 "1979년 10·26 때 20사단장으로 서울 태릉으로 출동했다가 보안사령관 끝내고 예편, 민정당으로 충북 보은·영동·옥천군 국회의원을 하고 있습니다."
 "안필준 장군은?"
 "6군단장 끝내고 보안사령관 하고, 1군사령관을 끝으로 전역해 청소년연맹 총재로 있습니다."
 내가 생각하기에 보안사령관은 남 보기에 좋은 보직이라 하지만 그 자리에 있던 장군들 중 반은 성공적으로 하지 못해 후평이 좋지 않았다. 그러나 세 번을 권하면 나름대로 보안사령부를 쇄신하겠다는 생각을 갖고 있었다.

보안사령부 근무를 바탕으로 대간첩, 대태업, 대전복 활동과 과거의 낡고 썩은 고질에서 벗어나 멋있게 하겠다는 각오를 했었다.

대통령에 취임한 노 대통령은 나를 육군참모차장으로 임명했다. 중장 중 가장 서열이 빠른 직책이다. 1988년 7월부터 1989년 4월까지 9개월 근무했다. 중장 27개월 만에 별 넷의 군사령관 대장 자리에 앉게 된 셈이다. 지나고 생각하니 만약 내가 보안사령관을 보직 받았다면 9개월 만에 대장 달고 군사령관 보직은 무리였을지도 모른다. 중장은 차관급이고 대장은 장관급이다. 중장부터가 정무직이다. 따라서 정무직인 중장과 대장은 공석이 생기면 언제든지 진급시킬 수 있다. 중장이 된 지 1년 됐어도 대장 공석에 따라 대장 자리에 보직하면 대장으로 진급시킬 수 있었다. 그러나 지나치게 빠르면 직책이 중장, 대장이라도 소장, 중장 계급으로 임무를 수행할 수도 있다. 위관장교와 영관장교는 전투 시에는 임시 계급을 줄 수 있으나 평시에는 불가능하다.

군 인사 원칙

1군사령관에 임명되기 전, 나는 육군참모차장으로서 군 인사에 관한 몇 가지 중요한 원칙을 세웠다. 진급심사위원장을 맡아 야전군 우대의 원칙을 강조했다. 연대장급 1백여 명에 대한 인사를 단행하면서 전투력 증강 실적과 지휘력 평가를 최우선 기준으로 삼았다. 육군 전체가 술렁거리기 시작했다. 순수 야전 군인들을 인사에서 우대했던 것이다. '전투 잘하는 군인이 최고'라는 인사 원칙을 세운 것이다. 인사에 대해 매번 혹평하던 언론들이 군 인사에 대해서는 말이 없었다. 나 또한 야전군 우대를 원칙으로 하기에 앞서 재경 지역 근무를 회피하는 등 야전 경험을 쌓기 위하여 야전지휘관을 선택했다. 일신의 영달보다는 남들이 지원하지 않고 꺼리는 곳을 찾아 갔다.

1981년 대학교 3학년이었던 아들 이종한이 경영학과 출신임을 감안하여 ROTC 학군단장이 경리병과로 분리한 것을 나는 단장에게 전화, 보병병과로 바꿨다. 본인은 아무 말 없었고 내 가족은 섭섭해 하였다. 1983년 3월 소위로 임관 초등군사반과 유격훈련과정도 수료하였으며 전방 6사단 19연대 전투지원중대 소대장으로 경험을 쌓았고 복무 연장하여 서강대학교 학군단 교관을 하였다.

1군사령관

진위眞僞 구별법

1989년 4월, 참모차장의 자리에 보직된 지 9개월 만에 노태우 대통령은 나를 대장으로 진급시켰다. 그러면서 서부전선인 용인의 3군사령부로 발령을 내겠다고 했다. 나는 서울 인근에 있을 생각은 하지 않았다. 원주에 있는 1군사령부는 산악3군단과 산악21사단이 휘하에 있다.

"정호근 장군은 임기가 다 됐으니까 1군으로 제가 가야 하지 않겠습니까, 3군사령부는 간 지 4개월밖에 안 됐으니까 보류하시는 게 좋겠습니다."

그때 만약 내가 노 대통령의 뜻대로 3군사령관으로 부임해 갔다면, 앞선 사령관은 임기 전에 옷을 벗어야 했다. 내가 가지 않겠다고 하는 바람에 옷을 벗지 않게 되었다. 우연인지 필연인지 3군사령관 출신이 참모총장을 많이 했다. 반면, 1군사령관 출신은 19대 서종철 대장 이후로 7년 만에 정승화 대장이 22대 참모총장이 되었고, 11년 만에 1군사령관이었던 내가 28대 참모총장이 된 것이다.

내가 3군사령부로 안 가겠다고 하자 노 대통령은 한동안 깊은 생각에 잠겼다. 그러고는 내 말이 정답이라는 듯 고개를 끄덕였다. 대통령으로선 1군사령부만 바꾸면 되는 일이었다. 전방을 맡은 사령관 둘을 동시에 바꾸는 것보다 한 곳만 바꾸는 것이 대통령 입장에서도 덜 부담스러운 일이었을 것이다.

대통령과 참모총장

1989년 3월 29일, 백선엽 장군으로부터 진급 축하 전화가 왔다.

"나는 1952년 7대, 1954년 10대 2번 참모총장을 하였고, 1953년 12월 창군 이래 최초로 대장이 되어 초대 1군사령관을 하였소. 대장은 군 통수권자가 알아주고 하나님이 주시는 겁니다."라고 하면서 한마디 덧붙였다.

"내가 초대 군사령관으로 이·취임식에 참석하겠소. 앞으로 군이 잘될 거요. 우리 충성을 다합시다."

노병의 말에 감명 받았다. 나는 21사단장과 3군단장을 역임했기에 1군사령부에 가서 연계된 업무(땅굴)를 결말내겠다는 비장한 각오가 있었다.

다음 날 저녁, 나는 가족과 함께 청와대 식사초대를 받았다. 김옥숙 여사가 대장 진급 축하 선물로 가벼운 솜이불을 선물로 주었다. 그 자리에서 나는 1군사령관으로 꼭 해야 일이 있음을 내비쳤다. 노 대통령은 "뭐야?" 하는 표정으로 나를 바라보았다. 땅굴을 발견하고 싶다는 말이 목구멍까지 나왔지만 발견하지 못하면 허언이 될 것 같아 잠시 고민했지만, 결국엔 솔직한 속내를 털어놓기로 했다. 술 한 잔 마신 김에 나중에는 어떨망정 의지를 내비쳤다.

"제가 21사단장과 3군단장 때 발견 못한 땅굴을 발견해내겠습니다. 여러 가지 생각하여 1군사령관을 원했습니다."

"이 장군은 한 번 한다면 해내야 직성이 풀리지. 한번 해봐."

"또 드릴 말씀이 있습니다. 백선엽 장군 말씀이 제가 군사령관 한 다음 참모총장 해야 하는데 할 수 있을지 모르겠다고 하셨습니다."

내 말에 놀란 표정의 노 대통령이 톤을 높여 "그게 무슨 말이야?"라고 물

255

1989년 4월 6일, 대장 진급신고

었다. 그러자 그 옆의 김옥숙 여사가 "하셔야죠."라며 거들었다.

"저는 TK(대구·경북)가 아니라서 참모총장 못 한다고 하던데요. 육사 선배 11기 정호용, 12기 박희도, 현재 14기 이종구 대장 모두 TK 출신으로 참모총장 아닙니까. 대통령께서도 TK(대구·경북) 아니십니까?"

"허 이 사람, 그게 무슨 말이야. 왜 못 해?"

노 대통령이 정색하며 말했다.

"그럼 시켜주실 겁니까?"

내 말에 노 대통령은 주저함 없이 말을 이었다.

"당연하지."

"국가를 위해 전투력 증강 차원에서 최선을 다하겠습니다."

나로선 과거에는 감히 꿈에서조차 생각하지 못했던 육군대장으로서 국가보위에 최선을 다한다는 각오를 한 것이다. 겁 없이 대통령에게 다짐을 받은 셈이 되어 죄송스럽기도 했다.

속도보다 방향

1990년 1월, 베트남사령관과 2군사령관이었던 예비역 채명신 중장이 1군사령부를 방문했다. 나는 1군의 전투준비 상황에 대해 브리핑했다. 채 장군은 평소 전략 문제에 관심이 많은 장군으로 정평이 나 있었다. 그래서인지 우리 제1군의 전투 및 전략 계획과 추진 상황을 브리핑 받고는 매우 흡족한 표정을 지었다. 어느 기자와의 인터뷰를 통해 당시의 방문 소감을 다음과 같이 전했다.

"흠잡을 데가 하나도 없었다. 그렇게 만족스럽긴 처음이다. 야간과 산악 전투에서 밀린 6·25의 경우를 세밀히 분석해 새롭게 수립해 놓은 작전 계획과 그 준비 상황은 대단했다. 과거 도상으로만 수립해 놓은 몇 단계 방어진지 구축 계획이 기막히게 준비돼 완성 상태라는 보고를 받고 놀랐다. 특히 야전 포병의 대포병전을 포함, 포병 전투 준비 사항을 보고 받고 더욱 놀랐다. 이와 같은 1군의 전투력 증강은 전군에 적용돼야 한다."

채명신 장군은 전국을 다니면서 기회가 있을 때마다 군에 대하여 "정치군인이 아닌 순수 야전지휘관의 기용은 군과 나라를 위해 아주 잘한 인사라고 생각한다. 군인은 야전성 있는 자를 발탁해야 한다. 우리 군도 이제 성숙해지고 있다는 생각이 들었다"는 등 교회에서 간증을 하곤 했다. 채명신 장군의 이 같은 말에 동의하는 사람이 많았다. 분명한 것은 내가 가졌던 가치관이나 철학은 처음부터 지금껏 스스로를 위한 속도를 내는 삶에 초점이 맞춰져 있지 않았다는 점이다. 언제나 국가를 향한 한 방향이었음은 틀림없다. 내 일신을 위한 삶에 속도를 내고자 했다면 남들이 부러워하는 보직을 택했을 것이다. 임무 수행을 위해서는 속도도 필요하지만 방향 선택이 더 중요하다. 언제나 내 삶은 속도가 아닌 방향에 있었다. 다른 사람보다 성질이 급한 것을 반성하면서 가급적 많은 지휘관 참모들의 의견을 청취했다. 어떤 때는 알면서도 참모들의 파악 여부를 확인 차원에서 질문을 던져 보기도 하였다.

  명시된 임무를 부여하고 추정된 과업도 수행하는지 확인하면서 참모들을 훈련시켰다.

제4땅굴 발견

불가능은 없다. 할 수 있다는 긍정적인 사고방식은 성공의 근본이다.
이진삼

배경

"하나의 갱도(땅굴)는 열 개의 원자탄보다 낫다. 1975년 10월 10일까지 관통, 노동당 창설 30주년까지 전방 지역에 요새화된 적의 진지를 무력화시켜라."

1971년 9월 25일, 북한의 김일성은 땅굴 굴착 전투 명령을 하달했다. 이는 곧 요새화된 남한의 훼바, 알파, 브라보, 찰리 등을 자신들이 판 땅굴을 통해 1시간 내에 8km 이상을 강행 돌파함으로써 우리의 주 병력이 진지 FEBA(전투지역의 선단) 점령 전에 선점하겠다는 것이다. 이에 북한은 1972년 초부터 전 전선에 걸쳐 땅굴을 파기 시작했다. 실제로 귀순자 다수의 목격과 득문 사실이 제보되었다. 북한은 표면적으로는 남북대화를 내세우면서 실제로는 땅굴 굴착 활동으로 우리를 기만했다. 예나 지금이나 북한 공산집단은 조금도 변한 게 없다.

○○○ 지역 탐지 활동

내가 21사단장에 부임하기 전까지, 육군의 탐지 방향은 서부전선에 집중

되었고, 수도권에서 멀리 떨어진 21사단지역 갱도 탐지 활동에 대한 상급 부대의 관심은 저조하였다. 당연히 사단 장병의 탐지 의욕 또한 저하되어 있었다. 나는 전 장병에게 사단 지역 내 적의 땅굴이 존재한다는 확신을 주며 갱도 탐지 업무 활성화를 내세웠다.

연중무휴 작업과 주야간 작업을 하는 대신 인력은 3배 이상 보충하도록 했다. 혹한기 난방 시설을 포함 특식을 제공하도록 명령하는 등 최고의 관심 지역화 하였다. 우선은 지금껏 시추한 후 방치하고 있는 시추공들을 정비하여 관찰하도록 했다. 시추공이 흙으로 덮이면 그 안에서의 변화, 수위 변동 등을 관찰할 수 없기 때문이다. 육군본부를 방문, 산악지형인 동부에 시추기 지원을 요청하였으며 매주 일요일 오전에는 2개 시추 지역을 방문, 독려하면서 사기를 앙양시켰다. 그 다음으로는 청음 집중 분포 지역인 ○○○와 ○○○ 2개 지역을 중점으로 시추하도록 했다. DMZ 및 철책선 근무요원의 관측 및 청음 활동을 강화하는 한편 적의 예상출구에 대한 수색도 철저히 실시하도록 하였다. 시추 간격을 10m 이내로 좁히고, 시추공 심도를 증가하는 한편 청음요원의 교육과 전방 지역 주민 홍보도 실시했다. 청음 분석 자료를 참고하여 비교 분석, 탐지일지를 기록함으로써 청음 시간과 횟수를 그래프로 만들어 분석했다. 상세한 내용은 보안상 책자에 기록을 유보하겠다.

꾀꼬리의 암시

군단장인 나는 1987년 7월 말 일요일 오전 10시, 그날도 나는 병사들을 격려차 시추지역을 방문했다. 21사단장, 66연대장, 작전주임, 정보주임, 땅굴팀장 등과 토의를 하던 중 북방 50m 높은 지점에 노란 꾀꼬리 한 마리가 나무에 앉아 있었다. 나는 사단장과 연대장을 향해 "저 새 참 아름답지?" 했더니 연대장은 바로 "그렇습니다."며 고개를 끄덕였다. 나는 잠시 동안 시선을 꾀꼬리에 고정시켰다. 2~3분 정도가 지났을까, 꾀꼬리가 가칠봉 정상을 향해 날아갔다. 나는 꾀꼬리가 앉았던 곳으로 가파른 경사를 따라 올라갔다. 꾀꼬리가 앉아 있던 곳은 1984년도에 굴착했던 14번째 시추공 지점으로 잘 관리되어 있었으며 지속적인 청음 활동으로 미상 모터 소리를 육청하여 결정적 징후를 포착했던 곳이다. 그러나 당시 갱도 관계 실무자들이 원점에서부터 땅굴 예상 분석에 다소 오차가 있었을 것으로 판단했다. 나는 14번째 시추공 지점의 인근 지역을 다시 정밀 시추공 작업을 하도록 지시하였다.

7월 우기로 땅이 젖어 있어 매우 질퍽거렸다. 시추기를 옮기기에는 경사로 작업이 필요했다. 전 병력을 동원하여 3시간 동안 마대에 흙과 자갈을 혼합, 통로를 개척하고 74m 북쪽 전방으로 시추기를 옮겼다. 시추 깊이 증가로 (120m→150m) 어려움은 있으나 적의 갱도 입구에 접근할수록 발견 확률이 높다고 판단하였다.

땅굴에 적중하기까지

군사령관인 나는 꾀꼬리의 출몰 위치 근처 지점에서 1989년 8월 말, 14번 시추공 지역에서 소리를 포착, 이것을 분석한 결과 모터 음으로 판정하고, 야전 청음 분석차량^{MLV}을 추가 배치 운용했다. 10월 말에는 과학기술연구소 CW장비로 7개의 시추공 지역을 탐사한 결과 근처 14m 지점에 미세한 지층 변화를 발견했다. 드디어 적의 땅굴에 적중시키기 위한 관통 작업이 시작됐다. 하지만 곧 찾을 것만 같았던 땅굴은 쉽게 그 모습을 드러내지 않았다. 첫 번째 시추공부터 빗나갔고 두 번째, 세 번째, 네 번째, 다섯 번째 시추공까지 빗나갔다.

1989년 12월 24일, 여섯 번째 시추공 작업에 들어갔다. 드디어 대통령과 약속한 대로 군사령관 부임 8개월 12일 만에 결과가 나왔다. 시추 슬라임

slime 및 물이 지상으로 분출되지 않고 지하로 빠져나갔다. 시추기 압력 게이지가 떨어지면서 시추기 로드가 가볍게 낙하했고 동시에 시추기 해머 타격 소리가 약해지면서 시추공을 통하여 공기가 분출되었다. 마침내 4~6번 공이 적의 땅굴에 적중한 것이다. 시추공에 카메라를 달아 투입하니 레일rail, 침목, 쇠파이프, 벽면에 빨간 페인트의 '조국통일, 수령님 만세'가 보였다. 시추 지점으로부터 불과 남쪽 22m 지점에서 적 땅굴 막장이 끝나는 것을 확인했다. 남방한계선까지 2,052m를 파 내려왔다. 기존 시추 지역에서 과감하게 74m를 추진하여 시추공 탐사를 하지 않았다면 1989년 12월 24일 01시 29분 크리스마스이브에 제4땅굴은 발견할 수 없었을 것이다.

목표는 달성하기 어려우나 위대한 것이다. 노력 앞에 불가능은 없다. 수많은 역경과 고충이 닥칠지라도 이를 극복 해내고야 말겠다는 끈질긴 노력의 결실이다. 그 무엇(질책과 생명)과도 바꿀 수 없는 땅굴 발견의 소원이 성취되었으니 훌륭한 휘하 장병들에게 공을 돌리고 싶다. 말보다는 실천, 계획보다는 결과다.

소탕작전 준비

제4땅굴 발견과 함께 중요한 것은 적의 역逆대책에 대비하는 일이었다. 갱도 내부 감시 방책을 강구하는 한편 정확한 예상출구의 판단과 철저한 수색을 실시하고, 장애물 설치 등 북괴의 선제공격에 대비하여 경계태세를 강화하였다. 무엇보다 이전의 제1, 제2, 제3 땅굴의 소탕작전 중 있었던 인명 피해 교훈을 세밀히 분석하도록 했다. 예상 가능한 모든 상황을 염출捻出, 이에 대비한 방책을 수립하여 단 한 건의 피해도 없이 완전 작전을 실시하도록 하였다.

1990년 1월 1일에 장군이 되어 6군단 참모장으로 내정된 육사 23기 박영

1990년 2월, 1군사령관 땅굴소탕작전 지시

익 준장을 21사단 부사단장으로 발탁하여 땅굴 소탕작전 지휘관의 임무를 부여하였다. 박영익 준장을 필두로 소탕작전에 투입할 6개 팀을 편성하였다. 상부에선 특전사 요원의 투입을 고려하였으나, 나는 사단장 시절 강력히 훈련시킨 21사단 수색대대 투입을 결정하고 훈련에 들어갔다. 2개월 이상 강도 높은 훈련은 상상을 초월한 훈련이었다. 체력단련은 물론 특수 장비 사용 요령에서부터 화생방 대비훈련을 했다. 또한 갱도 모형 훈련장을 설치해 소탕작전 요령과 우발 상황에 대한 대처 요령, 모래포대 운반, 담력, 극기 훈련을 포함 37개의 상황 대비책 case study을 훈련하였다.

강원도의 폐탄광을 이용, 터널 안에서 적 소탕 훈련을 했다. 단 한 명의 낙오 병사도 없었다. 철저한 보안 대책으로 땅굴이 공개되기 전까지 지위 고하를 불문하고 사령관 승인 없이 상하급 부대 지휘관과 참모들의 현지 방문을 통제하였다. 이는 갱내를 감시하기 위해 투입했던 미 시추공 카메라로 적의 활동 사항을 분석한 결과, 관통 수 시간 전까지도 적은 땅굴 노출 사실을 인지하지 못한 것으로 판단했다. 역갱도 관통일을 1990년 3월 5일로 정하였다.

역갱도 공사가 한창 진행 중인 1990년 2월 24일, 서울 〈세계일보〉에 "대한민국 동부전선 땅굴 발견"이라는 기사가 미국 〈워싱턴 타임지〉 인용으로 보도되었다. 즉시 언론 보도 통제를 하는 한편 적의 주의를 타 지역으로 돌리도록 기만대책을 강구했다. 인접 군단을 포함 전 전선에 병력 및 헬리콥터 운행 등 기만작전을 실시하였다.

나는 박 준장에게 날짜를 앞당겨 3월 3일 이전에 관통하도록 준비시켰다. 3월 5일에 관통을 하게 되면 만약에 있게 될 적의 도발에 희생이 따를 것을 염려해서였다. 나는 육군본부와 국방부에 3월 3일, 2일 앞당겨 관통 건의를 하였다. 하지만 육군본부와 국방부는 이미 내외신 기자 40명, 중립국 감시단 8명에게 통보를 했고, 대통령에게 보고가 된 터라 안 된다며 3월 5일에 관통하도록 했다. 군사령관인 나는 직접 노 대통령에게 전화를 걸어 "역갱도 관통 준비 완료되었습니다. 적의 역대책이 우려됩니다. 3월 5일 계획을 2일 앞당겨 관통하겠습니다."라고 했다. 노 대통령은 즉시 국방부 장관에게 "이진삼이 하자는 대로 해. 이진삼은 불가능 없어. 3월 3일로 앞당겨!"라며 명령을 내렸다. 대통령의 지시대로 관통일은 3월 3일 오후 1시로 확정되었다. 그런데 관통을 며칠 앞두고 현장에 있던 박 준장이 장화를 신은 채 헐레벌떡 달려왔다.

"문제가 생겼습니다."

"무엇이야?"

의인불용 용인불의 疑人不用 用人不疑

"사령관님, 땅굴 각도가 잘못됐습니다."

현장 작업에 참여했던 업체에서 적외선 빔을 잘못 건드려 각도가 위를 향한 바람에 아래로 뚫어야 하는 땅굴이 위로 올라갔다고 했다. 다시 밑으로 꺾기 위해서는 다른 장비를 필요로 한다는 것이다.

"조치할 수 있나, 박 장군!"

나는 박 장군의 눈빛을 보며 물었다.

"네, 할 수 있습니다, 사령관님!"

할 수 있다는데 다른 것은 물을 필요가 없다.

"염려 마라. 불가능은 없다. 최선의 방책을 강구하자."

나는 무엇이든 일단 맡기면 그것으로 끝이다.

의인불용 용인불의疑人不用 用人不疑, 의심나면 쓰지 말고 일단 쓰기로 마음먹었으면 결코 의심하지 않는다. 작전지휘에 있어서도 군사령관인 내가 지나친 간섭을 하면 오히려 효율적인 지휘에 방해가 될 것을 우려해 꼭 필요한 작전지침만 내렸다. 나는 바로 내 전용 헬기를 띄워 박 준장을 육군사관학교로 보내 필요한 지원을 받도록 했다. TBM^{Tunnel Boring Machine}을 사용해 관통 지점 10m를 남겨 두고 엔진 4개 중 두 개를 껐다. 엔진 소리에 적이 관통하는 사실을 알게 될 것을 우려해서다. 관통 지점 2m를 남겨두고는 엔진 하나만 작동할 수 있도록 준비하고 대기시켰다.

소탕작전 실시

땅굴(역갱도)은 오후 1시에 관통하기로 했다. 매일 아침저녁 하나님께 기도하였다. 나는 오전 10시부터 현장에서 기도하며 시편 23편 4절을 되뇌었다. 작전에 참가할 부하들의 무사를 기원했다. 수없는 작전을 하면서 적진으로 뛰어들었던 그 순간과 다를 바 없었다. 기다리는 3시간이 길고도 길었다. 차라리 내가 작전에 뛰어 들고 싶었다. 현장에는 이미 중국과 북괴를 뺀 국내외

1990년 3월 3일 땅굴소탕작전

외신기자 40명과 중립국 감시단 8명도 와 있었다. 만약 작전지역에서 폭발사고라도 일어나면 우리 병사들은 말할 것도 없고, 기자들 역시 죽을 수밖에 없었다. 오후 1시, 마침내 땅굴이 관통되었다. 그곳에 기자들을 앞세워 들여보냈다. 당시에도 종북 세력들은 땅굴을 우리가 팠다고 유언비어를 퍼뜨리기 때문이다. 현장을 확인하고 나온 기자들의 눈물, 콧물에 먼지까지 뒤집어 쓴 몰골은 말이 아니었다. 아무도 이의를 달지 않았다. 오후 2시 40분, 여전히 땅굴 발견에 대한 우리의 공식보도가 나가기 전, 땅굴 입구 지역에 위치한 적의 GP에서, 이례적으로 대면을 요구해왔다. 그러고는 우리 쪽으로 다가와 "친구, 그기 땅굴 없으니 찾지 말라우!" 하는 이색 공세와 최초 땅굴 소탕작전 중에 적이 황급히 퇴거하는 일부 징후를 포착한 사실로 미루어 보건대, 계획보다 앞당겨 작전을 실시한 것은 우리의 희생을 막은 결정적 선택이었다. 오후 7시쯤, 소탕작전을 지휘하던 1팀의 중대장이 목함지뢰 몇 개가 흙탕물 속에 있다는 보고를 했다. 나는 즉시 작업을 중지시켰다. 미리 준비해둔 모래주머니로 지그재그 5중 방호벽을 쌓도록 하고 이어지는 작전은 다음 날로 이어가도록 했다. 또 1팀의 중대장은 버터를 묻힌 정구공을 목함지뢰가 있는 곳으로 던졌다. 그러고는 훈련된 군견을 앞세워 들여보냈다. 군견이 정구공을 줍기 위하여 전진하자 잠시 후 "펑" 하는 강력한 폭발음과 함께 파편이 나뒹굴었다. 목함지뢰가 있다는 것에 긴가민가하던 모두는 놀랬다. 밖에서 전화로 군견과 함께 들어갔던 중대장을 불렀다.

"코뿔소 하나. 어떻게 됐나, 응답하라, 모두 살았나?"

3분 후 응답이 왔다.

"전부 살았습니다, 이상 없습니다."

"수고했다 긴장 늦추지 말고, 지금부터 화기는 꼭 휴대하라. 특히 실탄을 확인하라."

총을 그 안에 두고 나오면 지뢰폭발로 진공이 생겨 자칫 폭발로 이어져 모두 죽을 수 있어서다. 1975년 철원 6사단에서 발견했던 2땅굴에서의 일이었다. 화기로 인한 폭발로 많은 인명피해가 있었다. 팀원들의 안전을 위하여 준비된 컴프레서를 이용해 공기를 갱내로 공급하였다. 교대한 팀원들은 중대장 이하 모두가 피투성이였다. 파편에 맞은 게 아니라 그 안에서 폭탄이 터져 모래가 날아들어 피투성이가 된 거였다. 거기에 콧물과 눈물이 뒤범벅이었다. 숫자를 세어보았다. 한 명, 두 명,…… 열한 명, 투입된 인원 그대로였다. 그러나 애석하게도 먼저 들여보낸 군견은 죽었다. 우리 모두는 달려가 병사들의 피를 닦아주며 눈물을 흘렸다. 병사들도 울고, 우리도 울었다. 그러자 박 준장이 병사들 앞으로 달려 나갔다.

"열중쉬어, 차렷. 기자들과 군사령관님 앞에서 눈물을 보여? 지금부터 10분 후에 다시 작전에 들어간다. 만약 그 원점으로 돌아가지 않으면 내가 들어간다."라며 병사들을 다그쳤다. 이미 땅굴 안에서 한 차례 폭발한 터라 적이 역공을 하면 모두가 위험해질 수 있기 때문이다. 더한 인명피해를 줄이기 위해서는 신속히 작전을 마치는 일만이 최선이었던 것이다. 나는 병사들 한 명 한 명과 악수를 하였다. 다른 팀과 임무를 교대시켰다. 교대 병사들은 준비된 막사로 이동, 목욕과 식사를 하고 복장과 장비를 재정비한 후 다시 땅굴 안으로 들어갔다. 지휘관이 직접 작전에 뛰어들자 병사들의 사기는 충천했고 작전은 완벽하게 성공했다. 나는 군사분계선 넘어 500m 적 지역으로 진출할 것을 명령하였으나, 적은 이미 퇴각하고 나타나지 않았다. 군사분계선까지 500m 후퇴를 명한 후, 3중 콘크리트 벽을 쌓고 경계에 돌입하였다. 그날로 우리는 군사분계선을 확보했다. 모든 작전을 종료하고 희생된 군견의 사체 수습을 끝으로 군사분계선 점령을 완료했다. 그러자 노 대통령은 전화를 걸어와 "이 장군, 수고했어. 군견 한 마리만 희생됐다는 보고 받았는데, 충견이구먼. 이진삼, 잘했다. 역시 불가능은 없어. 결국 해냈어. 서울 나오거든 들러라. 무리하지 말고 몸조심 하고."라며 치하를 아끼지 않았다. 나는 "감사합니다, 계속 근무하겠습니다."라고 답했다. 희생된 군견은 화장하여 제4땅굴 입구 묘 옆에 동상을 세웠다. 이 모든 것은 훈련과 철저한 준비 그리고 정확한 상황 판단, 장병들의 결사 희생정신의 결과였다. 소탕작전을 마친 박영익(예·중장) 장군은 현장을 방문한 기자와의 인터뷰에서 이렇게 말하였다.

"땅굴 소탕작전도 중요하지만, 발견이 더 중요했습니다. 발견은 백퍼센트 이진삼 사령관님의 노력이었어요. 그 집념이 대단했어요. 땅굴이 있다는 확신과 끈질긴 집념이 아니었으면 발견하지 못했을 테니까요. 우리 같은 사람은 발견 못합니다. 뚫어보면 자연 동굴이 대부분이었거든요. 더구나 펀치볼 같은 험준한 곳, GOP 고지대 145m의 깊이에 땅굴이 있을 거라고 누가 짐작조차 하겠습니까. 이 사령관님이니까 가능한 거죠. 찾아낸 것이 80퍼센트, 소탕작전이 10퍼센트, 국민과 전 세계에 리얼하게 적의 실상을 알리는 것이 10퍼센트의 공이라면 이 사령관님은 95퍼센트 이상의 공을 세우신 겁니다."

충견 헌트

충견 헌트는 셰퍼드 종으로 육군 제21사단에서 활약한 군견이다. 제4땅굴 소탕작전을 하며 탐사견으로 땅굴 소탕작전에 투입되어 북한군이 수중에 매설한 목함지뢰를 밟아 폭발시켜 11명의 생명을 구한 충견으로 4살의 나이에 산화하였다. 말 못하는 짐승이기는 하나, 사람의 생명을 구한 혁혁한 공을 인정받아 군견으로서는 최초로 '소위'라는 장교 계급으로 추서되었고 인헌무공 훈장을 받았다.

교훈과 의의

제4땅굴은 1978년 제3땅굴이 발견된 지 12년 만인 1990년 3월 3일에 양구 동북방 26km 지점 비무장지대 내에서 발견되었다. 규모는 높이와 폭이 각각 1.7m, 깊이는 지하 145m, 총길이 2,052m의 암석층 굴진 구조물로 군사분계선의 1,028m 남쪽이었다. 현재 국내에서 유일하게 내부 관람용 전동차를 운행하고 있다. 이는 21사단장, 3군단장, 1군사령관을 하며 7년간 끈질긴 집념으로 동부전선 험준한 산악 지형에서 최초로 발견한 땅굴은 북한의 도발 실상을 전 세계에 폭로했다는 점에 그 뜻이 있다. 시추, 발견, 관통 그리고 역갱도 공사까지 국군이 단독 작전으로 실시한 최초의 남침용 땅굴이란 점도 주목할 만하다. 희생을 각오하고 임무를 수행한 장병들에게 무공훈장을 달아주고 훈시를 하면서 눈시울을 붉혔던 군사령관 모습을 지켜본 예하 지휘관 참모 등은 당시를 이렇게 기억하고 있다.

"친애하는 용감한 장병들, 내 모든 것과 바꿀 수 없는 땅굴을 발견한 장한 내 부하들, 한 명의 인명 피해도 없이 임무를 수행한 귀한 장병들의 부모에게 나는 할 말이 있다. 명예는 상관에게, 공은 부하에게, 책임은 나에게'라며 부하들에게 공을 돌리는 군사령관 모습을 우리는 잊지 않고 있다."

1993년 자연인으로 돌아간 노태우 전 대통령을 만난 사석에서 과거의 땅굴 발견 이야기가 오갔다.

1990년 3월 제4땅굴 노획물

1990년 제4땅굴 입구에서

"요사이 들었는데 이 장군과 박 장군이 훈장을 받지 못했다고? 인민군 수천 명을 잡은 것보다 더 중요한 것이 땅굴 발견이야. 이 장군 아니었으면 발견하지 못했을 거야. 개 한 마리 죽고 인명 피해도 없었잖아. 송응섭(예·대장) 장군에게서 들었다. 사양한다고 세운 공을 훈장 주지 않고 그냥 넘어가나?"

"박 장군이 훈장을 못 받은 점은 안타깝습니다. 당시 육군본부와 국방부에서 훈장의 반을 수령했다고 합니다."

"내가 대통령 마치고 나니 미처 몰랐던 것들과 아쉬운 것들이 많아. 내가 대통령하면서 군을 더욱 신뢰하게 되었고 이진삼 장군을 다시보게 되었다. 기회 있으면 제4땅굴을 방문하고 싶다."며 격려해 주었다.

참모총장

> 군인이 가장 행복한 순간은 국가가 위태로울 때 생명을 요구받는 순간이다.
> **이진삼**

제28대 육군참모총장

장군 11년 만에 1990년 6월, 제28대 육군참모총장으로 임명되었다. 육군사관학교에 입교한 지 36년 만이었다. 계룡대 연병장을 사열하는 내 머릿속엔 지난 수십 년의 일들이 주마등처럼 스쳐갔다. 임무 위주의 육군 건설에 총력을 기울여 내외의 어떠한 도전에도 효과적으로 대응함으로써 이 땅의 평화를 지켜나갈 것을 다짐했다. 그리고 우리가 그토록 소중하게 가꿔온 자유민주주의 체제를 수호하고, 국민의 생명과 재산을 보호하는 것이 군의 존재 목적이기에 어떠한 역경과 시련 속에서도 '육군은 국가보위의 초석'으로 사명의식을 갖고 신명을 바쳐 국가의 번영과 통일 위업 달성을 뒷받침해 나갈 것을 다짐하였다.

관심과 분석 그리고 의미

육군참모총장으로 충남 출신의 내가 기용된 데 의미를 부여하는 사람들도 있었다. 충남에서 대장 계급의 육군참모총장으로 58년 전인 1959년 41

세로 송요찬 장군이 중장으로 총장을 하였다. 송 장군은 1980년 63세로 충남 청양군 화성에 고이 잠들어 계시며 육군과 청양군에서 성역화 하였다.

한 예비역 장성은 이른바 정치군인들이 우대받는 바람직하지 않은 풍토가 군에 있었던 것은 부인하지 못할 사실임을 지적했다. 그런 이유로 많은 군인들이 전투력을 배양하는 데 신경 쓰기보다는 정치적 영향력을 갖는 특정한 부대의 지휘관 경력을 더 선호하는 경향이 있었다.

군인 특히 육군의 핵심 간부는 야전성 있는 지휘관이어야 한다. 군인들이 야전지휘관 경력을 자랑스럽게 여기고 야전 지휘능력이 탁월한 군인이 발탁되는 풍토가 조성되어야만 군이 강해진다는 사실을 누누이 강조하였다. 군 내의 일부 정치군인, 선두 주자들에 대한 불만이 있었다. 나는 대통령에게 건의, 공정한 인사를 위하여 진급제도를 바꿨다. 모든 계급의 진급심사는 1심 규정을 3심제로 변경하고 진급서열 추천제도, 특정인의 인맥 등을 심도 있게 분석, 청탁자를 탈락시켰다. 기득권을 배제하고 해당자는 누구든지 객관성 있게 능력을 평가받도록 하였다. 대통령도 내게 책임과 권한을 주는 것으로 힘을 실어주었다.

전 국토의 요새화 要塞化

전방의 GP(경계초소), GOP(일반전초), FEBA(주진지), 보조진지, 예비진지, 후방 경계진지 등 전국적으로 적이 공격 내지 침투를 못 하도록 전 국토를 요새화하였다. 진지를 구축하기 전, 전술 지식이 해박한 장교들로 하여금 사전 작전 계획을 검토하고 작업을 위한 공구와 장비를 보강하고 자재와 예산을 투입해 3개월간 전 국토에 물샐 틈 없는 강력한 진지를 강화하였다. 이를 통하여 전투 시 진지 구축 훈련도 병행 실시하였으며, 실제로 포를 포함한 모든 화력으로부터 우리의 생존 보장을 시험한 결과, 30퍼센트의 생존율이 97퍼

1991년 헬리콥터에서

태릉사격장

센트의 생존율로 나타났다. 공격이나 방어 시에 땅을 파는 자 죽지 않고, 평상시 흘린 땀은 전시에 피를 대신한다.

전 장병의 전투요원화

보병, 포병, 기갑, 항공, 공병, 통신 등 모든 전투병과는 물론 각종 행정부대도 전투력 증강을 위하여 기술, 행정, 보급, 수송, 경리, 운전병, 당번까지 각 단위 부대별로 사격 및 유격훈련을 포함 기본 훈련을 6개월 내에 완성하고 보고하도록 하였다. 방첩부대 특공대장, 대공과장, 베트남에서 기동대장으로 있으면서 운전병, 당번을 평시에 훈련시켜 공비를 사살한 경험이 도움이 되었다. 진지 공사와 전투 훈련은 전 장병들의 정신무장과 더불어 전투력을 향상시켰다.

복음화도 통합을 통하여

대전광역시에서 북서쪽으로 25km 떨어진 계룡산 기슭에 자리한 계룡대는 총 면적이 900만 평이다. 군 전략상 안정성을 확보하고, 국토의 균형 있는 발전을 위해 1989년 7월 육군본부와 공군본부가 자리한 후, 1993년 6월에 해군본부가 이전되면서 3군의 새로운 통합기지로 자리매김했다. 내가 참모총장으로 재임할 당시에는 해군본부가 이전 전이었지만, 계룡대 내에 2000년대 군 종교 활동의 구심체 역할을 감당할 계룡교회 건립을 추진하면서는 이전해 올 해군도 감안해야 했다.

1991년 4월 26일, 1천만 기독교인들의 초교파 연합단체인 군 복음화 후원회에서 제공한 45억 원과 공병 부대 장비와 병력을 투입하여 5,450평의 부지 위에 연건평 2,284평 규모로 3천 명을 수용할 수 있는 동양 최대 교회

계룡교회 부지 선정 지역에서 기도를 드리며

건립을 위한 기공식을 가졌다.

UH-60은 세계 최우수 헬리콥터

1991년 7월, 대한민국 육군의 미래 주종 헬리콥터, 세계 최신예기로 미국에서 UH-60을 도입하여 육군참모총장이 최초로 운항하게 되어 있었다. 서울~계룡대 간에 25분이 소요되며 쌍발 엔진으로 바다에 불시착해도 장시간 생존 가능한 고가의 장비다. 도입 전 미국회사 시험 비행사 8명이 도착해 3개월간 한국조종사와 합동 운항토록 되어 있었다.

　1991년 8월, 서울 출장차 수행원들과 육본 헬기장에서 이륙하려는 순간, 미 조종사가 엔진 2개 중 1개의 이상으로 운행불가라는 보고를 했다. 즉시 리스카시 연합사령관에게 통보, 육군전방 지휘소에서 오후 3시 30분에 만날 것을 약속하고 UH-1H를 타고 서울로 향했다. 오후 3시 30분, 헌병들의 경호를 받으며 도착한 리스카시 연합사령관에게 나는 "UH-60은 아주 우수한 비행기이지만 도입을 고려해야겠다."는 심중을 내비쳤다. "왜요?" 깜짝 놀란 리스카시 연합사령관이 반문했다.

　"이 비행기는 공중에서 고장이 나는 게 아니라 지상에서 고장 나니 세계에서 가장 안전하고 우수한 비행기다"라고 뼈 있는 말을 던졌다. 내 말에 놀란 연합사령관은 즉시 미국으로 연락하겠다고 했다. 3일 만에 미국으로부터 부사장과 정비사 2명이 날아와 전기와 연료 계통에 생긴 고장을 조치하였다. 이러한 내용이 전군에 알려지면서 각 부대의 헬리콥터 부대들의 정비팀에 비상이 걸렸다.

부모님 날 낳으시고 스승님 날 가르치셔

　초등학교 시절, 중학교 입학을 위해 매일같이 시를 읽고 암기하면서 시에 많은 관심을 갖게 되었다. 노래는 평소 즐겨 불렀다. 중학교 때는 명곡을, 고등학교 때는 가요를 즐겨 불러 군 단위 노래자랑에 출전해 상도 탔다. 간혹 수준 낮은 작사 작곡까지 해서 친구들과 부르기도 했다.

　맥주 반 컵만 마셔도 얼굴이 붉어질 만큼 술에는 약하지만 회식자리에서는 간혹 노래를 부르는 것으로 대신하기도 했다. 초급장교 시절부터 일관되게 불러온 애창곡 '38선의 봄'으로 일단 흥을 돋운 다음, 작사 작곡한 '병상

頌 李鎭三 總長 詞

李花가 꽃무리에 으뜸이련이
　半世紀 흘러가도 童顔에 맑게 풍기네
　「어버이」의 叡智에 純德이 고루 걸러져
　千辛萬苦 겪면서 險路를 헤쳐 갔어라

鎭營將에 嚴々한 軍紀에 살며
　一片丹心 愛國愛族 마디마다 숨쉬고
　爲民盡忠 가슴에 어김 없어서
　智水가 湧出하여 범람 致했네

三春에 학과 용(鶴龍)이 서로 놀리듯
　疆域에 휘황한 史星이 났지
　흐르는 竹帛에 가능 더 되어서
　恩泉의 온누리 젖줄 되소서

　　　　　1991年 12月 6日
　　　　　鶴龍臺에 올러서
　　　　　　黃 龍 周 識

李鎭三總長 案下　頌詞

초등학교 시절, 담임 선생님이셨던 황용주 선생님의 송사(頌詞)

에 누워'를 멋지게 뽑아 분위기를 절정으로 치닫게 하곤 했다. 이 노래는 병상에 누워 있는 한 병사를 보며, 그가 하루빨리 병이 나아 전방에 돌아가기를 기원하는 마음을 담았다. 육본 정훈감 윤창로 장군은 "시도 쓰지만 우리나라 장성 중 군가를 3절까지 부르는 유일한 장군으로 단연 타의 추종을 불허한다."라고 소문내면서 장병들에게 군가 보급을 장려하였다.

논산훈련소 수용 연대 정문 높은 석탑에 '이 한목숨 바쳐'라는 나의 자작시가 새겨져 있기도 하다. 면회 온 장병 가족들이 읽고 수첩에 적어가곤 했다. 특히 전방사단 종합훈련장 큰 돌에 새겨 장병들에게 교육 훈련훈이 되었다. 나의 집념으로 발견한 동부전선 땅굴 입구에 세워진 석탑에 조국을 상징하는 조국시문이 1군사령부 장병들에 의하여 세워졌다. 이 시는 평소 좌우명처럼 즐겨 암송해온 자작시로 훗날 계룡대 연병장에서 거행된 전역식에서 읊기도 했다. 평생 동안 내가 품었던 조국과 부모님 그리고 가르침을 주셨던 스승님들 은덕으로 생사를 가르는 싸움에서 죽지 않고 오늘의 내가 있게 되었다.

초등학교 시절, 2년 동안 담임을 맡으셨던 황용주, 천현국 시골 교장 선생님을 찾아 육군본부로 모셨을 때, 선생님은 45년 전의 일을 어제 일처럼 기억하고 계셨다. 놀라지 않을 수 없었다. 당신 품을 떠난 제자들이 어디서든 잘되길 바라며 마음으로 응원을 보내고 계셨다. 그 응원 하나하나가 내게로 전달되어 오늘의 내가 존재함을 믿어 의심치 않는다.

나는 선생님의 손목에 별이 새겨진 기념시계를 채워드렸다. 쉰 살이 넘은 제자의 마음이었다.

저강도 작전 Low Level Operation

전면전 수준의 작전을 고강도 작전이라고 한다면 저강도 작전은 제한된

범위 내의 작전을 말한다. 이러한 내용의 회의는 세계 최초로 1991년 6월 21일부터 10일간 한미 양국 육군이 공동으로 주최한 제15차 태평양지역 육군 관리 세미나에서 우리는 미국, 호주, 인도 등 아시아 태평양 지역 25개국 대표 2백여 명과 저강도 작전에 대한 긴밀한 토의를 했다. 현대전에서 발생 빈도가 높으면서 국내의 정치, 사회 안정과 국가안보에 지대한 영향을 주는 테러, 폭동 및 게릴라전에 대비한 각국 육군의 역할에 대해 폭넓은 검토를 했다.

기조연설에서 나는 "소수민족이나 혁명세력에 의한 봉기, 소요 등은 각국이 자력으로 풀어가야 할 문제지만 마약이나 해상 안전 문제는 주변 국가 간에 긴밀히 협의해야 한다."는 것을 강조함으로써 세미나 참가국 대표들로부터 깊은 공감대를 이끌어내는 한편, 현대전에서 저강도 작전의 중요성을 새롭게 인식하고, 이에 대한 대처는 지역 국가 간의 긴밀한 협력을 통해서만 가능함을 확인했다.

특히 대검찰청 강력부 마약과장인 유창종 부장검사를 초빙해 '마약퇴치를 위한 국제협력 및 저강도 작전'에 대한 발표를 통해 '마약이 국가의 경제적, 사회적, 문화적 기반을 황폐화시킴에도 불구하고 세계적으로 증가 추세에 있음'을 경고했다. 효과적인 대마약 활동을 위해서 국제적인 협력이 필요하고 군내 마약 침투 가능성에 대해서도 철저한 대비가 있어야 함을 상기시켰다. 이에 참가국은 물론 범세계적으로 마약 퇴치를 위한 새로운 협력 기반을 조성하기로 다짐했다.

이 기간 중 우리가 마련한 방문 및 시찰 일정에 전방 OP와 제4땅굴을 견학하고, 계룡대(육·해·공 3군 본부) 방문 등을 통해 한반도의 긴장 상황과 안보환경 등을 주지시켰다. 사적지와 전적지, 산업시설 방문 등 한국의 역사와 전통문화 발전상을 보여줌과 동시에 일반 가정 방문 및 친교 활동을 통해 참가국 간의 이해와 우의를 증진시키는 데 기여했다.

폐막식에서 나는 성공적으로 세미나를 개최한 공로로 미국정부로부터 Legion of Merit in the Defense of Commander 훈장을 받았다.

가칠봉 수영장

제4땅굴을 발견한 최전방 고지인 가칠봉(1,242m) 남방한계선 철책선상 우리 측 GP에 장병용 수영장을 만들었다. 1989년 1군사령관 재임 시 시공하여 1991년 참모총장 시 개장했다. 땅굴을 발견하기 위해 시추공 작업을 하던 중 수맥을 발견했다. 하루 150톤의 수량을 생활용수와 급수시설로 활용하고 수영장도 만들었다. 이곳은 전 휴전선에서 적 GP와 우리 GP 간의 거리가 가장 가깝다. 2013년 12월 24일 박근혜 대통령이 다녀간 가칠봉 고지와 2014년 6월 초 김정은이 다녀간 속칭 김일성 고지가 마주보이는 지점이다. 북한군 GP까지의 거리가 불과 350m에 지나지 않는다. 우리 병사들이 수영하는 모습을 보여줌으로써 아군의 사기를 높이고 북한 병사들이 부러워하도록 했다. 추운 겨울인 12월, 1월, 2월은 제외하고 봄과 가을에 보일러를 가동하여 야간에도 수영을 하고 세탁을 하도록 했다.

1991년 7월 3일 오후 3시, 수영장 개장에 맞춰 한미연합사령관 리스카시 대장이 참석하겠다는 연락을 해왔다. 그런데 개장 시간 30분이 지나도 리스카시 대장은 나타나지 않았다. 도솔산(1,148m) 돌산령 헬리콥터장으로부터 대우산(1,179m)을 지나 가칠봉(1,242m)까지 북방으로 10km의 15분 거리다. 더는 기다릴 수 없어 개장 행사를 시작하도록 했다. 군악대 연주를 시작으로 행사가 시작됐다. 30분 후, 장병들의 수중 농구 시합이 시작되자 헌병의 앞뒤 경호하에 불을 번쩍거리며 리스카시 대장 일행이 나타났다. 나는 장병들에게 시간을 지키지 못한 리스카시를 가리키며 "야, 리스카시 물에 집어넣어." 라고 명령했다. 입고 있던 그의 전투복은 물론 끼고 있던 안경, 수첩 등이 모

가칠봉 수영장

두 젖었다. 그런 그를 말 태우고 '백두산까지 앞으로 적군을 무찌르고' 군가를 부르며 수영장을 한 바퀴 돌게 했다. 이를 지켜보는 적들은 그 또한 계획된 행사로 착각했을 것이다. 천막 각테일장에서 리스카시에게 세탁비를 주었으나 극구 사양하며 늦어서 미안하다고 하였다.

  가칠봉수영장에서 700m 떨어진 북측 산등성이에는 북한의 선전구호인 '무료교육, 북남불가침 선언 채택' 구호가 보였다.

인사참모부장 보고

1990년 12월 중순 인사참모부장이 보고차 결재판을 들고 왔다.

"총장님, 보고드릴 게 있습니다. 연말연시 사고예방 차원에서 전후방 각 군단, 사단 지역별로 77개 감사반(장군 1명과 대령 1명)을 편성하여 전국 군기 순찰을 내보내겠습니다."

"광역 순찰은 수박 겉핥기다. 작년 순찰 결과를 가져와라."

지시에 당황하는 인사참모부장에게 말했다.

"사고는 화재, 교통, 총기, 구타, 자해, 폭발물, 적설로 인한 조난 등 안전사고다. 특히 고지, 격오지 부대 통신망 유지, 도로 제설 작업으로 교통망 유지 등 예상치 않은 천재지변에 대한 대책과 산악부대 GOP 장병 목욕 실태도 보고하라. 내일 전체회의에서 산악지역에서 내가 겪은 경험들을 지시하겠다. 군기순찰 계획을 취소하고 특히 전방 위주 사고 예방 대책을 강조하라."

"쌍팔년도(단기 4288년, 서기 1955년)의 구태의연한 짓을 하지 마라. 육군본부에서 군기순찰을 해서 무엇을 어떻게 하겠다는 것인가. 각급 부대에서는 적발되는 것을 피하고자 면회 온 가족들을 밖에 나가지도 못하게 하고 여관에서 밥을 시켜 먹게 하는 등 지난날의 고정관념에서 탈피하라. 이러한 안일한 생각에서 탈피하는 지휘관들이 되어주기 바란다. 헌병은 면회 온 가족과 애인에게 친절, 봉사, 안내 등 보호를 철저히 하라. 그리고 각 지역의 군 지휘관은 지역관할관이다. 위수사령관이며 군법회의설치 장관이다. 육군본부에서 오든 말든 각 지휘관 책임하에 휴일 체제로 돌입하고 지휘관들은 정위치 경계태세를 강화하고 장병들은 영내에서 자유롭게 운동과 휴식을 취하라. 대전 계룡대에서 간성, 고성까지 가는 데 7시간이 걸린다. 운전수 등 많은 인력, 수십 드럼의 휘발유, 경비, 시간, 장비물자 등을 낭비하지 마라. 육군본부 장군, 대령들은 모두 영내에서 운동을 해라. 골프, 테니스, 축구, 농구, 배구 등 하고 싶은 대로 하라. 각급 부대에서 해야 할 제안 사항이 있다. 대대장, 중대장, 소대장, 하사관들은 1월 1일 전 장병과 떡국을 같이 먹고 고향에 계신 부모님께 10초간 묵례하고 군가 부르며 상호 경례, 구호 제창 해산하고 간부들은 조별로 격오지 부대를 방문하라. 면회하는 장병 가족의 안전문제 특히 지역 숙박업소의 연탄가스 중독 위험 등 각종 안전 위해 요소들을 전반적으로 점검하고 지역 민간 식당의 위생 문제도 점검하는 등 각종 사고가 발생하지 않도록 각 기관과 긴밀히 협조토록 하라. 또한 대대장급 이하 지휘관은 병사들과 운동을 하거나 장기자랑 등의 오락회를 열도록 하라. 또한 부대 주둔지에 있는 민간인들이 조상께 성묘할 수 있도록 산소도 정리해주고 도로 제설 작업 등 출입 편의를 돌보고 친절히 안내하라."

이러한 내용을 육군본부 전체 주간회의에서 지시했는바 각급 예하 지휘관들이 "참모총장 최고다."라고 환호성을 질렀다. 다음 해 1월초 시무식 후 전국적으로 거의 사고가 없었다는 긍정적인 보고를 받았다.

이진삼심제 李鎭三審制

헬렌 켈러 여사는 사람들이 "맹인으로 태어난 것보다 더 불행한 일이 뭐야?"라고 물어 오면 "시력은 있지만 비전이 없는 것."이라고 답했다고 한다. 진급심사도 마찬가지다. 비전 없는 심사는 군의 장래를 보장할 수 없다. 따라서 심사위원 선발에 여러 가지를 고려했다. 나는 참모차장 재임 중 참모총장의 명령으로 1989년 1월 1일에 진급하는 장군 진급 심사위원장을 맡은 적이 있다. 진급심사에서 공정성이 보장되지 않으면 모든 장병들은 근무 의욕을 상실한다. 평가기준으로 상급지휘관의 진급서열, 경력, 부대시험 성적, 훈장(표창), 근무고과(평점), 성적(초등군사반·고등군사반·육군대학), 지휘통솔, 인내심, 도전정신, 성격, 기질, 행동, 사생활, 건강, 체력, 여론 등을 고려했다. 특히 심혈을 기울인 것은 대령에서 장군으로 진급하는 심사과정이다. 장군 선발은 일단 유사시 국가의 운명을 좌우한다. 평균 45~50명 내외 진급에 600~700여 명이 해당자로 15명 중 1명이 진급한다. 참모총장으로 부임한 1990년 이후 장군 진급심사는 중장(☆☆☆) 1명이 심사위원장을 맡고 소장(☆☆) 6명이 심사위원을 맡았던 1심제에서 3배수에 가까운 중장(☆☆☆) 3명, 소장(☆☆) 15명(중장 1+소장 5)×3의 총 18명이 3개 조로 나뉘어 1차 심사 후 위원장 3명이 참모총장에게 최종 보고하는 3심제도로 바꿨다. 과거에는 심사위원이 누가 되느냐에 따라 좌우되던 진급관행을 이진삼(삼)심제(李鎭三

㈢審制로 바꿨던 것이다. 여기에 진급 부조리와 청탁 등 정실 심사는 불가능하다. 매년 12월 중순 최종적으로 국군통수권자인 대통령의 재가를 받고 1월 1일 장군으로 진급하게 되어 있다.

교육지상敎育至上, 중앙 심사

> 부대의 우열은 간부의 우열에 비례한다.
> 이진삼

1990년 9월, 육군대학 초도순시차 방문했다. 순시를 마치고, 강당 연단 위에 내가 볼 수 있도록 1972년 1월 23일에 졸업한 나의 육군 대학 성적이 놓여 있었다.

"육군대학총장이 나를 기분 좋게 하려고 졸업성적을 갖다 놓았는데 내가 왜 성적이 좋았는지 교관들에게 물어보겠다. 답변을 듣고 싶다."

몇몇 교관들이 일반론적인 답변만을 하니 대학총장이 "답변자가 없는 것 같습니다."라고 했다.

"상금 걸어 놓았는데! 내가 머리가 좋았기 때문도 아니고 교관들에게 잘 보여서도 아니다. 나는 사단 보안부대장 할 당시 고등군사반, 보안사 인사과장 할 때에 육군대학 교재를 선배들로부터 받아 예습을 했다. 그래서 성적이 좋았던 것이다. 앞으로 교관들은 교육하기가 수월하겠군."

모두가 박장대소하였다.

칠판에 '교육지상'을 적어놓고 '부대의 우열은 간부의 우열에 비례한다. 국가의 흥망은 군 간부에 좌우된다.'를 시작으로 교육 지상주의를 강조하며 교육 훈련을 강조했다. 군에서는 우수한 장교들이 육군사관학교, 3사관학교, ROTC, 각종 특과학교를 포함 각 병과학교 전 과정의 훈육관과 교관 그리고 교수가 되어야 한다고 훈시하였다.

교관은 첫째로 군의 지휘관과 참모를 역임한 자, 둘째로 군사교육 학교 성적과 고과평점, 인격, 야전성, 솔선수범, 가치관과 철학, 사생관, 끈기, 인내심, 도전정신, 지휘통솔, 사생활, 품격 등을 종합평가한다. 셋째로 직업의 3대 요소인 적재적소適材適所, 직장취미職場趣味, 능력발휘能力發揮를 할 수 있어야 한다.

이를 위해 현실적인 문제점을 파악 제도화해야 했다. 우수 집단인 학교에서는 진급 추천 서열 받기가 어렵다. 예를 들어 대령 진급을 위한 중령 중 해당자가 20명이라면 1~2명이 진급한다 해도 현실적으로 2/20 이상 지휘관 서열을 선배들이 우선으로 받기 때문에 후배들은 동기생 중 우수한 인재가 탈락하는 것을 목격하게 된다. 우수 인재가 교육기관을 희망하지 않는 이유가 여기에 있다. 진급 해당이 되면 오히려 학교 교관이 되는 것을 피해 떠나려고 하는 추세인 것을 알고 있었다. 나도 보병학교에 근무한 적이 있다.

"여러분들에게 선물을 하나 주고 가겠다. 선물이 무엇인지 아는 장교는 대답하라. 정답을 말하는 장교는 2주간 가족 동반 외국 군사학교 순시 겸 여행을 보내 주겠다."

3명의 교관이 답을 했으나 정답은 아니었다. 정확한 답변자가 없었다. 내 입에서 어떤 말이 나올지 모두가 긴장하고 있었다.

"나는 오늘 이 자리에서 우리 육군 전 교육기관에 지시한다. 앞으로 모든 계급 진급은 서열 없이 육본 중앙 기록카드 심사로 결정한다. 우수 집단인 교관들이 다수 진급할 수 있는 기회를 주겠다."

내 말이 떨어지자 모든 장교가 자리에서 일어나 환호성과 함께 "총장님 파이팅!"을 연거푸 외쳤다. 상상 그 이상의 반응이었다.

"앞으로 모든 교육기관 간부는, 각 학교에서 원하는 장교를 직접 육군본부에 와서 선발하도록 최우선권을 주겠다."

교육지상이다. 나의 지시가 떨어지자 과거와는 달리, 교관과 훈육관을 희망하는 우수한 장교들이 많아졌다. 다시 말한다. 부대의 우열은 간부의 우열에 비례한다. 지휘관은 전쟁의 승패를 좌우하고 국가의 존망을 책임진다는 자부심과 긍지를 가져야한다.

전방으로, 학교로

"왜 육군본부에 보좌관들이 이렇게 많아?"

참모총장이 되면서 그간 느꼈던 보수의 구태를 벗기기 시작했다. 육군본부에서 가장 눈에 띈 것은 많은 장군들 방에 근무하는 보좌관, 소령과 중령들이었다. 중요한 전방대대 작전장교가 소령이 아닌 대위가 하는 등 전방에서는 영관 장교들이 부족한 실정이었다.

"이제부터 일선 전방 야전 근무 위주로 진급 우선권을 주겠다. 육군본부, 군사령부, 군단 등 인력 감사를 지시하였다. 국방부도 물론 해군, 공군도 분위기가 달라졌다. 인사군기가 바로 이것이다. 정신교육이 따로 없다. 그러자 후방 근무를 선호했던 소령과 중령들이 너나 할 것 없이 전방으로 전출을 희망했다. 전방 사단 근무가 인기직이 되었다. 군의 혁신이 시작되었다. 말 한마디에 부족한 전방 인력이 해결되었다.

1971년 보안사령부 인사과장 시절, 인사 심사위원회에서 47명의 영관장교를 육군본부로 전출시킨 적이 있다. 보안사령부는 계급보다 하위직책 보직자가 많아지면서 진급 적체 현상으로 사기가 저하된 상태였다. 당시 사령관이었던 김재규 장군은 결재를 하면서 "왜 하필 내가 있을 때 정리하느냐?"고 물었다. "사령관님, 저는 금년(1971년) 10월 1일 중령 진급 예정자로 8월에 육군대학을 거쳐 전방 대대장을 희망하고 있습니다."로 대답을 대신했다. 보안사령부 일개 소령이 풍파를 일으켰다. 바다도 심한 파도가 물을 정화하여 고기도 잘 크고 번식시킨다.

1990년 참모총장 취임 후, 육군본부를 포함 예하 부대 인력 감사를 보고하도록 하면서 특과부대는 감편하고 전투부대 보강으로 전투력 증강의 계기를 마련했다. 사람이 가장 보람되고 행복한 것은 자기가 하고 싶은 일을 하는 것이다. 1959년 소위로 임관할 때 많은 선배들이 다른 병과 가지 말고 '보병으로 가라'고 했던 조언을 받아들여 보병의 길을 선택했기에 참모총장이 되어 하고 싶은 일을 할 수 있었다. 그간의 폐습과 타성을 말 한마디에 시정할 수 있는 참모총장이 된 것이 나는 참으로 행복했다. 계급과 직책을 떠나 보람과 긍지를 가졌다.

회장님, 고맙지만

 1991년 10월 오전 9시 태릉에서 골프 약속이 있었으나 오전 강수량이 20mm를 넘었고 오후에는 폭우 경보 발령까지 내려서 아침 7시경 취소하였다. 때마침 현대건설 사장이었던 이내흔 친구가 바람 쐬러 가자고 하여 어디론가 같이 갔는데 종로구 청운동의 현대그룹 왕회장 댁이었다. 정 회장은 백색 마스크를 벗으면서 "젊을 때 새벽 찬 공기를 마시며 일을 하다 보니 감기 면역성이 떨어져 조심하고 있다."면서 독감이나 유행성 감기가 아니기 때문에 전염 걱정은 없다고 우리를 안심시켰다.
 1개월 전 한강 수해 당시 행주대교 건너 일산 일대는 침수되어 바다 같았고 멀리 보이는 산은 섬 같았다. 현대에서 홍수 역류 방지를 위하여 대형 컨테이너 박스 30개로 제방을 쌓았고 군軍에서는 건설 공병단을 투입하였던 당시의 상황을 회상하며 덕담을 나누던 중 이내흔 사장이 화장실에 갔다. 그 사이에 정 회장은 백색 봉투를 꺼내 "내 정표니 받아요." 했다. 반쯤 꺼내 보니 아파트 문서였다. "사양하겠습니다. 오래전에 아버님이 조그만 아파트를 사주셨습니다." 나는 거절하면서 꺼냈던 서랍을 열고 봉투를 제자리에 넣

정주영 회장과 경기도 일산 수해 현장

었다. 어색한 분위기를 바꾸려고 커피 한 잔을 더 요청했다. 화장실을 다녀온 친구가 의자에 앉으면서 "회장님, 몸도 불편하신데 쉬시지요. 우리끼리 나가서 식사하겠습니다."로 인사를 하고 나왔다. 혹시나 친구가 백색 봉투에 대해 오해를 할까봐 은근히 신경이 쓰여 나는 슬쩍 떠봤다.
"정 회장께 말씀 잘 드려 주게. 정 회장 고마운 분이야."
"무슨 말인데?"
재촉하는 친구에게 당시의 정황을 말하지 않을 수 없었다. 친구는 전혀

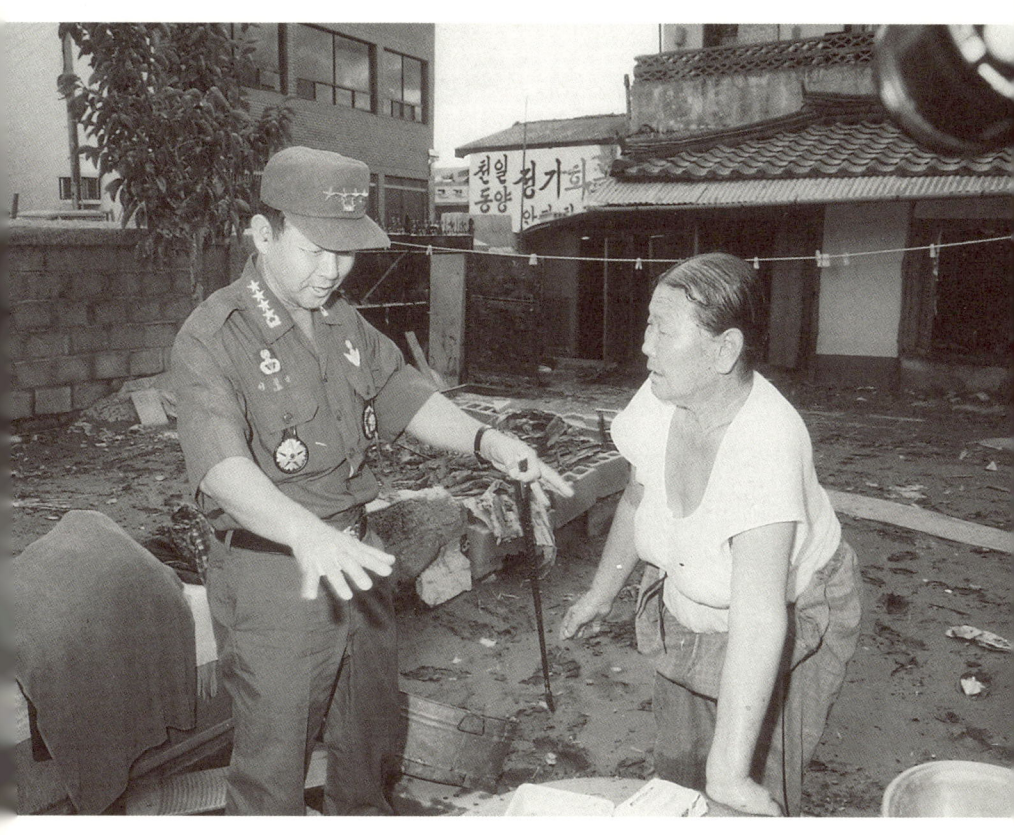

1991년 경기도 일산 수해 현장

몰랐다고 했다. 나는 "그러면 처음부터 없었던 일로 하자"고 했다.

  대전고등학교 동기인 그는 논산군 연산이 고향으로 성균관대학교를 졸업하고 현대건설에 입사하였고 능력 있고 인격이 훌륭한 친구다.

참모총장 그만 하겠습니다

사람에겐 무엇을 어떻게 했느냐가 중요하다. 특히 그 자리가 들 자리인지

날 자리인지에 대해선 자신이 제일 잘 알게 돼 있다. 1991년 11월에 접어들면서 노 대통령의 임기에 부담을 주지 않아야 한다는 생각과 함께 나로 인해 후배들의 인사가 정체되어서는 안 된다는 판단이 섰다. 노 대통령에게 인사 결재를 받으러 갔다.

"차 한 잔 하고 가지?"

"이제 참모총장 그만 하겠습니다."

뜻밖이라는 듯이 노 대통령이 되물었다.

"이 총장, 국방장관은 해야 하지 않겠어?"

노 대통령의 말이 끝나자 나는 전역을 결심한 내력을 풀어놓았다.

"지금 제가 군에 더 있으면 문제가 있습니다. 육사 16기 후배 대장 3명이 모두 제대를 해야 합니다."

"그래? 그럼 더 있다가 총장 그만두면 되잖아. 6개월 후에 다시 보자, 이 총장"

"어차피 1년 있으면 대통령 임기도 끝나지 않습니까. 6개월 후에 참모총장 그만두고 장관으로 간다고 하더라도 몇 개월 후에 나가야 합니다. 다음 정권에 제가 왜 있습니까?"

노 대통령은 내 말에 잠시 고개를 끄덕이더니 작심한 듯 말을 이었다.

"92년도에 올림픽이 두 개나 있잖아. 2월에는 제16회 알베르빌 동계올림픽이 있고, 7월에는 제25회 바르셀로나 하계올림픽이 있어. 그때 메달 따야 하지 않겠소? 88올림픽 때는 어쨌든 홈그라운드 이점이 있었음을 부정하진 못하잖아. 이 총장도 알다시피 내가 체육부장관도 하고 88올림픽 준비위원장도 하지 않았나. 이 총장, 그걸 맡아 해보면 보람을 느끼게 될 거야."

"재미있는 말씀드리겠습니다. 초대 9공수특전여단장이셨고 제가 제3대 9공수특전여단장 하였는데 초대 체육부장관 하신 곳에 제가 또……, 저 이제 후배들한테 물려주겠습니다."

수신: 육군장병   1991. 12. 6.

너를 지명하여 불렀나니 너는 내것이라
네가 물가운데 지날때에 물이 너를 침몰치
못할것이며
네가 불가운데 행할때에 타지도
아니할것이요 불꽃이 너를 사르지도
못하리니
"여호와는 너를 지키시는 자라"
- 사 43 : 1-2 -
1991. 12. 6 아침

육군참모총장
　　대장 이　　진　　삼

사진설명: ????????

나의 손사래에도 불구하고 노 대통령은 꿈쩍하지 않았다. 그러면서 정 싫으면 또 한 가지 방안이 있다며 내 시선을 끌었다. 1992년 4월에 있을 국회의원 선거를 꺼내들었다. 3당 합당을 했으니까 김종필을 전국구로 보내고 지역구로 출마하는 것은 어떤지를 물었다. 이번에도 내 대답은 대통령이 원하는 것이 아니었다.

"죄송한 말씀이지만 저는 정치하고 싶지 않습니다. 여기서 깨끗이 물러나겠습니다. 군복 벗자마자 존경하는 유권자 여러분, 이런 말 안 하겠습니다."

단호히 거절하고는 자리에서 일어나며 그만 가겠다고 했다.

"허, 이 사람 고집 부리네. 앉으란 말이야. 원래 이 장군은 운동 좋아하는 만능 스포츠맨이잖아. 내가 초대 체육부장관 했어. 박철언은 체육청소년부장관 희망해서 한 거야. 적어도 1년 이상은 할 거 아냐. 메달 충분히 딸 수 있잖아. 메달 따야 해. 1988년 15회까지 동계올림픽에서 메달 한 개도 따지 못했잖아. 24회 하계 서울올림픽은 솔직히 주최국으로 복싱, 유도, 레슬링 등에서 프리미엄이 있어 금 12, 은 10, 동 11개를 획득해서 160개 참가국 중 4위 한 거 아니겠어. 1992년 알베르빌에서 있을 16회 동계올림픽과 스페인 바르셀로나에서 있을 제25회 올림픽 잘해야 돼. 이 장군은 해낼 거야. 우리나라의 국위 상승은 물론 경제·외교·정치·교육·사회·문화 모든 분야에서 돈으로 비교할 수 없는 간접효과가 대단하다. 내 말 들어"

대통령의 말을 뒤로 하고 청와대를 나왔다. 하지만 내 생각에는 변함이 없었다. 전역을 결심한 그 순간부터 미국 UCLA에서 공부를 할 예정이었다. 1991년 12월 6일 육군참모총장 전역식을 마친 다음 날 바로 미국으로 떠날 비행기 표를 구매해 놓았다.

이 사실을 어떻게 알았는지 육사 11기 김복동 예비역 중장이 노 대통령에게 "지금 이진삼이 미국으로 간다고 하는데 확인해보십시오"라는 귀띔을 했다. 정해창 대통령 비서실장이 내게 전화를 걸어왔다.

"총장님, 미국에 간다고 들었습니다. 앞으로 나라를 위해 큰일 하셔야 하잖습니까. 한국에 계시지요" 하며 만류하였다.

"감사합니다만 가고 안 가고는 내 자유입니다."

30분 후 서동권 안기부장으로부터도 "외국 가지 말고 같이 일합시다."

나는 똑같은 답변을 하였다. 대통령께서 두 사람에게 지시하신 것으로 판단하였다.

04 또 다른 시작

- 체육청소년부 장관
- 양심을 저버린 검찰과 언론
- 15년 만에 국회에 입성
- 안보, 우리의 나아갈 길

체육청소년부 장관(1991.12~1993.2)

인간이 가장 행복한 것은 자기가 하고 싶은 일을 하는 것이다.
이진삼

체육청소년부 장관

"가족과 함께 테니스 라켓을 가지고 청와대 체육관으로 내일(1991년 12월 11일) 오후 3시까지 들어오라"는 대통령의 지시를 이현우 청와대 경호실장으로부터 전해 들었다. 우리가 청와대 체육관에 도착했을 때 대통령과 영부인은 테니스 선수들과 몸을 풀고 있었다. 운동 후 저녁식사를 하면서는 군대에서 있었던 이런저런 이야기를 나누었다. 먼저 말문을 연 것은 노 대통령이었다.

"군 생활이 좋아. 강등해서 사단장 하라면 다시 하겠다. 군대가 제일 좋아."

"군에서 여러 번 모시는 동안 많이 배웠습니다."

"무슨 소리야. 내가 연대장 할 때 대대장으로 나를 도왔잖아. 부대 대항 운동시합, 시범, VIP 영접을 도맡아 하고 또 내가 9공수특전여단장 할 때 참모장 하면서 나를 도왔지. 그간 정말 수고 많았어. 내가 초대 체육청소년부 장관 했잖아. 중요한 자리야. 지난번에 이야기했지만 지난 24회 88올림픽은 우리 안방인 서울에서 한 거야. 1992년 제16회 알베르빌 동계올림픽과 25회

1992년 8월 바르셀로나 올림픽 메인 스타디움

1992년 8월 북한 김유순 체육위원장과

1992년 바르셀로나 25회 올림픽(마라톤에서 금메달을 수상한 황영조)

체육청소년부 장관 국정연설

체육청소년부 장관과 사마란치 IOC위원장

바르셀로나 하계올림픽은 달라. 해보면 국민들도 관심 많고 보람 있을 테니 적성에 맞을 거야."

1991년 12월 14일 오전 10시, 대통령 경호실장 이현우로부터 전화가 왔다.

"형님, 내일 10시까지 남성대 골프장으로 나오시랍니다. 겨울 날씨가 춥기 때문에 남자들끼리 치기로 했습니다."

겨울 진눈깨비가 흩날리는 쌀쌀한 날씨였으나 골프 하기엔 지장 없었다. 윗분들을 모시고 골프를 칠 때는 점수가 높게 나지 않도록 살살 치곤한다. 이상한 것은 힘 빼고 살살 치면 더 잘 맞는다. 그런데 그날은 왠지 1 오버 파로 73을 쳤다. 17번 홀 수리지에서 옮겨 놓고 쳐야 하는데 그대로 쳐 파 할 것을 보기를 했다. 그래도 노 대통령은 "오늘 잘 쳤어. 72파 플레이 했으면 트로피 만들어 주려고 했지." 그 말에 나는 "대통령 동반 트로피는 가문의 영광이지요."로 화답하며 웃었다. 이틀 후 16일 오전 10시경, 이현우 경호실장으로부터 전화가 왔다.

"형님, 축하합니다."

"뭔데?"

"조금 전에 체육청소년부 장관 결재 났습니다. 연락하라는 대통령 말씀입니다. 지금 뭐 하십니까?"

"골프 약속 있어 나갈 참이야. 12시 52분 티업이야."

"오늘은 쉬시죠."

이현우 경호실장과의 전화를 끊고 10여 분이 지났다. 각 신문사 체육 관계 기자들이 막냇동생 이진원을 앞세워 집으로 몰려와 취재에 열을 올렸다. 동시에 전화벨이 울렸다. 박철언 전 장관이었다.

"박철언입니다. 뵙지 못하고 떠납니다. 제가 잘해놓고 떠나야 하는데 이해해 주십시오. 그렇지 않아도 대통령께서 제게 자주 선배님 말씀을 하셨습니다. 잘 부탁드립니다."며 겸손한 인사를 해왔다. 군대에서는 전후임 이·취임식이 있는데 행정부에서는 떠나는 사람은 가방 들고 도열한 직원들과 악수하고 떠나는 것이 끝이다. 대통령조차도 취임식만 있고 이임식은 없다. 하루 전, 국무총리 주재하에 세종문화회관에서 200여 명을 초청한 가운데 식사를 한 후 이임 인사하고 떠나는 것이 대통령 이임식을 대신한다.

"앞으로 체육청소년부 장관으로서 어떻게 할 계획인지 한 말씀 해주시죠, 장관님. 대형님으로 저희가 잘 모시겠습니다."

"아직 출근도 하지 않았고 업무 파악도 하지 않았는데 뭘 얘기해? 차나 한 잔씩 하지."

골프 약속이 있어 간다는 말을 남기고 집을 나왔다. 그 다음 날, 체육청소년부 장관으로 부임하였다.

변함없는 가치관

체육청소년부 장관이 되었다고 해서 달라질 건 없었다. 나는 어떤 일이라도 어렵고 곤란한 일은 앞장 선다. 한국야구위원회 총재를 바꿔야겠다는 판단이 섰다. 이웅희 총재 후임으로 국방부 장관이었던 이상훈으로 바꿔야겠다는 생각을 했다. 이해봉 차관에게 지시하여 이웅희 의원에게 전달하도록 했다. 이해봉 차관의 보고에 의하면 이웅희 의원은 "곧 국회의원 선거가 있는데 바꾸면 선거에 영향이 있지 않겠느냐?"며 난색을 표했다고 하였다. 내가 해결할 생각으로 이웅희 의원에게 직접 전화를 걸어 거두절미하고 말을 꺼냈다.

"이 의원님, 이진삼입니다. KBO(한국야구위원회) 총재 내놓으시죠."라는 내 말에 이 의원은 "곧 선거가 있잖습니까. 국회의원 선거 끝난 다음에 내놓겠습니다."라고 했다. 나는 "얘기 들었는데요, 이유는 묻지 마세요. 제가 1년 전 참모총장 재직 시 용인 지역 수해 복구 지원해드리지 않았습니까."라고 말했다. 그러자 "알겠다"는 답을 해왔다. 많은 사람들이 공직 등 고위직에서 물러나면 끈 떨어진 줄 알고 풀 죽어 다니는 경우가 허다하다. 나는 공직을 그만두고 더 바쁘다. 골프 치자고 했던 친구들과 골프 약속 잡기도 바쁘다. 나는 중령 때 전방으로 쫓겨 가 부연대장을 하면서도 연대본부 장병들과 일과 후 매일 운동을 했다. 다른 사람들 역시 내가 끈 떨어진 줄 안다. 그런 면에 있어서 내 생각은 다르다. 당당하다. 인생 또한 마찬가지다. 남들이 명품을 휘감았다고 해서 따라할 필요가 없다. 오히려 자신의 품위와 인격을 떨어뜨릴 뿐이다.

2004년 6월 10일, 아내가 고인이 되었다. 아내가 떠나고 두 딸에게 부탁해 장롱을 열어 유품을 정리하다가 24년 전 며느리가 시집올 때 혼수로 가져온 시아버지 시어머니 명품 롤렉스 금시계를 발견했다. 아들과 며느리에게 돌려줬다. 내 관심 밖의 물건이다. 모 중견기업의 회장은 문제가 생기니까 수염도 자르지 않고 두문불출, 몰골이 엉망이다. 사업이 실패하면 인생도 실패인 줄 알기 때문이다. 어떤 사업가는 부도나거나 검찰조사를 받으면 자살도 한다. 왜 그렇게 사는 것인지, 오히려 그럴수록 당당히 살아야 한다. 나는 부와 관계된 그룹 회장을 대단하게 여기지 않는다.

2008년 국회의원이 되어서도 1999년형 SM520을 타고 출퇴근했다. 한 번도 고장이 난 적 없고 멈춰 선 적도 없다. 이를 본 국회 수위들이 "저기 옛날 유명한 참모총장 출신의 구닥다리 차 좀 봐. 차 앞자리에 비서도 태우지 않고 다니잖아"라고 말한다는 것을 전해 들었다. 국회위원 임기 마지막 1년 동안 고속도로 전용차선 이용을 위하여 11인승 SUV를 1년간 리스해서 타고 다녔다.

엘리트 체육과 생활 체육의 활성화

체육청소년부 장관이 되어 제일 먼저 내건 목표는 전국 각지의 생활체육 활성화와 청소년 육성 시설의 확대가 절실함을 느꼈다. 게이트볼 등 체육시설 10개가 노인병원 20개의 효과가 있다고 이야기한 적이 있다. 현재는 생활체육협의회를 대한체육회가 합병하여 관리하고 있다. 당시는 국위를 선양하는 올림픽을 위한 대한체육회를 필두로 한 엘리트 체육과 국민생활체육협의회를 활성화하는 데 최선을 다했다. 각 지방 단위로 청소년 훈련 시설과 일반 국민의 생활체육 활성화에 대한 수요를 정책적인 차원에서 지원하는 방안을 강구하였다.

야구와 골프 선수의 국위선양도 큰 몫을 하였다. 건강과 여가선용의 생활체육은 남녀노소 할 것 없이 육체적 정신적 투자대비 효과가 대단했고, 지방자치제단체별로 행사를 통해 세계적인 청소년 잼버리 대회도 개최하였다.

노태우 대통령은 1992년도 동계와 하계 올림픽에서의 국위 선양과 국민 생활체육, 그리고 청소년 육성에 대한 중요성을 강조하면서 적극적으로 지원하였다.

동계올림픽 최초의 메달

우리나라는 동계올림픽 1회에서 15회까지 한 번도 메달을 획득하지 못했다. 1992년 2월, 드디어 제16회 알베르빌 동계올림픽에서 건국 이후 최초로 금 2, 은 1, 동 1개 총 4개의 메달을 획득하여 64개국 중 10위, 아시아권에서는 1위를 하는 성과를 올렸다. 이는 결코 우연이 아니었다.

제16회 동계올림픽을 앞둔 1992년 초, 서울 목동아이스링크에서는 국제 실내스케이트대회가 열렸다. 개회사를 하기 위해 참석했던 나는 내 눈을 의

심하지 않을 수 없었다. 중년부인들로 목동아이스링크 안이 빼곡했기 때문이다. 이상하게 여겨 이유를 물었더니 선수 선발을 위한 학부모들의 관심에서 비롯된 것이라 했다. 말하자면 코치나 감독을 향한 학부모들의 치맛바람이었다. 3일 후 체육진흥국장에게 지시하여 동계올림픽 회장과 코치와 감독들을 체육청소년부 회의실로 집합시켰다.

"목동 인근 호텔 일식당과 청량리 삼화일식, 장충체육관 앞 일식당 등에서 선수들의 부모로부터 접대를 받고 선수 선발을 하는 코치와 감독은 징계하겠다"는 포고를 했다. 그리고 관계 부서로 하여금 감시 감독을 철저히 하겠다고 강조하였다.

동계올림픽 국가대표 선수 선발은 학부모와 코치, 감독의 연결고리로 결정되고 있었다. 공정한 선수 선발이 승리의 지배적 요소다. 체육계 전반적인 부정비리를 뿌리 뽑겠다고 선언하였다.

히딩크 감독은 월드컵 대표 선수를 선발할 때 학연, 지연에 관계없이 선수를 선발했기 때문에 성과를 거둘 수 있었다. 나 역시 마찬가지였다. 공정한 선수 선발만이 동계올림픽에서 성과를 거둘 수 있다고 믿었다.

1992년 7월, 제25회 스페인 바르셀로나에서 열린 하계올림픽에서는 황영조 선수가 마라톤 종목에서 우승을 하며 금 12, 은 5, 동 12개 총 29개의 메달을 획득했다. 169개 참가국 중 세계 7위의 성과를 올렸다. 무엇보다 일본을 제압함으로써 아시아권의 체육판도를 바꿔 놓았다. 마지막 폐회식장에서 올림픽의 꽃인 마라톤의 금메달 획득으로 세계인의 기립 박수를 받는 가운데 메인스타디움에서 세계의 TV화면에 대한민국의 애국가를 울려 퍼지게 했다. 올림픽의 마지막을 장식하면서 세계를 놀라게 했고, 대한민국의 위상을 88올림픽에 이어 드높였다.

황영조 선수는 올림픽 2개월 전부터, 스페인 마드리드에서 더위와 싸워가며 전지훈련을 한 덕분에 영광의 우승을 차지할 수 있었다. 결코 우연이 아니었다. 코오롱 이동찬 회장, 육상연맹 박정기 회장, 이진삼 장관 3박자의 작품이다.

무엇을 하든 맡은 바 책임을 완수하기 위해 늘 핵심이 무엇이고, 가장 필요한 것이 무엇인지를 찾아내서 하는 끈질긴 노력이 성공의 비결이다. 말보다는 실천, 계획보다는 결과이다.

똑똑히 모셔

노 대통령은 신중한 분이다. 어떤 일이든 생각에 생각을 더한다. 1992년 6월의 어느 일요일, 노 대통령 내외분 등 세 분의 선배 가족들과 함께 남녀 두 팀으로 태릉에서 골프를 치고 식사를 하였다. 그 자리에서 나는 철도 노조원에 대한 보고를 드렸다.

"아무리 민주주의라지만 노조원들이 전철역장을 무릎을 꿇려놓고 발길질 해대는 모습이 TV전파를 타서야 되겠습니까. 국민들의 눈에 비친 인상이 좋지 않습니다. 강력한 대책이 필요합니다."

노 대통령이 조용히 말문을 열었다.

"용광로는 부글부글 끓어야 작품이 나오는 거 아니겠어? 민주화도 마찬가지다. 그런 과정을 겪어야 민주화가 이루어지지."

대통령의 대답이 나로선 이해가 되지 않았다.

"그래서는 안 되는 일이지요. 그것을 보고 자라나는 학생들이 어떤 생각을 하겠습니……."

그때였다. 말을 계속 이어가려는 순간, 함께 있던 선배 한 분이 "식사하시지요." 하면서 내 말을 가로막았다. 옆의 아내도 내 옆구리를 쿡쿡 찔러댔다. 바른 소리를 하지 말라는 뜻이었다. 도처에서 민주화 바람으로 국가 기강이 흐트러진 때였다. 군 통수권자 대통령에게 '물태우'라고 하는 일부 국민들을 보면서 그들에게 주먹을 날리고 싶은 때가 한두 번이 아니었다.

　오랫동안 대통령을 모셨던 사람으로서 다른 사람이 함께 있는 자리에서 개인적 견해를 이야기한 것은 잘못이지만, 대통령의 '용광로는 부글부글 끓어야 한다.'는 말을 혹시라도 국민들이 알게 된다면 더 큰 문제일 것 같았다. 그러니 나로선 점수 잃을 것을 각오하고 진언할 수밖에 없었다. 당시에 만나는 사람마다 내게 "이 장관, 대통령께 국가의 기강과 치안에 대한 진언 좀 하시오."라는 당부를 해왔다. 그들 모두는 노 대통령 당선을 위해 강력히 지지했던 유권자 국민들이었다. 식사를 마치고 대기하고 있던 마지막 세 번째 차에 오르려는 순간, 문을 열어주기 위해 다가선 이현우 경호실장에게 나는 기어이 한마디를 하고 그곳을 떠났다.

　"윗분, 똑똑히 잘 모셔!"

　차에 오르자 아내가 기다렸다는 듯이 내게 말했다.

　"여보, 왜 그런 말까지 하셨어요. 좀 그랬어요, 듣기가."

　무슨 일인가 싶은 운전기사의 표정이 백미러에 비쳤다.

YS는 안 됩니다

　6공화국 후반기로 접어들면서 노 대통령의 가장 큰 고민은 후계자였다. 이전인 1990년 1월 22일, 여소야대의 정국을 헤쳐 나가기 위해 JP(김종필 총재), YS(김영삼 총재), TJ(박태준 최고위원)가 3당 통합을 한 후부터 이어진 고민이었다. JP는 젖혀 두고 YS냐, TJ냐를 따졌다. 한번은 내게 의중을 물어오기에 "YS는 안 됩니다"라고 답했다. 어떻게 알았는지 하루는 YS의 최측근인 최형우 정무장관이 나를 찾아와 "이 형, 도와주세요. 대통령께 말씀 좀 잘해주세요. 우리 집권해야 되지 않겠습니까?"라며 사정을 했다. 나는 "정치에 관여 않기로 했다"며 대화를 잘랐다.

그 이전 3당 합당할 당시에도 나와 박철언은 YS와의 합당을 반대했었다. 영호남 화합을 이루기 위해선 YS 대신 DJ와 합당하기를 바랐다. 어떤 상황에서도 직언직설을 마다하지 않았던 나로선, YS에게 딱히 감정이 있어서가 아니었다. 결국 YS와 합당을 했고, 합당 이후 YS는 배신에 배신을 거듭했다. 무엇이 우리 국민을 위해 최선인가를 생각하고 소신껏 드렸던 충언이었다. 하지만 그때의 소신 있는 내 충언은 이후 YS가 14대 대통령이 된 후 예측했던 일로 나타났다. 1993년 2월 25일 집권한 김영삼 정권은 감사원, 국세청, 안기부, 군, 검찰, 경찰, 경제인, 정치인 등에서 숙청 대상을 정하고 5~6공 청산 작업을 시작했다. 나도 예외가 아니었다. 군 인사, 율곡비리 등 2개월간 친인척까지 샅샅이 뒤졌다. 내게서 아무것도 찾아내지 못하자 서울지검 공안검사를 동원, 나와 무관한 정보사령부 사건을 부풀려 언론공작을 폈다. 사건도 아닌 사건을 나와 관련지어 1개월간 언론 플레이를 하고 피의자를 연행, 그들을 살려주는 조건으로 나와 관련 있는 것처럼 피의자로 만들어 입건시키려 애쓴 흔적이 곳곳에서 드러났다. 나의 알리바이가 확실해지자 이번에는 얼토당토않은 일을 굴비처럼 엮어 넣기 시작했다. '정의롭게 살자'를 삶의 신조로 했던 나에게 화살을 조준했다.

지금껏 내가 살아온 삶에 대해 국가에서 잘했다고 훈장을 주진 못할망정, 하지도 않은 일로 한평생 명예를 목숨보다 소중히 지키며 살아온 내게 이래도 되는 것인가.

선은 선으로, 악은 악으로 받게 돼 있다. 반드시. 아직 돌려받지 않았다면 받지 않는 게 아니라 아직 때가 이르지 않은 것이다. 사필귀정, 이제 때가 왔다. 이 문제에 대해선 18장에서 자세히 밝히기로 하겠다.

손 내민 YS

많은 사람들의 반대에도 불구하고 YS는 대통령 후보가 되었고, 은밀하게 'YS 대통령 만들기'가 시작됐다. YS로부터 내게 만나자는 연락이 온 것은 1992년 11월이었다. 노 대통령으로부터 나에 대해 이런저런 이야기를 들었던 것도 있고, 대통령 후보로 자신을 반대했던 나를 회유하여 선거운동을 부탁하려는 의도였다. 저녁8시, 하얏트 호텔 방에서 만나 30여 분 대화를 나눴다.

"선거 좀 도와주시오, 이 장관."

YS는 내게 봉투를 내밀며 부탁했다. 나는 받지 않았다. 문을 열고 나오는데 다시 봉투를 내 손에 쥐어주기에 방 안으로 던져놓고 나왔다. 장관직을 끝으로 미국 UCLA에서 최고경영자 과정이 예정되어 있어 준비하고 있을 때였다.

JP^{김종필}와의 첫 만남

많은 사람들이 내게 갖는 선입견 중 하나가 김종필 씨와 나의 친분에 관한 것이다. 둘의 고향이 같은 부여라는 것만으로 일부는 내가 그와 막역한 관계인 줄 알고 있다. 그의 형 김종익 의원과는 친분이 있다. 고향 부여 학교 스승님이셨다. 노 대통령이 JP에게 "같은 고향 이진삼 장군 만나보세요."라는 말에 JP는 내가 잘 아는 유성열이란 부여 고향 사람을 통해 만나자는 전갈을 보내와 용산우체국 앞 한정식 집에서 만난 것이 첫 만남이었다. 고금을 막론하고 군과 정치인은 기질과 성격이 다르다. 군인 출신답지 않고 구태정치 냄새나는 김종필 씨의 인생철학, 가치관, 생활관이 나와는 달랐기 때문이다.

1999년 국무총리 김종필로부터 만나자는 연락이 왔다. 부여 지역구 국회의원 출마를 권하기 위해서였다. "부여 군민들은 이진삼 장관이 국회의원 하기를 원하고 있소. 내 다음으로 정치해보시오."라는 것이었다. 나의 기억으로 8년 전인 지난 1991년 12월 노태우 대통령은 부여 고향에서 국회의원 하는 것이 어떠냐고 권한 적이 있었으나 사양하자 체육청소년부 장관을 시킨 것이다. 당시 김윤환 사무총장에게 JP를 전국구로 보내고 이진삼으로 연구해보라는 지시가 있었다. JP는 당시 지역구 욕심을 못 버리고 김윤환에게 한 번 더 하겠다며 노 대통령에게 건의해 달라고 부탁한 것을 내가 청와대 방문 시 이병기 실장이 현관에서 나를 안내하며 귀띔해 주었다. 8년이 지난 시점에 자의에 의하여 나에게 지역구를 권한 것이다. 나는 국가안보 차원에서 국회에 입성, 투쟁하겠다는 의지를 굳혔다. 김대중 정부의 국방정책에 불만이 있을 때였다. 나는 약속하고 미국 Cal Poly 대학교 산업교육연구소 이사장직을 인계하기 위하여 3주간 LA를 다녀왔다. 자민련은 50석이 4년 만에 17석으로 전락될 시점으로 김용환 의원의 권고로 같은 김해 김씨인 김학원 한나라당 의원을 자민련으로 입당시켰다. 김 의원은 "이진삼 선배는 어떻게 합니까?"라고 묻자 JP는 이 장군과 이야기 되었으니 염려 말라고 거짓말을 하였다. 역시 정치 9단으로 9선 국회의원다운 대답이었다. 국무총리까지 한, 필요에 따라 처신하는 군과 고향 선배에 대하여 나는 머리를 흔들지 않을 수 없다.

양심을 저버린 검찰과 언론

이것이 민주주의인가

 군인이 목숨 바쳐 싸우는 것은 민주주의 수호와 국민의 재산을 지키고 생명을 보호하기 위함이지, 특정인의 권력 유지 차원의 충성이 아니다. 수사기관에 불려가 본 사람은 구속과 불구속의 차이를 절감한다. 결과가 어떻든 '일단 구속하고 보자'는 검찰의 권력 남용으로 인한, 생명보다 소중한 명예의 훼손은 어디에서 보상받아야 하는가. 구속은 수사편의주의에서 비롯되었다. 일단 잡아넣고 심리적 압박을 가해 쉽게 자백을 받아 내려는 의도다. 수사편의주의는 우리 헌법에 반한 행위다. 우리 헌법에서는 '유죄 확정까지 피의자는 무죄로 추정되며, 자유로운 상태에서 수사와 재판을 받아야 한다.'는 원칙을 규정하고 있다. 형사소송법도 구속 여부는 '증거 인멸과 도주의 우려'에 따라 판단하도록 한다. 피의자의 방어권을 보장하고 억울한 옥살이를 막아야 한다는 취지다. '범인 열 명을 놓치더라도 억울한 한 명을 만들어선 안 된다'는 법의 대원칙과도 부합된다. 공정한 수사와 법 집행은 우리 모두의 인권과 민주주의를 위한 일이다. 누구든 억울한 한 명이 될 수 있다. 그 한 명이 내가 되리라곤 1993년 2월 25일 김영삼 정부가 들어서기 전까지는 상상도 못했다.

시작된 보복정치

1993년 2월 25일, YS가 제14대 대통령에 취임했다. 취임하자마자 3월 8일, 김영삼 대통령은 임기를 9개월 여 남겨놓고 있는 김진영 육군참모총장과 서완수 기무사령관을 전격 해임하는 것을 시작으로 군부터 숙청한다면서 지휘관들을 제거했다. 전직 고관대작들을 향해 사정이라는 미명하에 칼을 마구 휘둘러댔다. 국민들의 입장에서는 소위 고관대작들, 좀 센 사람들의 몰락을 지켜보며 대리만족을 느끼기에 충분했다. 소름끼치는 칼날은 내게도 예외는 아니었다. 전직 육군참모총장이었고, 5공과 6공 시절 YS와의 3당 합당에서부터 대통령 후보가 되는 것을 반대했기 때문이다. 하지만 나에겐 그 어떤 것도 걸고넘어질 명분이 없었다. 정치군인도 아니었고, 부정한 일을 한 적도 없었다. 통장 입출금 내역까지 조사하였지만 허사였다. 칼날이 비껴가나 싶었다.

마녀사냥

마녀사냥, 사전에서는 '특정 사람에게 죄를 뒤집어씌우는 것을 비유하는 말'로 정의하고 있다. 중세 유럽의 암흑기에 횡행했던, 권력과 기득권을 유지하기 위한 수단이었다. 일단 마녀로 찍히면 이래도 죽고 저래도 죽는다. 그러니 작당한 권력자들은 시나리오에 따른 수사내용을 언론에 본격적으로 흘림으로써 나를 마녀로 몰아가기 시작한 것이다.

1993년 7월 5일자 중앙일보 3면에 〈5공 후반 군 특수부대에서 민간인 정치 테러단 운영〉이라는 기사를 내보내는 것으로 시작하여 7월 6일자 조선

일보 기사에서는 〈5공 시절 군 특수부대 정치공작 관여. 테러단 일원 김형두 씨 폭로〉를 다루었다. 조선일보 7월 8일자 기사에서는 〈정보사 당시 3처장이 지시, 이 중령 구속, 사령관 등 관련조사〉를 실었다. 그러더니 7월 15일자 기사에서는 〈이진삼 전 사령관 정보사 테러 관여, 보안사 전 처장 지령, 한진구 씨 진술, 검찰 수사 요청〉이 실리더니 7월 31일자에는 〈이진삼 씨 오늘 영장, 정보사 테러, 검찰 소환 타 기관 공모 추궁〉의 기사가 실렸다.

7월 한 달간 언론을 통해 중계방송 되던 7년 전의 테러 사건은 결국 한 사람을 지목하는 것으로 일단락되었다. 지목당한 사람은 나였고, 지목한 사람은 천성관 검사였다.

천성관千成寬은 부모님이 천 번 너그럽게 살라고 지어준 이름대로 살지 않은 천인공노天(千)人共怒할 불효자, 파렴치한破廉恥漢으로 부모, 고향, 학교의 명예를 더럽힌 자다. 법을 떠나 사회로부터 격리시켜야 한다. 나는 공산주의자, 부정부패, 정의롭지 못한 자와 적 되는 것을 두려워하지 않는다.

검찰은 1985년 1월부터 1987년 1월까지 내가 육군정보사령부 사령관으로 재직하던 시절의 나도 모르는 사건을 끌어다 붙였다. 1985년 10월에 내가 정보사령부 3처장이었던 한진구에게 "보안사령부 박동준을 만나보라"는 지시를 했고, 1986년 4월에 한진구는 박동준으로부터 당시 "신민당 부총재인 양순직을 혼내주라"는 요청을 받았고, 이를 내게 보고함으로써 한진구는 나로부터 "잘하라"는 지시를 받았다고 했다.(보도 유인) 그리고 1986년 4월 29일 22시경, 서울 동작구 신대방 골목길에서 한진구가 이상범 등을 시켜 양순직 의원에게 폭행을 가하게 했고 이에 양순직 의원은 입술이 터지고 이가 부러지는 치료기간 미상의 상해를 입었다고 했다. 치료기간 미상이 이가 부러지는 상해인가, 그렇다면 진단서는 왜 없는가. 양순직은 이가 부러진 사실조차 없다. 피의자가 내게 보고했다는 그날, 나는 한국에 없었다. 외국 출장 중이었다.

조작된 양순직 의원 사건의 핵심

보고 받은 사실이 없다 |

  나는 한진구에게 보안사령부의 박동준을 만나보라는 지시를 내린 적이 없다. 당시의 보안사령관인 이종구와는 평소 군 생활 철학과 가치관이 달라 사이가 좋지 않았다. 테러와 관련된 어떤 누구라도 내 성격상 거절했을 것이다. 이러한 공작은 이종구도 가담할 만한 가치나 내용이 아니었다. 또한 한진구가 박동준을 만났다고 진술한 조선호텔에서 한진구가 박동준을 알아보는 과정도 엉터리다. "군인인 듯한 사람이 있어 물어보니 박 준장이었다."는 한진구의 진술에서 군인 같다는 것은 머리 모양을 두고 한 말인 듯하나, 보안사 장군들은 일반인과 같은 머리와 복장을 하고 다녀 외관상 군인으로 식별되지 않는다. 보안사와 정보사는 같은 정보기관으로 장군 간에 모를 이유가 없다. 도피한 박동준 한진구는 조사도 받지 않은 상태에서 검찰이 조작한 시나리오임이 틀림없다. 7월 초, 신문에 보도된 후에 김영삼의 가택 침입 사건에 대해 알게 되었다. 만약 내가 이 사실을 알았다면 내 성격에 한진구를 보직 해임 즉 전역시켰을 것이다.
  군의 중요 직책이며 긍지와 명예가 있는 보안사령관이나 정보사령관이 이러한 일에 관여한다는 것은 상식 밖의 일이다. 유치하기 짝이 없는 파렴치한 천성관의 시나리오다. 수방사령관, 특전사령관, 보안사령관, 정보사령관은 대통령이 직접 참모총장에게 지시하여 보직되는 자리로 정치인이나 누구에게 잘 보일 이유가 없다.

증거가 없다 |

  사건 발생 7년이나 지난 1993년 7월 초 신문에 보도된 기사를 보고 사건을 알게 되었고 한진구(예·준장)에게 전화로 "신문 방송에 난 것이 무슨 내용

[별지 제138호서식]

발행번호 NO. KP-BN-00-010003(3 - 2) 모두 1 쪽중 1 째쪽

출입국에관한사실증명 CERTIFICATE OF THE FACTS CONCERNING THE ENTRY & EXIT

처리기간 즉 시

출입국자성명 NAME	이진삼		
성 별 SEX	남 (M)	생 년 월 일 DATE OF BIRTH	1937.02.10
국 적 NATIONALITY	한 국	여 권 번 호 PASSPORT NO.	4731325

출입국일자 DATES OF DEPARTURE AND ARRIVAL IN KOREA

출국 DEPARTURE	입국 ARRIVAL	출국 DEPARTURE	입국 ARRIVAL
1985.06.03	1985.06.13	1985.10.20	1985.11.04
1986.04.24	1986.05.06	1986.10.21	1986.11.03
1990.10.11	1990.11.02	1991.10.05	1991.10.19
1992.02.06	1992.02.19	1992.05.25	1992.06.03
1992.07.23	1992.08.06	1993.03.07	1993.03.23
1993.10.12	1993.11.09	1994.01.13	1994.03.29
1994.04.01	1995.08.24	1996.04.20	1996.06.17
1996.08.29	1996.10.26	1997.01.17	1997.03.05
1997.06.12	1997.07.14	1997.08.05	1997.09.02
1998.05.04	1998.05.19	1998.08.26	1998.10.08
1999.01.16	1999.03.16	1999.07.15	1999.09.02
2000.01.11	2000.01.24	2000.02.05	2000.03.11
다음빈칸			

출입국관리법 제88조의 규정에 의하여 위 사실을 증명합니다.
I certify to the above facts in writing pursuant to Article 88 of the Immigration Law.

발 급 일 Date of Issue 2000.04.06

김포출입국관리사무소장
Chief, Kimpo Immigration Office

기록대조자 확인
기록대조
1983.01.01 부터
2000.03.27 까지

구비서류 : 없음
* 향토예비군 훈련면제용으로는 사용할 수 없습니다.

수수료 1,000원
FEE

23236-00811 일 증 명 발 급 : 서울특별시 강서구 방화동 712-1 김포국제공항 제2청사
'95.10.5. 승인 안내및문의 : (02)664-7416
담당부서 : 김포출입국관리사무소 책임자 : 황의소 담당자 : 이정미

210㎜×297㎜
인쇄용지(특급) 70g/㎡

출입국에 관한 사실증명서

이냐?"고 물었다. 그러자 한진구는 "총장(예·대장)님은 잘 모르시는 내용입니다. 별 것 아닙니다."라고 했다.

더구나 한진구는 1986년 4월 29일 밤 12시쯤, 이상범으로부터 "실패한 것 같다"는 보고를 받고 내게 전화로 보고를 하자 "이상범을 데리고 오라"고 하여 "함께 사령관 공관으로 가서 야단을 맞았다"고 했다. 그러나 그 날 내가 '한국에 없었다'는 사실을 천성관 검사가 알고 부터는 "기억이 없다"며 진술을 번복했다.

이상범 또한 마찬가지다. 1회부터 3회까지의 진술에서는 양순직 폭행사건 발생 당일인 4월 29일 밤 12시경, "사령관 공관에 불려가 야단을 맞았다."라고 진술했다. 이후 4회 진술에 이르러서는 내가 1986년 4월 24일부터 5월 6일까지 해외 출장 중이었음을 뒤늦게 알게 된 천성관 검사의 유도에 따라 1986년 5월 15일부터 5월 19일까지의 일로 기억된다고 진술을 번복했다. 1986년 5월 15일부터 5월 19일까지의 날짜는 당시 사건에 가담했던 김형두가 양순직 사무실 비서관을 찾아갔다는 일자와 일치한다. 비서관은 영등포 경찰서에 연락한 것이 전부다.

한진구는 군 검찰에서 진술 후에 "군 검찰관에게 속았다"면서 원망하는 취지의 말을 하고 다녔다. 한진구에게 이병조(예·준장)가 "사령관 이진삼 총장은 그 기간에 외국 출장 중이었다"라고 말하자 "그랬었는가?" 하고 반문한 바가 있다.

이 사건이 언론에 보도되어 한진구가 군 검찰부에서 조사받던 날인 1993년 7월 10일, 박동준이 돌연 미국으로 도피성 출국을 했고, 한진구는 국내에 도피했으나 검찰에서는 검거는커녕 조사도 하지 않았다. 진술도 검사가 직접 청취한 것이 아니고, 군 검찰부에서 작성한 진술조서가 있을 뿐이다. 검찰은 한진구를 다시 불러 진술을 받지 않았다. 공작단장 한 장군은 예하 지휘관이다.

정보사령관은 2년간 한 장군에게 한 건도 결재한 적이 없다. 군은 연대장이 사단장에게, 사단장이 군단장에게 결재 받지 않는다. 참모만이 지휘관 결재를 받는다.

참고인에서 피의자로

1993년 7월 31일, 참고인 조사를 받기 위해 서울지검에 도착했다. 순간 나는 깜짝 놀라지 않을 수 없었다. 각 언론사 취재진이 진을 치고 있었다. 연신 플래시를 터뜨리며 질문을 하는 기자들 앞에 서면서 인권 찾는 김영삼이 눈에 어른거렸다. 해명할 수 있다는 믿음을 가졌으나 그 믿음은 곧 무너졌다. 공안1부 903호실의 담당 검사 천성관을 마주하는 그 순간부터. 그는 내가 21사단의 사단장일 때 중위로 군법무관을 했던 부하였다. 사건을 조작, 언론 플레이를 통해 국민에게 알린 후, 나중에 안 사실이지만, 모든 사건 용의자들을 용서한다는 조건으로 설득해 같은 발언을 하도록 만들어 나를 피의자로 만든 사실이 너무도 창피하고 개탄스럽다.

그는 나를 늦게까지 조사했다. 그가 질문하는 일이란 것이 내가 한 일이 아니었기에 나는 당당하게 "내가 하지 않았다"라고 말했다. 그럼에도 천 검사는 내가 범인이란 전제하에 피의자들 진술을 토대로 물었다. 나는 몹시 화가 났다. 정의롭게 살기 위해 발버둥 치며 살아온 나에게 정치검사에 지나지 않은 천성관이 내게 모욕을 주다니.

"야! 이 사람아, 내가 사단장으로 자네들을 이렇게 가르쳤나?"

나는 그에게 다그치듯 소리치지 않을 수 없었다. 그는 "죄송합니다."는 말밖엔 아무런 대꾸를 하지 않았다. 가슴이 난도질당하는 느낌이었다. 진정 이래도 되는 것인가. 정녕 하늘이 두렵지 않은가. 과연 내가 국민을 위해 목숨 걸고 지키려던 민주주의 국가인가. 하지만 소용없는 일이었다. 일단 잡아넣기로 짜 맞춘 정치검사의 시나리오 앞에 한 사람의 진실된 목소리는 공허한 메아리에 지나지 않았다. 명백한 증거도 없었다. 맞았다는 진단서도 없었다. 더구나 테러를 당했다는 측에서는 당시에 고발조차도 하지 않은 사건을 7년이나 지나서 말도 안 되게 엮는 꼴이라니, YS 권력의 정치 보복이었다. 나는 천성관의 권력형 파렴치한 양심을 이해할 수 없다.

권력의 노예

1993년 7월 31일 오후 나는 참고인에서 피의자 신분이 되었다. 가족들의 모습이 눈앞에 어른거려 통한과 분노가 복받쳐 올랐다. 이미 5공과 6공의 육군참모총장, 해군참모총장, 공군참모총장과 해병대 역대 사령관과 공군의 많은 비행단장 등이 구속되어 있었다. 나는 혀를 깨물고 죽어서라도 나의 결백을 보여주고 싶었다. 하지만 그럴 수 없었다. 죽어버리면 그것으로 죄를 인정하는 꼴이 되고 만다.

8월 6일, 나는 서울지검 공안1부 903호 조사실로 들어섰다. 같은 사건으로 두 번째 소환이었다. 천 검사는 구속 당일에 물었던 질문들을 다시 묻지도 않고 "고생 많으십니다." 했다. "천 검사, 나를 쳐다보라. 왜 얼굴을 들지 않고 말하나." 나는 벌떡 일어나 창밖을 보며 분노의 한숨을 쉬었다. 내가 천 검사에게 "아무리 생각해도 사건 당일의 일이 생각나지 않는다. 혹시 내가 매년 4월에서 5월 전후로 정보교환을 위한 외국 출장을 다녀왔는데 그때가 아닌지 모르겠다."라고 말했다. 이에 천 검사는 출입국관리소에 확인하여 사건 당일, 내가 출장 중이었음을 확인했다.

사건 당일 "내게 지시를 받고 양순직 의원에 대한 테러를 감행, 실패하자 공관으로 불려와 흰색 러닝셔츠와 파자마 같은 칠부바지를 입은 내게 심한 꾸중을 들었다"는 연극을 연출하여 피의자들을 재소환해 번복토록 하는 등 허위 진술서를 작성하도록 유도했다. 나는 큰 자식 그리고 딸과 며느리 앞에서도 파자마를 입지 않는다. 사실도 아닌 관계없는 복장을 거론하는 등 유치한 소설 같은 얘기였다. 다급해진 천성관은 최악의 인간으로 변하기 시작했다. 천 검사는 나를 2차 소환 시 조사는 하지 않고, 사건을 시인하지 않으면 6개월간 구속한 상태에서 계속 조사하겠다며 당황하는 기색이었다. 죄를 뒤집어씌우고 옭아맨 자체가 괘씸하기 그지없었다. 죄 없는 사람을 옭아매는 권력의 노예가 된 천 검사는 대한민국 최고의 고등학교와 대학교 출신이다. 더욱 기가 찬 것은 사건 내용과 관련된 질의는 한마디도 하지 않으면서 사건과 무관한 10·26, 12·12, 5·18 등의 자료를 수집하기 위한 질문을 한 점이다.

내 앞에서 어느 지방지청장과 통화를 하면서 "형님, 제가 이번 인사에서 어떻게 될지 모르겠습니다. 잘 되겠지요?"라며 차후 보직에 대한 이야기를 나누는 꼴이라니. 어떻게 내 앞에서 그런 출세를 상의하는 철없는 짓을 할 수 있단 말인가. 그는 권력과 황금의 노예다. 목적을 위하여는 수단과 방법을 가리지 않는다.

천 검사는 16년 후 검찰청장 후보에 올랐다. 하지만 2009년 7월 13일, 검찰총장 후보자에 대한 인사청문회가 열린 다음 날, 검찰총장 후보자에서 사퇴한다. '스폰서 검사'라는 오명 등 많은 문제로 인사청문회에서 파렴치한 공직자로 검찰총장 후보자에서 낙마했다.

강남 지역 고가 아파트 구입자금의 출처와 금전 거래가 있는 기업가와 동반 골프여행 의혹, 부인의 명품 쇼핑 등 수없이 많은 개인 문제를 둘러싼 도덕성 논란이 불거졌기 때문이다. 과연 그것뿐이겠는가.

정보사령부에 같이 근무했던 이병조 장군이 한진구를 만나 "1986년 4월 29일 사건 당시, 사령관님은 외국 출장 중으로 한국에 계시지 않았는데 이를 알고 있느냐?"고 묻자 "그랬나요, 저는 모르고 있었는데요."라고 했다.

이병조 장군과 한진구의 대화를 보면 이 사건이 얼마나 어이없는 것인지 알 수 있다. 결국 김영삼 정권에 아부하기 위한 권력 노예들의 장난이었음이 드러났다.

내가 국가로부터 혜택을 받은 게 있다면 진급을 빨리 하고 군을 통솔할 수 있는 참모총장직을 수행한 것이다. 그러나 마지막에 명예를 더럽히고 정신적, 육체적 고통의 도가니로 몰아넣은 것은 누구인가.

5공과 6공을 군부 독재라고 비난하면서, 정작 문민의 정부라는 김영삼 정부는 더한 일들을 만들어 보복을 가했다. 국가를 위해 생명을 걸고 투쟁했던 사람들까지 잡아넣는 것으로 자신의 인기를 올린, 악질 대통령이었다.

건물을 세우는 데는 오랜 시간이 걸리지만, 부수는 데는 한순간이다. 제2, 제3의 나와 같은 피해자 방지를 위해서라도 나는 이 글을 써야 했다.

헌법 30조는 '타인의 범죄 행위로 생명, 신체에 피해를 받은 국민은 국가로부터 구조 받을 수 있다'라고 명시하고 있다. 정치검사의 범죄로 생명보다 소중한 명예를 잃은 내가 국가로부터 구조 받아야 함은 너무나 당연하지 않은가.

결자해지 차원에서 이 문제는 천성관이 석고대죄하기 바란다.

신속 재판

참고인 자격에서 피의자로 45일 만인 1993년 9월 15일, 서울 서초동 서울형사지법 조○○. 용기 없는 판사는 거대한 권력 앞에 무릎을 꿇었다. 확실한 증거도 없으며 증인도 없는 가운데 유죄 판결을 내렸다. 사건 핵심 주범인 박동준 장군은 미국으로, 천성관의 경기고 선배인 한진구 장군은 국내에서 도피한 가운데 판사는 서둘러 내게 유죄 판결을 내렸다. 그리고 방청석의 야유와 웅성거림 속에 나를 석방했다. 45일 만에 급하게 재판하고 석방한 것은 의문이다. 도피한 피의자 2명을 조사하지 않은 상태에서 재판할 수 있는가. 사건의 핵심 당사자들의 형량에 비해, 증거와 죄가 없는 내게 씌운 죄목은 중죄에 해당했다. 집으로 돌아왔지만, 반쯤 넋이 나간 듯했다. 국가에 대해 강한 배신감을 느꼈다. 뭐에 홀리지 않고서야 그런 일이 내게 생길 리가 없었다. '한평생 국가를 위해 일한 내게 이래도 되는 것인가' 하는 억울함에 물 한 모금, 밥 한 순가락 넘길 수 없었다. 가슴 속 뭔가가 불덩이처럼 치밀어 올랐다. 밤에 잠도 이루지 못했다. 잠시 잠이 들었다가도 화들짝 놀라 깨어나 밤을 꼬박 새곤 했다. 그때의 일을 생각하면 자다가도 벌떡 일어나 뒤척이며 밤을 새운 적이 한두 번이 아니다. 이러한 고통을 준 그는 목표를 달성, 출세가도를 달렸다.

'이 나라에 과연 정의가 있단 말인가!'

1993년 11월, 2심(항소심)에서 충분한 재심 사유를 인정, 판결을 연기했다. 검찰 측은 본 적도 없는 대리 검사를 참석시켜 본 사건과는 아무런 상관없는 백승목 참고인을 불러 "상급자이기 때문에 말하기가 곤란하지요?"라는 질문을 하고 "예"라는 답변 하나를 듣는 것으로 끝을 맺었다. 방청석에서는 야유가 쏟아졌다. 백승목은 사령부로부터 다녀가라는 연락을 받고 "공작원이 말썽을 피워 경찰에 있으니 가서 인수해 오라"는 지시를 받았다고 말했다. 부대 특성상 예하 부대장들의 임무는 다른 부대와 달리 공작단장의 권한과 책임하에 있다. 사령부에 왔다면 업무상 공작단장 한진구의 지시를 받았을 것이다. 더욱이 한국에 없었던 사령관이 외국에서 지시를 했단 말인가?

2심 판사들은 이 사건을 심리하면서 나의 항소 이유가 충분했다고 여겨 판결을 내리지 않고 판결을 연기했다. 재판을 마치고 나온, 처음 본 체구가 건장한 검사에게 나는 다가가 따지듯 물었다. "세상에 이런 재판이 어디 있나?"는 내 말에 긴장한 검사는 "죄송합니다"는 말을 남기고 급히 사라졌다.

화병火病으로 2번의 위궤양 헬리코박터 수술

　수면 부족과 식욕 부진으로 몸이 쇠약해져 미국으로 치료차 떠났다. 뜨거운 뭔가가 있기라도 하듯 속이 타들어갔다. 화병火病이 났다. 불덩어리가 있는 듯 위장이 타들어갔다. 머리도 어질어질했고 눈에 띄게 체중이 줄어들었다. 그런 상황에서 머리가 돌고 화병이 나지 않는 게 오히려 이상한 것이다.
　항소를 한 상태에서 아내와 나는 아들이 살고 있는 미국 LA행 비행기에 올랐다. 내가 병이 났던 것과 마찬가지로 아내도 먹지도 못 하고 병에 걸려 체중이 40kg으로 줄었다. UCLA 병원으로 치료를 다녔다. 헬리코박터 파일로리균의 감염으로 나의 고통은 이루 말할 수 없었다. 헬리코박터 파일로리균에 감염되면 나중엔 악성으로 변할 확률이 높아 일단 수술을 하고 경과를 지켜보기로 했다. 복부를 15cm 절개했다. 하지만 그것으로 끝나지 않고 5일 후 또 한 번의 수술을 해야 했다. 헬리코박터 파일로리균은 위암의 가장 중요한 원인으로 꼽힌다. 더구나 이 균은 위장질환뿐 아니라 다른 질환의 위험도를 높이며 염증 물질이 생겨 온몸을 돌아다닌다는 것이 연구를 통해 확인된 바 있다.
　헬리코박터 파일로리균은 화병으로 비롯되었다고 할 수 있다. 화의 정도가 형언할 수 없을 만큼 컸고, 그 화기火氣가 위장을 태웠고 온몸 구석구석을 돌아다니며 나를 괴롭혔다. 의지가 약했다면 나는 죽었을지 모른다. 너무 치욕스럽고 화가 나서 극단적인 생각까지 했다. 그러나 죽고 나면 억울함을 벗어날 길이 없기에 참고 참았다. 살아서 어떡하든 이 치욕스러움을 벗어나기로 했다.
　자식으로부터 미국으로 전화가 걸려왔다. "아버님, 곧 사면한다고 합니다. 그런데 사면을 하려면 항소를 취소하셔야 해요. 어떻게 하시겠습니까?" 자식으로부터 소식을 듣는 순간, 피가 다시 거꾸로 솟구치는 것 같았다. 이렇게 빨리 사면할 수가 없다. 검찰이 주장하는 나의 범죄가 사실이라면 말이다. 눈물이 났다. 억울하고 또다시 화가 치밀어 올랐다. 검찰에선 항소하면 무죄가 될 것 같으니 급히 사면하도록 하여 항소를 취하시키고자 한 것이다. 머리 좋은 검사들이 병 주고 약 준 꼴이다. 나로선 없던 죄를 인정하는 꼴이 되니 법의 이점을 검찰이 악용한 것이다.

내가 누구를 위해 공산주의와 싸웠던가. 권력의 노예가 된 그들을 위해 나는 목숨 바쳐 국가를 지켰는가라는 생각이 들면서 화병은 가라앉지 않고 소화제를 먹지 않으면 복통까지 왔다.

"검찰이 당시에 좀 무리했던 것 같다."라고 당시의 검찰 측 사람들도 입을 모아 얘기했었기에 담당 변호인이었던 김봉환 변호사와 함께 항소해서 무죄까지 끌고 갈 계획이었으나, 나는 미국에서 두 차례 수술을 받고 치료를 하고 있었고 아내도 위궤양 치료로 병원에 입원중이었던 터라 "자네들이 알아서 해"라고 말할 수밖에 없었다.

1995년 8월 15일, 나는 사면을 받았다. 정의롭게 공직 생활을 했다. 죄가 있다면 공산주의와 싸운 것이다. 하늘을 우러러 땅에 맹세하건대 나는 이 세상에 태어나 내 할 일을 다 했다. 다만 응어리가 있다면 내 조국과 가족들이다. 죽기 전에 반드시 이 응어리를 풀고야 말겠다. 국가가 반드시 이 응어리를 풀어줄 것으로 믿고 있다.

아내의 장례식장에 나타난 천성관

위장병으로 고생하던 사랑하던 아내는 2003년 6월, 미국에서 췌장암이라는 최악의 진단을 받았다. 이듬해인 2004년 6월 10일 오전 8시, 투병하던 아내가 미국 병원에서 생을 마감했다. 왕진 치료를 받는 동안 몇 번이나 쓰러져 기절했다 깨어나기를 반복하며 고통을 참아냈다. 그러면서도 누굴 붙잡고 살려달란 말 한 마디 하지 않았다. 자신에게 찾아온 고통을 혼자서 감당해내려 했다. 아내와 나는 병원과 아들 집을 수시로 오가야 했다. 나는 아내 곁을 떠나지 않고 간호했다. 그런 나를 보며 아내는 건강 잘 챙겨야죠."라며 나를 걱정했다. 마지막엔 구급차를 타고 병원으로 갔다. 응급조치를 했으나 아내는 끝내 집으로 돌아오지 못했다.

죽은 아내와 함께 10일 야간 한국행 비행기에 올랐다. 그렇게 빠른 행정 처리가 쉽지 않은데 빠르게 협조해준 병원 관계자와 LA 시의원, 하원 의원의 도움으로 6월 12일 오후에 한국에 도착할 수 있었다.

아내의 장례식장에 천성관 검사가 나타났다. 영안실 조문을 마치고 천 검사는 내 앞으로 와서 인사를 했다. 그를 보는 순간, 피가 거꾸로 솟구쳤다. 도저히 참을 수 없었다. 나는 인사 대신 천 검사의 배를 악수했던 주먹으로 내질렀다. 감정을 실어 힘껏 질렀다면 나동그라졌겠지만, 나는 내 의지를 보여주는 것만으로 대신했다. 천 검사는 도망치듯 빠져나갔다. 고인이 된 아내와 나의 가족에게 고통을 준 장본인으로부터 아무 일 없었다는 듯 인사를 주고받을 수는 없는 일이었다. 천 검사는 이미 사건이 다 끝났다고 여겨 아무렇지 않게 장례식장을 찾았을지 모르지만, 나는 아직 끝난 게 아니다. '무죄'가 '무죄'가 될 때까지 끝이 아니다. 천 검사는 사건 내용으로 봐서 항소를 해 무죄를 받아낸 줄 알고 있었을 것이다.

브레이크 없는 벤츠

2005년 초, 나는 칠순의 문 앞에서 천성관 검사에게 편지를 띄웠다. 억울함으로 정신적 고통과 육체적 고통, 그리고 경제적 손실과 명예 실추를 떠안고 산 지 12년이 경과한 즈음이었다. 아무런 양심의 가책도 없이 권력에 무릎 꿇고 자기 출세를 위해서 사건 조작을 하는 천성관 검사에게 묻지 않을 수 없었다.

김용원 변호사가 쓴 《브레이크 없는 벤츠》를 보면 새파란 검사의 열정에 사사건건 정치검사의 참견이 있음을 알 수 있다. 천 검사 또한 그저 출세하기 위해 권력에 빌붙은 권력의 노예, 황금의 노예, 향락의 노예였을 뿐이다.

1947년 초등학교 4학년 어린 시절에 본 '검사와 여선생'이란 영화에선 검사가 된 제자가 '남편을 죽였다'는 누명을 쓴 선생님을 살려내는 정의로운 검사가 나온다.

본디오 빌라도 총독에게 고난을 받으신 예수님께서 많은 사람에게 존경을 받으니까 죄를 뒤집어씌우고 십자가에 못 박은 본디오 빌라도 역시 자책감에 자살을 하게 된다.

이러한 사실을 통해 천 검사가 의미를 새겨듣길 바라며 17개의 질의와 함께 편지를 썼다.

1. 소환 전, 2주 이상 검찰에서 허위 추정, 과장한 정보를 언론에 유출시킨 이유
2. 검찰 출두일에 청사 입구에 기자들을 동원한 이유
3. 본 사건을 참고인 자격으로 조사하겠다고 통보 받았는데 구속한 이유
4. 시효(7년)가 지난 사건을 취급한 이유.
5. 도피한 한진구를 끝까지 검거하는 데 주력하지 않은 이유
6. 내용도 모르는 한진구 처(윤서인)를 소환, 회유 조서를 작성한 이유
7. "총장까지 지낸 분이 이런 일을 할 수 있습니까?"를 훈시조로 말하는 천 검사에게 "이 사람아, 사단장 할 때 자네들을 내가 이렇게 가르쳤나" 다그치듯 묻자 이상한 표정을 지은 이유
8. 구치소에서 1차 소환 시 내가 "아무리 생각해도 사건 당일의 일이 생각

나지 않는다."며 "혹시 내가 매년 4월~5월 전후로 외국 출장을 다녀왔는데 그때가 아닌지 모르겠다."고 말하자, 천 검사는 출입국관리소에 확인, 내가 출장 중이었다는 것을 알고 피의자를 재소환해 진술을 번복시켰는데, 이처럼 허위 진술을 유도한 이유

9. 구치소에서 2차 소환 시 사건내용에 대한 질의 없이 "만약 이번 사건에 불응하면 6개월간 구속 조사하겠다."고 공갈친 이유
10. 내 앞에서 어느 지방지청장과 통화하면서 "잘 되겠지요?" 하며 차후 보직에 대해 거침없이 대화를 했는데 출세를 위한 것이라면 무엇이든 할 수 있는 권력형 검사로 비쳤다. 누구와 통화했는지.
11. 구치소에서 2차 소환조사 시 사건내용에 별다른 조사 없이 5~6공과 관련 자료 입수를 위한 10·26, 12·12, 5·18 등의 사건을 문의한 이유
12. 구치소 수감자 중 나를 1개월 15일 만에 신속하게 재판 후 석방한 이유
13. 재판 시에 변호사 변론 후, 검사의 형식적인 공소이유를 설명하고 2년 구형한 이유와 방청석에서 웅성대며 야유를 보내자 고개를 숙이고 있었던 이유
14. 1차 항소 시 변호사 변론 후, 대리 참석한 검사가 사건 당일과는 아무런 관계가 없는 백승목 참고인에게 "옛날 상급자이기 때문에 말하기가 곤란하지요?"만을 묻고 아무런 질문을 하지 못한 이유
15. 사건 핵심 당사자들의 형은 가벼운 처벌에 비해, 죄 없는 나에겐 일방적인 진술을 기초로 중죄를 구형한 이유
16. 예상 외로 나를 신속한 기일 내에 사면한 이유
17. 2004년 6월 14일, 내 아내 상喪에 어떤 심정으로 문상 왔나.

2017년 2월이 된 지금껏 그에게선 응답이 없다.

천성관 검사귀하
2005년의 새해가 밝아왔습니다.
이제 본인도 칠순의 문앞에서서 모든것을 정리하고자 이서한을 보냅니다.
본인은 억울한 분통을 지금까지 새기지 못하고 정신적, 육체적 고통, 경제적손실 명예의 실추를 머금코 지나온지가 벌써 10년이 경과하고 있습니다.
1993년 김영삼 정부는 개혁을 부르짖으며 국민의 박수속에 군,안기부, 경찰,경제인(금융인) 정치인등을 구속 시켰던바 5,6공시절 국방장관이었던 정호용,이상훈,이종구,해군참모총장 김종호,김철우,공군참모총장 정용후,한주석,해병대사령관이었던 조기엽 등을 인사비리 율곡사업등 부정축재자로 구속시켰든바 육군참모총장이었던 본인을 구속하기위하여 자금추적 인사비리등 각방면으로 내사하였는바 내용이 없던차 최초 중앙일보 기자가 하수인(성명 불상)으로부터 제보를 받고 한진구 사건을 제재하기 시작하자 관계도 없는 정보사령관이었던 본인을 검찰이 사건에 연루된것처럼 언론에 유도한후 한진구 이상범등을 내세워 사건을 조작한 것을 천검사는 너무나 잘알고 있을것입니다.
이때천검사는 권력에 아부할 수 있는 좋은기회로알고 순진한 이상범, 한진구 외처(윤서인)까지 동원(박동진장군 미국,한진구장군 국내 도피) 일방적으로 회유 조서를 작성 날인토록 하고 각종 신문을 들춰가며 일방적으로 진술을 유도 사건을 짜맞추기 한 것을 본인은 잘알고 있읍니다.
천검사는 아무양심에 거리낌없이 권력에 무릎을꿇고 자기출세를 위하여 사건처리 하는것을 보고 과연 이것이 대한민국이 법치국가이며 민주국가인가 통탄한바 있습니다.
좋은머리와 좋은학교를 졸업, 사시에합격 국가에 기여하고 정직과 정의, 명예심을 가지고 사회에 봉사해야할 엘리트가 자기 출세를 위하여 비겁하게 업무를 수행하는판료가 있다는 것을 군출신인 본인으로써는 도저히 납득이 가질 않았습니다.
학교선생님과 천검사의 부모님은 정의롭고 정직하게 살아가라고 가르치셨을 것입니다.

尊敬하는 楊議員님

국정에 얼마나 수고가 많으십니까?
오늘 이 서신을 드리게 된것은 지난 10월 19일
대정부 질의에서 공 당의 부총재가 국정에 관한
질의가 아닌 개인 인신차원의 공격으로 허위사실을
뿔어 함으로 써 본인의 인격과 명예를 실추시킨데
대한 서신입니다.
녹 방송와 상오에 내용은 사실과 전혀다른 내용인바
충청도 선배로서 후배를 오도하는 일은 다른 도에
서는 찾아 볼수 없는바 부도덕 하고 졸렬한
행위로 밖에 볼수없읍니다. 아시고 계시겠지만
지난 1986년 4월 29일에 정보사 요원에 의해
"양의원" 님이 폭행 당했다고 하는바 본인은 4월 24일
부터 5월 6일까지 외국출장 중이였읍니다. 이는
출입국 관리국에서 확인된 출입국에 관한 사실증명에
나타나 있읍니다. 금번 "양의원" 님의 발언은 과거
신민계헌 당시 "김 종 필" 총재와의 정치적 갈등으로
"김총재" 님을 비난 했던 시절과는 정대로 이제는
"김총재" 님을 비호할 목적으로 본인을 모함 함으로
서 명예도 전국구 의원직 획득을 위한 수단으로
악부하고자 하는 음흉하고 기회주의적인 저질 정치의
작태로 밖에 볼수 없을 뿐 만 아니라 비록 제 4당
이라고는 하지만 당의 부총재 대정부 질의로 서는

양순직 의원에게 보낸 편지

2014년, 김한길 의원의 아버지 '김철 사건'이 30년 만에 무죄 판결이 내려진 사실이 신문 기사에 실렸다. 그밖에도 2013년 5월에는 간첩으로 오인 6년여를 복역한 납북 어부 이병규 씨에게 18년 만에 국가가 10억 원을 배상하라는 판결이 내려졌고, 2013년 8월에는 '유신 반대'를 했던 인명진 목사가 39년 만에 무죄판결을 받았다. 2014년 2월에는 부산 지역 최대 공안 사건인 '부림 사건' 또한 33년 만에 무죄 판결을 받았다. 나 역시 무죄 판결로써 명예를 회복해야겠다고 다짐했다. 더욱이 나를 난도질했던 천 검사가 맡았던 많은 사건이 논란이 되거나 무죄 판결이 확정되는 것을 보면서 더더욱 다짐을 공고히 했다.

 천 검사는 1998년 9월, 부산지검 공안부장 시절, '영남위원회'라는 반국가 단체를 결성한 혐의로 15명을 구속 기소한 사건에 대하여 2000년 1월에 부산고등법원은 대법원 파기 환송심에서 12명에게 무죄를 확정했다. 2001년에는 강정구 동국대학교 교수를 비롯한 8·15 민족통일대축전 방북단 일부가 사전 지령을 받았다는, 확인되지 않은 피의 사실을 연행 조사 단계에서 공표하였다가 이를 취소하는 소동을 벌이기도 했다. 그리고 강정구 교수를 만경대 방명록에 "만경대 정신을 이어받아 통일 위업 이룩하자"는 내용을 적었다는 이유로 국가보안법 위반 혐의로 구속 기소했으나, 사전 지령 내지 사전 교감에 대한 증거를 찾아내지 못했다. 2008년에는 여간첩 원정화 사건을 수사하면서 그녀의 계부 김동순을 기소한 것을, 1심 재판부가 "구체적 직접 증거가 없어 간첩이라고 단정하기는 어렵다"라고 무죄를 선고, 검찰이 면밀한 수사 없이 간접 사실만을 가지고 간첩이라 지목하고 체포했다는 비난을 받았다. 2009년에는 용산 참사 사건을 지휘, 농성자 20명과 용역업체 직원 7명을 기소하는가 하면 MBC 'PD 수첩'의 사건을 수사, 방송작가의 7년에 걸친 이메일을 압수 수색하고 그 일부를 언론에 공개하는 것으로 여론몰이를 하다가 비판을 받기도 했다. 그런가 하면 고 노무현 전 대통령을 수사 중, 당시 임채진 검찰총장이 구속에 대한 의견을 묻자, 절반 이상이 불구속을 주장한 반면, 천 검사는 당시 광주고검장인 신상규와 함께 구속영장 청구를 주장했다. 천 검사가 맡았던 대부분의 사건들은 항상 무리가 따랐던 수사였음이 밝혀졌다. 나를 겨냥했던 사건 또한 검찰이 조작한 사건으로 초등학교 수준의 질 낮은 시나리오에 지나지 않는다.

양순직 의원은 진단서를 첨부하지 않았다. 치료 미상이라는 애매한 표현을 썼을 뿐. 그리고 검찰 말대로 '혼만 내주라고 했다'는데 이는 '겁을 먹고 행동을 자제하도록 위협하겠다.'는 뜻으로 미친놈들이나 하는 창피한 행동이다.

자기의 잘못을 시인하는 용기가 가장 위대한 용기이다. 그는 모 변호사 포럼에서 재벌 롯데 변호인으로 죄를 감면시켜주는 굵직한 사건을 수임하였는바 많은 무죄를 유죄로 만들었던 비겁하고 철면피한으로 사회로부터 격리시키고 언론에 공개해야한다. 사회정의와 민주주의를 위하여 특별법을 제정, 처벌해야 한다. 나는 보안부대 대공분야에서 7년 근무하며 회개한 간첩들을 모두 도와주고 국민의 품으로 끌어 안았다. 공안 정국시 나는 훈장을 못 탈망정 민주주의 원칙을 지켰다. 권력이나 황금의 노예가 되지 않으려고 노력하였다.

이세규 국회의원의 사과

장군 출신으로 야당의 국회의원이었던 이세규(육사 7기 특기) 의원은 중앙정보부에 끌려가 고문까지 받았다. 박정희 대통령과 정부를 신랄하게 비난했다. 나를 향해서도 방첩부대 특공대장 시절에 있었던 1965년 동아방송 조동화 사건과 연계해 1971년까지 6년간을 국회에서 질의했다. 그러다 나와 무관하다는 것을, 취급했던 검사로부터 확인하고 남자답게 자신의 잘못을 시인하고 내게 정중히 사과하였다.

1991년 5월 28일, 육사 7기 동기생 회원들과 함께 계룡대 육군본부를 방문했을 때 참모총장인 나를 별도로 만나 두 번째 사과를 했다.

"미안하게 됐소. 이 총장한텐 진심으로 미안하오. 다시 한 번 또 사과합니다."

나는 답변했다. "이 의원님 덕분에 유명해져 참모총장이 되었습니다."

지금껏 내게 사과를 한 사람은 이세규(예비역 장군) 의원과 양순직 의원뿐이다. 양순직 의원도 내게 찾아 왔다.

"군단장 출신의 중장 양봉직 장군이 나의 동생이오, 나는 이진삼 장군에 대해 양봉직 장군으로부터 많은 이야기를 들었소. 내가 왜 그랬나 몰라. 정치적으로 고통 받고 있던 시절이었고, 언론에서 떠들고 야당 영수를 하다 보니까 그렇게 되었어요. 미안해요."

두 번에 걸쳐 식사를 함께하면서 많은 대화를 나누었다. 나는 훌륭한 두 분의 인격을 존경하고 있다.

김영삼의 사과와 유혹

1995년 8월 15일, 사면(?)과 함께 미국에서의 치료를 마친 나는 아내와 함께 귀국했다. 사면이 됐다고는 하나 억울한 일이 없어진 것은 아니었다. 그럼에도 나는 어려운 여건과 환경 속에서도 남들보다 몇 배 더 노력하면 된다는 생각을 버리지 않았다. 적극적인 사고와 강력한 실천, 선견적 미래지향적인 사고, 건전한 추이와 상상력이 성공의 디딤돌임을 명심하며 살았다. 역경과 시련이 닥칠지라도 피하지 않고 정면 승부하여 극복하고, 해내고야 말겠다는 강력한 실천 의지를 가지고 목표를 향해 최선을 다했다.

이제 나는 공직을 끝내고 제2 인생으로 접어들었다. 한승수 비서실장을 통하여 김영삼 대통령으로부터 만나자는 연락이 왔다. 나는 만나지 않겠다고 했다.

민주주의를 내세운 김영삼 대통령은 행정권의 수반으로 직접 지구당위원장에게 임명장 수여 등 공천까지 손에 쥐고 입법부(국회)를 장악하고 사법권까지 장악한 건국 이래 최고의 독재자였다. 나는 두 번 김 대통령의 면담 요청을 거절했다. 세 번째 한승수 비서실장을 통해 연락이 왔다. 그는 내게 일단 대통령을 만나 볼 것을 요청해왔다.

1995년 9월 13일, YS를 독대했다. 그 자리에서 나는 1993년의 악몽 같았던 일을 꺼냈다. YS는 "몰랐다, 내가 사과하겠다."로 나를 위로했으나 내 응어리는 풀어지지 않았다. YS는 예상대로 1996년 4월에 치러질 국회의원 선거에 출마할 것을 제안했다. 당시는 JP가 총재로 있는 자민련의 붐이 일어난 때로 그곳에 나를 출마시키면 당선될 거란 정보를 입수, JP를 떨어뜨려 정치의 맥을 끊기 위해 신한국당 지구당위원장을 맡아 출마할 것을 강력히 요청했다. 점심으로 칼국수가 나왔다. 나는 반도 먹지 못했다. YS는 순식간에 한 그릇을 비웠다. 내 마음이 어떤지 아랑곳하지 않고 칼국수를 깨끗이 비운 YS의 식성이 놀라웠다. 그런 그를 보며 "나는 능력도 없지만 정치할 생각도 없다"며 잘라 말했다. 그러자 YS는 내 손을 잡으며 "무엇인들 못 하겠소, 부여 발전을 위한 각종 현안 사업을 다 해주겠소." 부여를 중심으로 공주, 논산, 서천과 통하는 지역의 도로망 확장은 물론 2년제 국립 전문대학 설립, 백제권 개발 등을 약속했다. 금년 내로 3천억 원의 사업 지원을 약속하며 다시 한 번 입당할 것을 요구하기에 "생각해 보겠다, 시간을 달라" 하고 청와대를 나왔다.

다음 날 아침 10시, 청와대에서 전화가 왔다. YS는 "어제 고마왔고 내가 약속했던 내용은 꼭 지키겠소. 그리고 이 장군과 약속한 대학교는 2년제 전문대학이 아니라 4년제 대학으로 하겠소. 부여에 내려갈 준비 하시오."라는 말을 했다.

일주일 후인 9월 20일 10시, 청와대로부터 부여지구당 조직책 임명장 수여식 참석 출두 요청을 받았다. 대학유치추진위원회 부여군민발기인대회를 열었다. 11월 8일, 가칭 국립문화대학교(4년)로 정하고 문화체육부 관할 학교로 정부 결정이 하달되었다. 부여가 백제의 고도古都이기 때문이다. 문화체육부가 각 부처로 업무 협조를 했으나 12월이 지나도록 소극적이고 비협조적이었다. 1995년 내로 건립 결정을 하겠다던 YS의 약속이 이행되지 않고 있었다.

12월 27일, 나는 위원장직 사퇴를 결심하고 가족과 함께 제주도를 가기 위해 공항으로 향했다. 상부 지시를 받고 달려온 공항 200호실 안기부 이길용 실장이 인사 겸 동선을 확인하고 돌아갔다. 제주공항에 도착했다. 안기부 제주분실장과 제주지방경찰청장이 사복차림으로 나와 있었다. 혹시 있을지 모르는 나의 위원장 사퇴 기자회견을 우려해서였다. 내가 묵고 있는 서귀포군인호텔 객실에 안기부 요원이 투숙해 있었다. 상부 지시를 받고 나의 동정을 살피고 있음을 감지할 수 있었다.

한승수 비서실장이 전화를 걸어왔다. "대통령이 약속대로 대학 설립을 추진하라는 지시를 총리에게 하달했고, 국무총리를 비롯해 문화체육부, 내무부, 건설부, 경제기획원 장관에게 추진 지연에 대해 심한 질책을 했다."며 서울로 올라와 달라는 부탁의 내용이었다.

1996년 1월 1일 시무식이 끝나자, 문화체육부를 비롯한 각 부처의 상호의견 조율이 이뤄지고 2월에 국무총리실 주관으로 8개 해당 부처 차관회의 검토를 거쳐 3월 11일에는 해당부처 장관의 결재가 났다. 3월 13일, 비로소 설치령 제정(안) 입법 예고가 되었으며, 대학유치추진위원회 부여군민 보고대회를 시작으로 4월 9일에 국무회의를 통과했다. 6월 20일, 문화체육부는 교육개발원에 6천만 원을 지불하고 설계용역을 의뢰, 9월 7일에는 총 예산 440억 원 중 97년의 예산인 20억 원을 설계 및 부지 정리비로 확보했다. 10월, 부여군 내 유치 요구 지역의 타당성을 검토하여 학교 위치를 결정했으며 11월 20일, 문화체육부가 학교 부지를 답사했다. 예상외로 대학교 설립계획이 일사천리로 진행되었다.

  1997년 1월 16일에 부여 청소년수련원 대강당에서 한국전통문화학교 부여 건립 확정 기념 축제를 갖고, 4월에는 모집인원과 6개 과를 결정했다. 4월 24일, YS는 내게 국가정책 평가위원 임명을 하고, 1997년 9월에는 2차년도 예산 250억 원을 확보했다.

  1998년 11월 19일, 국립 한국전통문화학교 건립 기공식을 하고, 같은 달 22일에 경과보고를 끝으로 추진위원회를 해산했다. 그리고 2000년 3월 2일, 마침내 한국전통문화학교가 개교했다. 국회의원에 앞서 상상도 못했던 인구 8만의 부여군에 2년제 전문대학이 아닌 4년제 대학이 설립된다는 것은 상상도 못한 일이었다. 고향에 설립된 국립대학교는 공약 없이 해낸 부여군민의 승리다. 2011년 국립종합대학교로 승격된 바에 관해서는 다음 장에서 다루겠다.

15년 만에 국회에 입성

국회 입성

 2008년 4월, 1993년 2월 체육청소년부장관을 그만둔 지 15년 만에 18대 부여·청양군 국회의원에 당선되었다.
 주변에서 내게 아무리 국회의원을 하라고 해도 하지 않았다. 꼭 국회의원을 하겠다고 마음먹은 적도 없었다. 군 생활 하는 내내 정치권의 유혹이 있었으나 흔들리지 않았다. 결정적으로 국회의원이 되려고 했던 것은 잃어버린 국방 10년과 지역 발전 때문이었다.
 김대중과 노무현 정권으로 인해 허물어진 안보가 걱정되었다. 공직을 그만둔 야인으로선 아무리 안보를 떠들어도 공염불이었다. 신문 한 줄 어디에도 언급되지 않았다. 현실을 절감했다. 늦은 감은 있었지만 제도권 안에 들어가서 안보에 대한 문제점을 바로잡겠다는 신념과 충정, 그리고 낙후된 고향(부여·청양) 발전을 위하여 출마하라는 고향 선후배들의 강력한 추천으로 출마를 결심하게 되었다.
 사람들이 깜짝 놀랐다. 아무도 예상 못했기 때문이다. 각종 여론조사에서 상대 후보에게 18퍼센트 뒤졌고, 투표 당일 출구 조사에서까지 나의 패배를

2008년 4월, 18대 국회의원 당선 (아내와 함께)

기정사실화 했다. 그러나 예상을 뒤엎고 개표 시작부터 우세를 보였고, 끝내 19퍼센트 차로 당선되었다. 초선의원으로 18대 국회의원 중 고령 서열이 네 번째였다.

18대 국회 내내, 나의 상임위 활동은 국방위원회였다. 한 번 꺼낸 말은 시정될 때까지 계속해 바로 잡으려 했다. 그러나 국회의원의 삶을 시작한 그

날부터 내가 갖게 된 것은 실망감이었다. 상식으로 납득되지 않는 일들이 수두룩했으나, 늙은 소나무가 선산을 지킨다는 믿음으로 몸과 마음을 다 쏟아 최선을 다했다.

그 결과, 전체 국회의원 299명 중 예상 외로 많은 예산을 확보함으로써, 부여-논산 간 국도 확포장 사업, 탄천-부여 간 국도 확포장, 공주-부여-서천 간 고속도로 등의 사업을 3~5년씩 앞당겨 준공시켰다. 2011년 9월 13일 평택에서 아산-예산-청양-부여 간 고속도로 86.3km 건설(2조 2457억 원)로 충청내륙을 관통하도록 하는 등 서해안 시대를 열었다. 집권 여당도 제1야당도 아닌, 자유선진당으로 어느 누구의 눈치를 살피지 않고 국가와 국민 그리고 지역구를 위해 소신껏 일했다.

임기 4년 동안 상임위 활동은 국방위원회 위원이었다. 관련 내용은 20장에 수록했다.

국립종합대학교로 승격

2008년 제18대 국회의원으로 당선되면서 한국전통문화학교를 의원 입법으로 한국전통문화대학교 설치법안을 발의했다. 2011년 6월 23일 제301회 국회 제6차 본회의에서 출석 의원 205명 중 찬성 193명, 반대 5명, 기권 7명으로 여야를 초월해 통과시켰다. 18대 국회의원들에게 감사드린다. 법안을 통과시키기 위해 여야를 넘나들며, 반대토론을 준비하고 있던 심재철, 김영선 의원 2명을 개별적으로 설득시켰다. 반대 의원들의 이유는 '대한민국의 많은 사립학교를 통과시키지 않으면서 많은 국가예산으로 운영되는 국립종합대학(석·박사)을 어떻게 통과시키는가'를 내세웠다.

법안통과에 협조한 국회입법조사처와 국회의장을 비롯한 의원들에게 감사를 보낸다. 유인촌 문화체육관광부 장관의 말을 빌리면 말 그대로 "깜짝 놀랐다"였다. 학교 명칭이 대학교로 바뀌면서 석·박사과정까지 포함된 국립종합대학교 설치를 그는 이해 못했다. 의원들은 안건 발의 의원이 누구인지를 확인하고 찬성반대 투표를 한다. 많은 의원들은 나에게 축하의 악수를 청했다. 19대 국회의원에 또 당선되겠다는 말로 대신하는 의원들이 많았다.

1995년에 대학유치추진위원장으로서 한국전통문화학교 설립을 주도한 것을 시작으로 2011년에 이르러 종합대학교 승격까지 국회의원이 되어 아름다운 마무리를 하게 되었다. 결과적으로 1995년에 시작해 2011년에 마무리함으로써 장장 16년 만에 끝을 맺었다. 고향을 위하여 일할 수 있도록 2008년 18대 국회의원으로 당선시켜준 부여, 청양 군민들에게 영광을 돌린다.

이로써 충남 부여군의 한국전통문화학교는 한국전통문화대학교로 명칭이 변경되었고, 국립종합대학교로서 대학원을 신설하여 석·박사과정을 설치하는 등 명실상부한 우리나라 전통문화교육의 중심교육기관으로 우뚝 서게 되었다.

또한 종합대학교로 승격 전 과거 이 학교를 졸업한 모든 졸업생에게도 한국전통문화대학교 졸업으로 소급해 대우하기로 전문에 두었다. 내 평생 해온 손꼽히는 일 중의 하나로 기록될 일이다. 이는 감히 꿈도 꿀 수 없는 그 무엇과도 바꿀 수 없는 엄청난 부여군민, 충청도민의 승리로 기록될 것이다. 1995년 대학교설립추진위원회 위원 500여 명의 그간의 노고를 돌에 새겨 길이 기억하고 싶다.

고향을 위해 한 것이 무어냐고 내게 묻는다면 "겸손을 떠나 감히 생각지도 못한 한국전통문화대학교를 설립한 것"이라고 말하고 싶다. 육군대장과 장관을 하고 15년 후 72세에 국회의원 한 것은 고향발전을 위한 것이지 감투가 아니라고 생각한다. 사람이 태어나 자기가 하고 싶은 일을 하는 것이 가장 행복한 것이다. 국회의원을 또 하기 위해 일한 것이 아니고 진정 지역발전을 위하여 공약을 앞세우지 않고 최선을 다했을 뿐이다.

아프간 파병 동의안

2010년 2월, 여야 간 극한 대립으로 갈등을 빚고 있을 때 나는 주도적으로 앞장서 아프간 파병 동의안에 대해 국방위원회 통과를 이끌어냈다.

"이미 68,000명의 병력을 아프간에 파견하고 있는 미국이 2010년 6월까지 신속하게 30,000명을 추가 파병하여 아프간 전쟁을 조기 종결시키고자 하는 만큼, 우리도 제대로 된 병력을 보내어 국제 공조에 적극 동참해야 한다."는 소신을 폈다. 그래야만 향후 발생할지도 모르는 한반도 위기 상황에 우방들의 지원을 이끌어낼 수 있는 명분을 쌓는 것임을 강력히 주장했다.

이밖에도 당시 잇단 북한의 NLL 도발 행위와 관련, 서해안 NLL 해역의 북한군의 사거리 60km인 240mm 방사포 등 장사정포의 추가 배치 문제 등에 대해 국방부의 안일한 준비태세를 지적했다.

이어 백령도와 연평도 등 서해 5도의 아군의 포병 진지에 대하여 날개진지를 구축하는 등 확실한 보강대책을 조속히 마련하고 허술한 방공호를 보강하여 군과 민간인을 최대한 보호할 수 있도록 공사를 독려하는 등 예산결산위원으로 국방예산을 증액하였다.

국방개혁 2020에 52만 명의 육군을 37만 명으로 줄이고, 복무기간을 24개월에서 18개월로 단축한다는 계획에 적극 반대하여 21개월로 결정했다. 북한에 대해 방어능력을 갖추려면 우수한 장비 확보는 물론 최소 100만 명 이상의 군 병력을 강조했다.

평택-아산-예산-청양-부여 고속도로 건설

지역구인 부여·청양 지역 주민들의 오랜 숙원사업인 평택-예산-청양-부여 고속도로 건설 사업(2011~2020)을 추진했다. 이 사업은 평택-아산-청양–부여 간 충청내륙 고속도로 86.3km 건설 사업으로 총사업비 2조 2,457억 원의 예산이 투입되는 대규모 국책사업이다.

2009년 2월 민자 사업으로 충청내륙 고속도로의 필요성을 주장, 조기착공을 국토해양부에 요청하고 여러 차례 결단을 촉구했으며 국토해양부는 내가 요구한 고속도로 건설사업의 타당성 조사를 용역 의뢰하는 등 적극 검토했으며 정부재정을 투입하는 국책사업으로 전환해 평택–아산–예산–청양–부여 고속도로 건설 사업을 확정지었다.

국토해양부 장관은 고속도로(충청내륙 국도사업)와 관련, 나의 건의 사업으로 이명박 대통령에게 보고했는바 이 대통령은 결재 시 "나는 이진삼 장군 잘 안다. 군에서 대단했던 사람이다. 민자 사업은 통행료가 비싸다. 통행료가 싼 국책사업으로 하라"는 지시를 대통령으로부터 받았다고 전했다. 이 대통령은 행사에서 나를 만나면 으레 "이 장군님, 나는 의원님보다 이 장군님이라 부르고 싶습니다."며 살갑게 대했다.

충청내륙 고속도로가 건설되면 부여와 청양은 대한민국의 심장부로 전국은 물론 수도권과 1시간 이내의 생활권으로 사통팔달의 교통 인프라를 구축하여 세종시 국제과학비즈니스벨트와 더불어 인구유입과 기업유치, 각종 개발 요인의 창출 등 경제적 효과를 기대할 수 있다.

국방대 논산 이전

2009년 초, 국방대학교와 논산시가 국방부 회의실에서 〈국방대학교 논산 이전에 관한 합의서〉를 체결하고 2012년까지 국방대가 논산시로 이전되는 것으로 최종 확정했다. 그러나 나는 논산 경유 부여 지역구를 향한 논산대교에 '국방대학교 총장 물러가라' 등이 걸린 플래카드를 보고 이인제 의원과 상의했다. 이인제 의원은 내게 도와줄 것을 부탁했다. 나는 이인제 의원의 사정을 충분히 이해하고 최선을 다했다. 국방대학교 교수들과 직원들과 가족 그리고 학생들은 서울 잔류를 원하며 논산 이전에 반대 이유를 내걸고 지연전술을 폈다. 특히 전 국방대학교 총장이었던 민주당 서종표 의원(육사 25기)을 통해 전략과정을 분리, 논산 이전에 반대하는 안건을 대표 발의하고 동조 의원 15명이 의원입법을 냈다. 이를 알게 된 나는 후배 서 의원을 불러 안건 철회를 요청했다. 하지만 이미 많은 동조 의원들이 확인한 내용을 철회하기는 어려운 일이었다. 그러나 국방위원인 나로서는 국방관련 안건을 간과할 수 없었다. 논산시의 숙원사업으로 그동안 많은 논란 속에 난항을 겪어 왔던 국방대 논산 이전 합의서 이행에 적극적인 기여를 하였으며 필요한 예산도 국방부에 조치하도록 하였다.

국방위원회 청원심사위원장으로 국방부의 회의 때마다 국방대학교 논산 이전의 예산편성 등을 제기, 예산확보를 위해 계속하여 총력을 기울였다.

총 6,000억 원 규모의 예산이 소요되는 국방대학교 이전을 위한 설계비 84억 원과 토지매입비 61억 원 등 2009년도 예산 145억 원을 확보하여 이전 기반을 마련하였다.

'국가균형발전위원회 표결을 거친 사안이며 이명박 대통령의 공약사항'이었다는 점 등을 강조, 동료 의원들과 국방부 장관, 차관, 국방대 총장에게 압력을 가했다. 또한 국방대학교가 논산 이전에 관한 이행계획서를 기획재정부에 제출하여야 함에도 고의로 제출하지 않고 시간을 지체하자 강력히 이전 이행을 촉구했다. 국방대학교 전체가 계획대로 이전될 수 있도록 했다. 국방대학교의 많은 후배들은 나를 설득시키려 했지만 충남 지역과 이인제 의원을 위한 일이 더 중요힘을 인식하고 최선을 다했다.

청양 고춧가루의 군납

청양군청에서 군 의정 보고가 끝난 후, 김시환 군수는 차문을 열며 내게 말했다.

"가실 데가 있습니다, 5분이면 됩니다."

김시환 군수와 함께 차로 이동해 도착한 곳은 고춧가루 공장이었다. 공장 시설의 곳곳을 안내하던 김 군수가 창고 앞에서 걸음을 멈춰 서더니, 창고 가득 쌓여 있는 고춧가루 더미를 가리키며 "군대에 납품할 수 있게 해주십시오."라며 부탁했다. 나는 즉시 방사청장에게 부탁, 전국 납품 분량에서 국방예산 증액 조건으로 청양군의 어려운 숙원사업이었던 군납 결정을 실현하도록 했다.

그 결과 2009년 7월 21일, 나는 청양문예회관에서 개최된 '청양농협 고추 계약재배 약정농가 교육' 행사장에서 청양농협으로부터 감사패를 수여받았다. 감사패 수상은 그동안 청양군의 숙원사업이었던 청양 고춧가루의 군납 결정에 결정적인 기여를 하였기에 그 공로를 기념하기 위해 청양농민을 대표하여 전달되었던 것이다.

나의 지역구 청양군은 관내 고추재배 농가가 총 7,684가구 가운데 61퍼센트인 4,695가구다. 고추가 농가의 주 수입원으로 그동안 안정적인 판매망을 구축하는 데 많은 노력을 기울여 왔다. 군납 결정이 되면서 청양고추의 일정 물량이 지속적으로 공급될 수 있어 안정적인 판로가 확보되었을 뿐만 아니라 품질 또한 최고등급으로 공인받게 되어 전국 주요마트 등에도 납품이 용이하게 됐다.

안보, 우리의 나아갈 길

가장 취약한 안보환경의 대한민국

"평화를 원하거든 전쟁을 준비하라"

　손자병법의 한 구절로 최선의 국방정책은 전쟁을 예방하는 것임을 강조한 내용이다. 그렇다면 우리나라 국방정책은 남과 북이라는 대립구도 속에서 전쟁을 예방하기 위해 어떤 준비를 하고 있는가.
　광복 직후 우리는 대한민국을 무너뜨리려는 국제공산주의 세력의 무력 공격으로 인구의 10분의 1이 죽고 다치는 처참한 6·25전쟁의 참화를 겪었다. 지금은 비록 총성이 멎은 정전 상태지만 안보 위협은 여전히 계속되고 있다. 전쟁을 경험했던 세대로서 역사의 교훈과 안보의 중요성을 후대 국민에게 제대로 알리는 일이 우리의 마지막 책임이자 의무다.
　1953년 휴전 이후 64년의 세월이 지난 현재 역시 우리는 6·25전쟁 당시와 같은 상황에 처해 있다. 말하자면 대한민국을 없애기 위해 자신이 원하는 방식으로 적화통일을 하려는 북한과 여전히 마주하고 있다.
　우리는 시시때때로 주변국과 전쟁을 치르는 이스라엘보다 훨씬 더 열악한 안보 환경에 놓여 있다. 이스라엘은 1947년 건국 이후 그때나 지금이나 자신들을 제거하려는 적대국들에 둘러싸여 험난한 삶을 살고 있다. 그러나 이스라엘의 주변국들은 하나같이 이스라엘을 제거하고 싶어는 하지만 이스라엘보다 강하지 못하다는 점에서 우리와는 처지가 다르다.

우리나라의 주변국을 보자.

현재 세계 2위의 국력을 갖추고 점차 공격적인 외교활동을 펼치는 중국을 비롯해 미국의 핵전력과 맞먹는 핵폭탄을 보유한 군사대국 러시아, 거기에 한반도와 불과 수십 킬로미터의 바다를 사이에 두고 있는 일본, 핵과 미사일로 무장한 120만 명의 북한 공산군이 적화통일 야욕에 광분해 있다. 결국 우리나라는 세계 제일의 강대국들에 둘러싸여 국제정세의 가장 심각한 영향을 받을 수밖에 없는 입장이다.

국가안보의 논리

'국가'라는 거대한 조직은 '나'라는 한 개인과 마찬가지로, 마키아벨리의 말처럼 흥할 수도 있고 망할 수도 있다. 왜냐하면 흥함의 조건이 곧 망함의 조건일 수도 있기 때문이다. 여기에서 국가가 개인과 다른 점이 있다면 개인과 개인이 사는 곳에는 법과 질서가 존재하지만 국가와 국가가 모여 있는 국제사회에는 법과 질서가 존재하지 않는다는 점이다. 이 말은 곧 국제연합과 국제법 등이 이들 국가를 강제할 만한 힘을 가지고 있지 않다는 의미다. 실례로 김정은이 고모부 장성택을 처형한 것에 대해 국제적인 제재를 할 수 없다는 것이다. 실질적으로 주권을 가진 국가들이 국제사회에서 존재할 수 있는 근거는 자신들의 힘뿐이다. 힘이 약한 국가는 주변의 힘센 국가의 침략 대상이 되고 식민지 혹은 그에 준한 굴욕의 삶을 살게 된다.

이와 같이 법보다 힘의 논리가 우선인 현실에 국가안보는 절대적으로 중요한 과제이다. 힘이 약한 국가의 운명은 처절하다. 과거 우리나라가 나약했던 시절, 중국의 속국으로 굴욕적인 삶을 살았는가 하면 일제 강점기에는 식민지의 삶을 살아야 했다. 6·25전쟁 때처럼 힘을 갖추지 못해 허점을 드러낸다면 북한은 언제라도 침략 전쟁을 감행할 것이다. 이러한 상황에 놓여 있는 우리로선 무엇보다 국가안보를 중요시하지 않을 수 없다.

이때, 우리가 간과하지 말아야 할 것은 국가안보에 대한 이해의 영역이다. 국가안보는 국가의 존망이 걸린 특수한 영역으로 일반 상식적인 차원에서 취급하면 안 된다. "국가안보는 '역설의 논리'가 지배하는 영역이다." 이 말은 미국의 유명한 전략 이론가 에드워드 러트왁 박사가 국가안보의 논리는 경영 및 사회복지의 논리와 다르다는 것을 일컬은 말이다. 특히 대한민국과 같이 국가안보가 절실한 나라의 경우, 국가안보는 모든 것에 앞서 최우선이다. 국가의 존망과 직결되기 때문에.

국방비 지출의 논리

2017년도 우리의 국방예산은 40조 원이었다. 반면 복지예산은 120조로 국방예산의 3배에 달한다. 미국의 경우 복지예산이나 국방예산은 엇비슷하다. 우리의 국방예산은 납득이 되지 않는 수준이다.

2013년에는 예산 부족을 이유로 차세대 전투기 선정 과정에서 스텔스 기능을 갖춘 최신예기인 F-35를 제외했다가 전문가들의 격렬한 반대에 부딪혀 계획을 조정하는 우여곡절을 겪기도 했다.

세계 모든 국가들은 국가안보를 위해 무기와 군대를 보유한다. 현재 한국이 보유하고 있는 이지스 군함은 한 척당 가격이 무려 1조 원에 이른다. 한국이 생산 보유하고 있는 신형 전차 K-2는 한 대당 80억 원이고, 공군이 보유하고 있는 F-15 K형 전투기는 한 대당 1천억 원에 달한다. 이처럼 어마어

마하게 비싼 무기를 구입하고 유지하기 위해 우리나라는 2017년에도 수백억 달러가 넘는 돈을 국방비로 지출하고 있다. 그렇다면 이처럼 비싼 무기들을 구입하고 50만 명의 대군을 유지하고 있는 이유는 무엇인가? 전쟁을 하기 위해서가 아니라 전쟁을 하지 않기 위해서다.

비싼 무기를 구입해 장비하고 군대를 보유하는 이유는 그러한 무기들을 쓸 일이 없게 하기 위함이다. 즉 평화를 유지하기 위해, 무기와 군대를 쓰지 않고 국가안보를 유지하는 길이기 때문이다.

강력한 응징만이 도발을 방지한다

사전에 전쟁을 막도록 노력하는 역설의 논리를 이해함에 있어 또 한 가지 간과하지 말아야 할 것은 평화에 대한 이해다.

전쟁을 준비하지 않는 자들이 입으로만 강조하는 평화는 구두선口頭禪에 지나지 않는다. 적의 도발에 우리는 당하기만 했다. 응징 보복은 고사하고 싸울 의지와 준비 태세조차 하지 않는 우리를 누가 돕겠는가. 베트남전의 교훈을 잊지 말아야 한다.

"비겁한 평화라도 전쟁보다는 낫다."고 생각하는 사람들이 있다. 이 말은 "공산국가가 되더라도 전쟁은 하지 않겠다."는 말과 무엇이 다른가. 평화는 '목적'이고 전쟁은 '수단'이다. 수단은 목적을 이루기 위한 도구일 뿐이다. 전쟁할 준비를 완벽하게 갖춘 국가만이 전쟁을 방지하고 평화를 유지할 수 있다. 실제로 2010년 대한민국은 3월 26일과 11월 23일 두 차례에 걸쳐 북한의 무력 공격을 받았다. 하지만 두 차례 모두 우리나라는 변변한 대응을 하지 못했다.

"북한 지도층은 한국군의 천안함을 공격하더라도 전쟁으로 이어질 확률이 매우 낮다는 것을 알고 있었다."

비겁한 정치인들과 불순 세력의 이념적 일치가 한몫했던 부분도 있지만 "우리는 지금껏 다른 나라를 한 번도 공격한 적이 없다"는 것을 자랑으로 여기며 움츠리고 있는 탓이 크다. 국가의 안위가 걸려 있다 하더라도 선제공격은 해서는 안 된다는 견해를 신앙처럼 여기는 모양새다. 북한의 무력 도발과 참혹한 희생이 있을 때마다 다시는 결코 좌시하지 않겠다는 다짐과 결의만 반복할 뿐, 실제로 단호한 응징은 하지 않았다. 어처구니없게도 번번이 무책無策이 상책上策이 돼버리곤 했다.

2011년 12월, 김정일이 사망한 후 권력을 승계 받은 김정은은 자신의 권력을 공고히 하기 위해 대남도발을 서슴없이 자행하고 있다. 김정일 때보다 도발의 강도 또한 높이고 있다. 이것은 곧 그의 권력이 공고하지 않다는 방증이기도 하다.

2012년 4월, 장거리 미사일 발사에 실패한 후, 12월에 다시 미사일을 발사하는가 하면, 2013년 2월에 3차 핵실험을 단행하기도 했다. 그런가 하면 같은 해 12월에는 고모부인 장성택을 반역죄로 몰아 공개처형하는 광기를 부렸다. 그리고 2015년 8월, 북한의 목함지뢰 도발에 대한 우리의 사과와 책임자 처벌 요구에 대해 전면전 불사를 거론하며 위협 수위를 한층 더 끌어올리던 북한이 고위급 회담을 통해 꼬랑지를 내렸던 것은 우리의 강력한 결의에 의해서다. 즉, '도발 악순환의 고리를 반드시 끊어내겠다'는 결의와 함께 '대한민국은 능히 전쟁을 할 수 있는 나라'라는 전략을 수립, 군사적 대응조치의 불가피성과 정당성을 국민으로부터 요구받았기 때문이다. 국민은 군인이 용감하기를 바란다. 전쟁에서 승리하기를 원한다. 국가의 존망을 책임진 간부들의 의지가 필요하다. 북괴의 무력 적화통일의 강령 앞에 평화통일을 말하는 현실이 안타깝다. 강력한 응징만이 적의 도발을 억제한다.

평화를 원하거든 전쟁을 준비하라

　미국 CNN 방송은 2015년 8월 25일 미군 당국이 북한군의 움직임을 토대로 기존의 한반도 전시 작전계획을 재검토하기로 했다고 보도했다. 미군 위성 정보 등에 따르면 북한은 무시할 수 없는 전력을 보유하고 있음이 밝혀졌다. 그중 가장 우려하는 것은 동해와 서해에 흩어져 있던, 전력의 70퍼센트에 해당하는 북한 잠수함 50척이 일제히 한미 감시 레이더망에서 사라진 대목이다. 물론 이 중 일부는 남북합의 후 원위치로 돌아간 것으로 파악됐지만 상당수는 행방이 묘연하다.

　북한은 2015년 5월, 신형 잠수함 발사 탄도미사일 SLBM '북극성'을 수중에서 시험 발사하는 등 잠수함을 통한 기습 공격 능력을 늘리는 데 총력을 기울이고 있다. 잠수함은 유사시 특수부대 요원들을 침투시키는 수단으로 사용될 수 있다.

　북한이 예고 없이 잠수함을 대거 작전에 투입할 경우 속수무책으로 당할 수밖에 없다. 또 평상시 후방에 머물던 특수부대원들을 대거 전방으로 이동, 서해에 공기부양정 20척을 전진 배치하였다. 준전시 상태 돌입 직후에는 방공 레이더를 가동하고 비무장지대에 포병부대를 추가 배치하기도 했다. 전면전의 핵심 전력이라 할 수 있는 노출된 기계화 부대나 공군력을 동원하는 징후는 포착되지 않았다.

　준 전시 상태로 드러난 북한군의 실전 준비 태세는 유사시 서울을 비롯한 수도권 일대를 겨냥한 포 사격에 이어 특수부대 침투, 잠수함을 이용한 후방 공격 및 교란, 공기부양정을 이용한 기습 상륙을 할 수 있다는 것이며 한수이북전선에 기동력 있는 전차부대와 공군력은 보병, 전차, 포병, 공군(보·전·포·공) 합동작전으로 집중공격 속전속결 태세를 갖추고 있다. 내가 4년간 국회 국방위원회 활동을 하면서 강조했던 내용들이 현실로 드러난 셈이다. 따라서 국방개혁 2020은 신중히 재검토해야 하고, 작계 5027, 5029를 보강해야 한다.

현재 북한의 병력은 120만 명이다. 거기에 일부 전방사단이 효과적으로 편제하고 작전할 수 있도록 여단으로 바뀌고 있다. 이것은 북한이 우리의 실정을 잘 알고 있어서다. 한반도의 산악지형이나 하천 등 여러 가지를 잘 알고 지형적인 약점을 극복하기 위한 것이다. 우리가 현재 기계화사단 양성도 어느 정도 필요하지만 산악지형에서는 대전차 능력을 강화하면서 특수작전을 수행할 수 있는 부대 양성이 절실하다.

북한의 숙원과 주장에 동조하는 작전권 환수

'한미연합사를 해체하고 작전권을 미국으로부터 환수하겠다.(주한미군 철수)'는 전시작전권 환수를 노무현 정권의 국방부장관이 체결하였다. 노무현 정권의 '국방개혁 2020'은 한마디로 공상에 지나지 않는다. 관여했던 후배들 과연 국가 장래를 생각해 보았나.

지침을 들여다보면 크게 두 가지로 요약되는데 하나는 북한의 위협을 관리할 수 있다는 가정이고, 다른 하나는 2020년까지 621조가 필요하다는 주먹구구식 계산으로 매년 국가경제 성장을 6퍼센트로 잡고 실행한다는 방안이었다. 하지만 당시 노무현 대통령은 예산을 추가확보조차 하지 못했다. 실제로 노무현 정권이 미국으로부터 작전권을 환수해야 한다고 했을 때, 정작 지휘와 작전통제권에 대한 정의를 몰라서 그랬던 것일까? 아니다. 말하자면 작전통제권을 군사주권의 상실 혹은 부재로 해석한 것이다. 작전통제권은 본래 '한미 양국이 합의한 부대들'의 작전을 조정 통제하는 것이지, 미국이 우리 전군의 지휘권을 가져가는 것은 아니다. 북대서양조약기구 '나토'의 가맹국 중 그 어떤 국가도 군사주권을 침해당했다고 여기지 않는다. 나토군 사령관 역시 우리의 한미연합사 사령관처럼 미국군 대장이 맡고 있다.

결국 미군 대장이 한미연합사 사령관을 맡고 있어서 한국군을 지휘한다는 생각은 사실과 다르다. 30년 넘게 한미 양국이 합의해 유지해오던 사령부를 해체하고 작전권을 환수하겠다는 발상은 평생을 군에 몸담았던 나로선 납득할 수가 없다. 현실적으로 북괴의 도발을 억지할 수 있었던 것도 한미연합사 체제를 유지해왔기 때문이다.

연합사 해체 후 주한미군 철수는 북괴가 원하는 전작권 환수를 우리가 자진해서 도와주는 것이다. 이로 인한 피해는 누가 보상할 것인가? 이적행위로 문책해야 한다.

병력 감축의 모순

2008년 10월 21일, 미 랜드연구소의 베넷 박사가 발표한 내용을 보면 "북한의 급변사태에 대해서 중국의 개입을 기정사실화 하면서 베이징과 심양에 주둔하고 있는 약 45만 명에 달하는 중국군 병력과 전차 2,200대, 야포 2,600문을 동원해 국경을 넘어올 것이라며 한국군은 적정 규모의 지상군과 기동성이 뛰어난 특수부대를 유지하여 유사시를 대비하는 것이 필수적이다"라고 발표했다.

덧붙여 "미래의 한국 육군은 북괴군의 위협에 대비하기 위해 16→24개의 상비사단과 11→27개의 예비사단이 필요하다"고 주장했다. 이것은 우리가 기계화 부대를 더 만들고 2020년까지 육군 3분의 1인 18만 명을 감축하여 37만 명으로 만들겠다는 계획의 반대 주장이다. 만약에 한국에서 전쟁이 일어났다고 가정을 해보자. 미군이 해군이나 공군 지원은 할 수 있으나 병력지원은 한계가 있다. 험준한 산악지형에 기계화 부대의 효과적인 작전이 어렵다. 많은 예산을 투자, 과대한 기계화 부대의 개편은 재고가 필요하다. 전차

1대에 80억 원, 15대면 1,200억 원이다. 1개 사단 장비 가격과 맞먹는다. 따라서 기계화 부대 창설을 제한하고 절약된 예산으로 강력한 경보병 부대 사단, 여단을 창설하는 것이 훨씬 효과적이다. 또한 10만 명의 경찰에 5만 명의 전투경찰을 증원, 15만 명의 경찰로 시가지 전투와 시설 경계, 주민통제, 안전대책들을 위한 사전준비가 필요하다.

현재 한수 이남에는 각종 군사학교와 군수지원 부대만 있는 실정이다. 전투경찰의 증원으로 보강하고 각급 직장과 공공기관에 비상기획관 제도와 유명무실한 국가안전보장회의NSC의 활성화 등 대비가 절실하다.

수도권의 비대화 규제 완화

안보에 있어 제일 문제점은 수도권의 과밀화 현상으로 북한의 재래포 800여 문 사정권 내에 있다는 것이다. 실제로 YS 정부 시절 북한은 "서울을 불바다로 만들겠다."고 협박했다. 1970년대, 내가 중령으로 육군본부에 근무 시 육군본부 작전참모부에 있던 모든 장군과 장병들의 생각은 "가장 위협이 되는 것은 서울이 적의 유효 사정권 내에 있다"는 것이었다. 육군에서는 이런 사실을 박정희 대통령에게 보고를 했고, 박 대통령은 이를 심각하게 받아들였다. 수도를 점차 이전하기로 결정하고 진행하던 중 10·26사건으로 취소되었다. 지금 서울은 그 시절보다 두 배 이상 취약하다.

제2차 대전 때 일본이 항복했던 것은 1945년 8월 6일 히로시마와 9일 나가사키에 B-29에 의해 리틀보이와 팻맨 두 발의 20KT 원자폭탄이 투하되어서였다.

원자탄과 미사일은 고사하더라도 800여 문의 재래포와 장사정포가 동시 다발로 공격한다고 해보자. 상상하고 싶지도 않다. 서울 1,000만, 수도권 1,300만, 유동인구 포함 국민 50퍼센트와 군사 외교 안보 문화 경제의 중심인 서울의 규제완화는 정신 나간 자들의 주장으로 도대체 이해할 수 없다.

수도발전을 앞세워 군사보호시설 규제 완화, 군사시설 재배치 등은 안보적 측면에서 볼 때 문제점이 아닐 수 없다. 중요한 김포반도의 FEBA 전투진지 356만 평을 김포시에 넘겨준 지휘관은 이적죄에 회부해야 한다.

제2롯데월드, 지상 123층 지하 7층의 555m 건축물을 위해 군의 비행 안전 지역을 허가한 군과 정부 지도자들은 깊은 반성을 해야 한다. 더구나 국방장관과 공군참모총장 상부선은 빠지고 롯데월드 사장과 공군정보작전참모부장이 서명하여 책임을 회피한 자들이 유사시 과연 국가안보를 책임지겠는가. '공은 부하에게 명예는 상관에게 책임은 나에게', 나의 생각과 다른 그들에게 묻고 싶다. 이들과 안보를 논하는 대통령이 안타깝다.

우리의 나아갈 길

"공산주의와 민주주의는 절대 화합할 수 없다. 미군철수, 반공법 반대, 평화협정 연방제 통일에 속아선 안 된다."

황장엽 씨의 말이다.

그러나 우리는 어떠했는가. 1998년 김대중 대통령이 집권하면서 공산주의 북한에 햇볕정책을 펼쳤다. 국방부 발행 〈국방백서〉에 '북괴'라는 용어를 폐지하고 '북한'으로, 대적 개념 철폐로 군인 정신무장을 해이(해제)시키는 계기를 마련했다. 그러면서 "북이 도발하면 공격하지 마라. 강력한 대응은 남북대화에 장애요소다"라고 했다.

설상가상으로 반미, 진보, 용공, 종북, 반 대한민국을 내세우는 시민단체들을 애국단체로 규정하여 자금을 지원했는가 하면, 안보기관 해체를 위한 검찰, 경찰, 기무사, 국정원 등 대공 기능 80퍼센트를 감축하는 등 공안부서를 무력화시켰다.

지구상 유일한 분단국가 한반도, 그 반 토막 북녘 땅은 오직 독재자 한 사람만의 자유 보장을 위해 죽음의 동토가 된 지 오래다. 인민은 굶어 죽을지언정 핵무기와 미사일 발사를 서슴치 않는다.

한편으로는 남북대화와 이산가족 상봉을 내세우면서 다른 한편으로는 남한을 향해 무차별 포격을 가하고 도발을 해왔다. 대한민국 국군은 그런 언어도단의 상대와 맞서야 하는 것이다. 그래서 우리 군은 강해야 한다.

오로지 당과 수령을 위해 죽기를 각오한, 북한 공산주의의 강성 군대와 싸워 이기려면 포탄을 안고 적진에 뛰어든 육탄 10용사의 용기와 조국애에 불타는 군대를 만들어야 한다. 향후 현 병력 50만 명에 50만을 추가 증강하여 100만 대군을 확보해야 북한의 도발을 막을 수 있다. 운동시합은 졌다 이겼다 하지만 전쟁에서 한 번 지면 국가는 망한다. 국가 흥망의 갈림길 특히 국가가 위기에 처했을 때에는 외부의 적보다 내부의 적이 더 무서웠던 역사의 교훈을 되새김질하며 호시탐탐 무력적화통일에 광분한 북한의 도발에 맞서 비장한 각오로 전쟁을 준비하는 것이 전쟁을 방지하는 것이다. 평화통일은 목표이며 전쟁은 수단이다.

에필로그

이진삼 그의 일생은 공산주의로부터 나라를 지키기 위한 삶의 연속이었다. 국가를 위하여 목숨을 바치자고 함께 다짐했던, 먼저 간 전우들에 대한 죄책감으로 현충원을 찾을 때마다 용서를 빈다. 차라리 그가 적의 흉탄에 쓰러졌다면 영광스러운 마지막이 되었을 것이라고 표현한 심정을 이해할 수 있다.

정의롭게 살고자 노력했던 그의 군 생활은 파란만장 그대로였다. 부하들에게 강력한 교육훈련과 전투진지 요새화 등 많은 것을 강조하고 요구한 것은 지휘관 본연의 자세다.

변화무상 세상 속에서 그의 애국심은 만고불변할 듯하다. 본인은 "머리 안 좋다" "충청도 촌놈이다"라고 겸손을 위장하지만 책의 모든 장마다 그는 치밀하고 명석한 글로벌 군인이었다.

"주어진 임무 외에 예견되는 임무까지 찾아서 수행하라"는 자신의 군인수칙대로 그는 지시받지 않은 그러나 해야 할 임무를 자청하곤 했다.

베트남전에 참전하는 방첩부대에 육사출신의 장교가 없음을 알고 자원하여 만삭의 아내와 자식들을 두고 전장으로 향하는 그는 지시받은 명령만을 수행하는 수동적 충성을 넘어 스스로 찾아 하는 능동적 충성을 바탕으로 명시된 임무 외에 추정된 과업도 찾아서 했다.

북한은 1967년 한 해에만 118회의 특수 훈련된 무장공비들을 남한에 침투시켜 대한민국정부를 전복하려 했으며, 21사단 부연대장 김두표 중령과 그의 가족을 몰살하는 만행을 저질렀다. 당시의 이진삼 대위는 군의 자존심을 내세워, "북이 도발하면 공격하지 마라. 강력한 대응은 남북 대화에 장애 요소다"에 상반되는 대북 응징보복을 결심한다. 작전 구성원 선발과정이 참으로 위태롭다. 바로 얼마 전까지 총을 겨누던 남파 간첩들 중에서 4명을 선발·전향시켜 3차례의 응징보복 작전을 실시한다. 대원선발 후 훈련과정 내내, 국가를 위하여 목숨을 내놓은 두려울 것 없는 군인이지만 또한 아버지며 남편이기에, 작전 중 북한군에게 체포되었을 경우 감당해야 할 모욕과 슬퍼할 가족으로 고민하는 그의 모습은 마치 비장한 영화를 보는 느낌이다. 작전은 성공이다. 총 33명의 북한군 사살과 적진의 정보수집 등으로 우리 군의 위력을 보여주었으며 실제로도 대북 응징보복작전 이후의 북한의 도발 빈도나 패턴의 변화가 있었다.

이후에도 임관재, 박일근을 비롯한 무장간첩들을 소탕, 청와대를 습격하여 박정희 대통령의 목을 따러 왔다는 김신조를 전향시켜 1·21사태 시 작전을 수행하였고, 21사단장 시절 북한 민경대대 참모장 신중철을 시청각 심리전으로 귀순시키는 등 간첩과 북한군 잘 잡는 군인으로 유명세를 탄다.

거절하기 어려운 서울 거여동 공수특전사령관, 용인 3군사령부 등 수도권 근무를 마다하고 가장 험한 산악지대 21사단장, 3군단장, 1군사령관을 자원한다. 그는 중령이 자신의 최고 직위일 것이라 생각했다던 그의 말과는 달리 처음부터 야전성 있는 전투지휘관 장군 수업을 스스로 받은 격이다. 3개 지휘관을 같은 지역에서 역임하며 7년에 걸쳐 동부전선 GOP 고지대 145미터 깊이에서 모래사장에서 바늘 찾기보다 어려운 땅굴(제4땅굴)을 발견해내고야 만다. "하나의 땅굴은 10개의 원자탄보다 낫다"는 김일성의 땅굴굴착 명령에서 알 수 있듯 땅굴 발견은 측정불가의 가치를 지닌다. 그럼에도 제4

땅굴 발굴의 수훈자인 이진삼, 박영익 두 장군이 훈장을 받지 않았다는 점은 존경을 넘어 영웅적인 장군들이다. 이제라도 국가가 훈장을 수여하길 독자들은 건의한다.

우리나라는 동계올림픽 1회에서 15회까지 노메달이었다. 1991년 12월 그가 체육청소년부 장관으로 부임한 후 제16회 알베르빌 동계올림픽에서 금 2, 은 1, 동 1개의 메달을 획득하여 세계 10위, 아시아 1위의 쾌거를 이룬다. 1992년 바르셀로나 하계올림픽에서는 금 12, 은 5, 동 12개를 획득하여 세계 7위의 성적을 거둔다. 특히 올림픽의 꽃 마라톤에서 황영조 선수가 금메달을 획득하여 온 세계에 대한민국 국가가 울려 퍼지는 영광의 순간도 있었다.

2008년 부여·청양 국회의원으로 당선된 그는 국회 국방위원회에서 국가안보에 주력하고, 지역구인 충남 부여군에 지역구 구민의 숙원이던 4년제 한국전통문화대학교 설립을 공약 없이 이루어내고 2011년에는 국립종합대학교로 승격시킨다.

그가 탄탄대로 꽃길만 걸었던 것은 아니다. 3·15부정선거 비협조로 당한 감시, 1965년 동아방송 조동화 사건의 누명, 1973년 윤필용 장군 사건으로 15사단 부연대장으로의 전출, 1986년 정보사 사건, 그의 삶은 오히려 파란만장하다. 사건 발생 7년 후 1993년 본인은 알지도 못했던 사건으로 참고인에서 순식간에 피의자가 되어 실추된 명예와 심신의 고통을 호소하며 권력에 의한 엄청난 정치보복이라 하는 그는 참으로 억울해 보인다.

자서전 형식의 《내 짧은 일생 영원한 조국을 위하여》는 2016년 출간된 《별처럼 또 별처럼》에 베트남전과 연대장 시절의 일화가 더해져 딱딱한 이론서와 달리 책장이 쉽게 넘어가는 수필 같은 증보개정판으로, 백선엽 장군이 추천사에서 밝혔듯 독일 롬멜 저서의 《보병전술》을 능가하는 실전을 통한 전투 경험서다. 따라서 이 책은 장교는 물론 모든 사병, 일반인 구별 없이 두루 읽어도 좋겠다.

  골수 깊이 내재화된 그의 군인정신은 그를 영원히 군인이게 할 것이다. 수많은 사선을 넘나들면서도 부상 한 번 없었다는 그가 전설 같기만 하다, 전설의 풍운의 장군!

이진삼 약력

1937년 2월 10일 충남 부여에서 출생.

학력
대전중학교, 대전고등학교
부여고등학교
육군사관학교(이학사)
육군대학
국방대학원
서울대학교 행정대학원
동국대학교 행정대학원(석사)
美 UCLA 최고경영자 과정
美 CAL POLY 대학교산업교육연구소 이사장

경력
20사단 61연대장(대령)
사격지도단장(준장)
9공수여단장(준장)
21사단장(소장)
정보사령관(소장)
3군단장(중장)
참모차장(중장)
1군사령관(대장)
육군참모총장(대장)
체육청소년부 장관
국회의원

훈장
화랑무공훈장 3회
수교훈장
광화장
보국훈장 통일장, 국선장, 천수장
삼일장
미국 지휘관 공로훈장 2회
이태리 최고 공로훈장·중화민국 운휘훈장
말레이시아 최고 공로훈장
태국 1급 기사훈장
베트남 1등 명예훈장
인도네시아 1급 공로훈장
대통령 표창
국무총리 표창 외 21회

저서
《책략(策略)》 도서출판 정문사, 1999.
《가위주먹》 도서출판 화남, 2011.

논문
〈미국 중공 관계가 한국 안보에 미치는 영향〉
〈소련의 시베리아 개발과 극동 전략〉
〈청소년 비행의 실태와 대책에 관한 연구〉

부 록

한 청년장교의
끈질긴 집념과 결사 정신

교육자료 : 육군본부 군사연구실(제공)

대남 적화 통일의 허황된 꿈에서 깨어나지 못한 북괴는 무력남침의 호기를 조성하기 위하여 1965년부터 단계적으로 무장간첩을 전후방에 침투시켜 중요시설 파괴와 요인암살을 획책하는 등 민심을 교란시키고 대한민국 정부의 기능을 마비시키는 데 총역량을 집중하였다.

이러한 북괴의 대남전술은 1966년도 정찰단계를 거쳐 1967년도에는 행동단계로 옮겨 전방지역에서의 빈번한 도발행위와 아울러 후방지역에 무장간첩의 직접적인 대량침투를 획책하더니 1968년에 들어서자 급기야 청와대 기습사건인 1·21사태와 11월 1일 울진 삼척 및 서해안 지역에 130여 명의 무장간첩을 동시에 침투시켜 선량한 주민, 학생, 어린이까지도 무차별 학살하는 등 그 만행이 극에 달했다. 이에 따라 우리 군은 대비정규전에 관한 작전 통제권을 유엔사로부터 인수하고, 향토 예비군을 창설하는 등 본격적인 대간첩 작전을 수행, 많은 시련과 함께 산 교훈을 얻게 되었다.

바로 이 무렵인 1968년 11월 서산지역에 침투한 무장간첩 섬멸작전에서 오직 부대와 임무만을 위해 일해 왔던 청년장교 이진삼 소령(제28대 육군참모총장)이 멸사 보국의 결사 정신으로 무장간첩 2명(임관재, 박일근)에게 15m까지 포복으로 육박, 단발의 수류탄으로 사살시킨 전례는 실전경험을 하지 못한 오늘을 사는 우리 장병들에게 교훈을 주고 있다.

1

1968년 11월 1일(금) 06:55에 북괴 노동당연락부 소속 무장 간첩 2명이 충남 서산군 지곡면 부산리 해안으로 침투하여 해미면 가야산 방향으로 이동 하던 중, 서산군 성연면 오사리(BR 720798) 앞 노상에 이르러 때마침 술 심부름을 가던 이 마을 소년 박청운과 조우하게 되었다.

이른 아침에 바지 끝이 젖어 있는 작업복과 농구화 차림에 배낭을 메고 칼빈 소총까지 휴대한 정체불명의 괴한들과 만난 박청운은 순간적으로 이상하다는 느낌을 받으며 무장괴한들의 곁을 지나려 하자 "너 여기 무엇 하러 왔느냐?"며 험한 인상을 한 괴청년은 박청운을 위아래로 훑어보면서 쉰 듯한 목소리로 물었다.

"집안 어른 심부름으로 저 아래 마을로 술을 받으러 가는 길입니다"라고 답하자 등을 돌려 먼 곳을 경계하듯 두리번거리던 나이 들어 보이는 다른 무장괴한이 "너 이 근처에서 무장한 군인들을 못 보았느냐?"하고 다시 물었다.

"못 보았습니다"라고 대답하자 이들은 다시 한 번 박청운의 위아래를 찬찬히 훑어보며 술병과 얼굴을 번갈아 보더니, "그럼 빨리 가라"고 하는 것이었다. 서둘러 술을 받아 가지고 돌아오면서 곰곰이 생각해 볼수록 이들의 낯선 복장과 태도가 이상하다는 생각이 들었다.

최근의 1·21사태 등 무장공비 침투 만행 소식과 선생님과 국군 아저씨들로부터 거동 수상자 신고 교육을 받아 온 터라 순간적으로 "무장간첩이 아닐까?"라는 생각이 머릿속을 스쳐 지나갔다.

박청운의 이런 생각은 귀가를 서두르는 걸음마다 더욱 확고해져서 곧바로 이웃 마을에 있는 성연지서로 달려가 조금 전에 있었던 상황과 수상한 사람의 인상착의(작업복 상하, 농구화 착용, 배낭을 메고 칼빈 소총 휴대) 등을 신고하였다.

2

신고를 접수한 성연지서에서는 08:22에 제51사단 전투대대 1중대에 거수자 출현 신고 내용을 전파하였으나 현지에서는 시기적으로 보아 사냥 계절로 사냥꾼일 것이라는 안이한 생각으로 간단히 종결지어버리려던 중, 507대공과에서 신고를 접수한 이진삼 소령(32세)은 하찮은 신고 하나라도 소홀히 지나쳐 버려서는 안 된다는 평소의 소신대로 신고를 받은 즉시 L-19기로 대전 공군 비행장으로부터 이륙, 홍성 간이비행장에 도착하여 대기시켜둔 차량으로 서산을 경유하여 최초로 신고된 현장에 도착하였다.

현지 정보 분석조는 사냥꾼일 것이라는 분석결과를 보고 하였으나, 이진삼 소령은 상황을 예리하게 분석 후 무장간첩일 것이라는 심증을 굳히고 끈질긴 집념으로 원점 일대로부터 다시 수색작전을 실시한 결과 15:10에 서산군 성연면 오사리 갈대밭(BR730788)에서 괴한이 유기한 것으로 보이는 장비 즉, 배낭 2, 무전기 1, 트랜지스터 라디오 1, 쌍안경 1, 서산 지도 2, 신사복 1, 잠바 2, 현금 5천 원, 전남 도민증 1, 서울 시민증 1, 불온 문서 9, 명함 40, 칼빈 실탄 116, 여자사진 1, 가족사진 1 등 63점의 유기물을 발견하게 됨으로써 무장간첩 출현을 확인하고 즉각 이들을 소탕하기 위한 본격적인 수색 작전에 들어갔다.

무장간첩이 휴대했던 유기물을 확인한 이진삼 소령은 17:30에 성연지서로 가서 경비 전화로 제51사단장 신건선 준장에게 "성환에 위치한 제53탄약창 병력과 예비군으로 온양-당진 도로를 차단하고 전투 1개 대대를 투입,

당진-서산 도로 일대를 수색하는 것이 좋겠다"고 건의함으로써 원점을 중심으로 한 포위망 형성과 함께 수색작전이 전개되었다.

이와 같은 내륙작전을 위한 봉쇄선 형성과 아울러 해상 도주로 차단을 위해 경비정 6척을 해상에 배치하여 순찰 및 경계활동을 주도면밀하게 실시하는 한편, 다음 날인 11월 2일 11:30에는 항공기를 이용하여 무장간첩들의 예상 도주로상에 자수 권고 전단 8,000매를 살포하는 등 지상, 해상, 공중의 입체적인 작전이 확대 실시되었다.

3

작전이 계속되던 11월 3일 08:30에 서산군 해미면 삼송리에 사는 최정환 씨 집(BR805725)에 무장간첩 2명이 출현하여 최정환 씨 처 진정희(39세)에게 아침식사를 요구하므로 밥상을 차려주자 허겁지겁 취식을 한 후 가야산 기슭(BR855719)으로 도주했다는 신고가 작전부대에 접수되었다.

이러한 세부적이고 정확한 최신 상황을 접수한 이진삼 소령은 09:50에 현장에 도착 작전병력을 재배치할 시간적 여유가 없음을 판단하고 즉시 지프차로 현장에 도착된 소병민 소령과 전인철 상사 및 전용주 하사를 가야산 방향 남쪽 능선(BR845716)으로 전개시켜 적을 감시 및 퇴로를 차단토록 하는 한편, 이진삼 소령 자신은 남상일 대위와 김태용 상병을 대동하고 210고지(BR845718)를 향하여 계곡과 능선을 따라 은밀하게 적을 추적하였다.

한편, 소병민 소령 조는 무장간첩이 위치한 210고지 정상으로부터 150m 떨어진 고지에서 소 소령이 중앙, 전인철 상사가 우, 전용주 하사가 좌측에 위치하여 적을 감시 및 차단하고 있었는데 우측에 있던 전 상사가 갑자기 "대장님! 위험합니다. 엎드리시죠!"라고 소리치자 소 소령이 "뭐라고?"하면서 고개를 돌리는 순간 "땅!"하는 소리와 함께 무장간첩이 쏜 흉탄에 맞아 소 소령이 전사하였다. 이때, 전 상사로부터 다급한 목소리로 소 소령이 전사하였다는 보고를 받은 이진삼 소령은 "즉시 소 소령을 긴급히 후송하라"고 지시한 후 210고지 방향으로 무장간첩을 계속 추적하였다.

고지정상 150m 전방에 이르렀을 때 무장간첩의 집중사격을 받은 이진삼 소령은 즉각 칼빈 소총으로 응사하면서 적이 위치한 210고지 우측 은폐된 소로를 따라 정상 30m까지 접근하였다.

이때 갑자기 예기치 못한 무장간첩의 기습적인 권총사격을 받게 되자 10m 아래 움푹 팬 곳으로 몸을 던져 엄폐한 후 정신을 가다듬은 다음 비장한 각오로 다시 고지정상 20m까지 전진 사격을 하도록 지시하고 20m 단독 우회하여 그들 후방에서 수류탄 2발을 던져 210 고지 정상에 있는 공비를 11:20분에 2명 모두 소탕하였다.

결국 이진삼 소령이 던진 한 발의 수류탄에 고지 정상 호 속에 숨어 있던 2명의 무장간첩이 동시에 사살되는 전과를 올리고 작전은 종결되었다.(11.3 11:20)

4

단발의 수류탄으로 사살된 2명의 무장간첩은 호 속에서 서로 발을 묶어 놓고 죽은 채 쓰러져 있었으며 개인호 주위에는 수류탄 8발을 가지런히 쌓아 두는 등 결사적인 대항을 하였던 흔적이 발견되었다.

사살된 시체 주위에 부비트랩이 있는지 몰라 끈으로 끌어당겨보니 이상이 없어 인접 마을에서 들것을 가져와 아래로 운반시켰다. 상황이 끝나고 숨을 돌린 후 김태용 상병의 철모를 보니, 철모가 총에 맞았으나 구멍은 뚫리지 않은 상태였으며 사살된 무장간첩과 함께 발견된 장비는 칼빈 2(탄창 2, 실탄 110), 수류탄 8, 권총 2(탄창 4, 실탄 121), 한화 51,110원, 수첩 2, 나침의 2, 시계 2, 명함 5, 확대경 1, 기타 의약품 및 일용품 등이었다.

이들 사살된 무장간첩의 신분은 북괴 노동당 연락부 소속 임관재(45세)와 박일근(36세)으로 밝혀졌으며 임관재는 충남 서산국민학교 5학년 중퇴 후 대서소 종업원으로 일하면서 만능 운동선수에다 특히 씨름을 잘하며 변장술에 능하였다.

청년이 되어 일본군에 입대한 후 남양군도에서 복무하다가 8·15해방과 동시 귀국, 공산당에 가입하여 남로당 박헌영 직계로 서산경찰서를 습격하는 등 악질적인 좌익 활동을 하다가 1948년 10월에 체포되어 서대문형무소에 수감되었다.

검거 시에는 변장술에 능한 데다가 힘이 세고 체격이 우람하여 무술경관 20명이 잠복했다가 급습하여 겨우 체포할 수 있었다.

그 후 형무소 생활을 하던 중 6·25때 북괴군의 서울 진입과 함께 탈옥하여 공산치하에서 서대문 내무서장과 남로당 인천 동구 위원장 및 경인지구 인민군 군사후원회 회장을 역임하였으며 월북 후는 박헌영이 숙청되는 바람에 김일성대학 협동농장에서 농장기사로 일하던 중 당성과 충성심이 강하여 노동당 중앙위원까지 발탁된 후 남파교육을 받고 박일근과 함께 무장간첩이 되어 1968년 11월 1일, 충남 서산 해안으로 침투한 핵심 공산당원으로 밝혀졌다.

5

이 작전을 통하여 얻은 교훈은 무엇보다 신속 정확한 주민신고와 신고된 상황을 정확히 판단할 수 있는 정보 분석 능력이 중요하다는 것이며, 또한 의심나는 상황을 끝까지 추적하는 끈질긴 집념 및 전투의지가 대간첩 작전의 성공요인이라는 점이다.

  박청운 군과 전정희 씨의 신속한 무장간첩 출현 신고는 작전을 원점에서부터 조기에 실시할 수 있게 하였으며 신고접수 후 즉각 출동하여 현장을 확인함으로써 작전에 결정적으로 기여할 수 있는 정확한 상황판단이 가능하였고 사냥철을 맞이하여 무장간첩을 사냥꾼으로 오인하지 않고 의심나는 점을 끝까지 추적 확인하는 끈질긴 집념이 안이하게 종결되려던 상황을 실제 무장간첩이 출현한 작전으로 신속히 전환하는 계기가 될 수 있었다.

  또한 임무를 위해서는 목숨을 던져 국가와 민족에 충성하겠다는 젊은 청년장교의 결사 정신과 과감한 전투행동이 이 작전을 성공적으로 이끌었으며 적과 조우 시 신속한 대응으로 기선을 제압, 고착 견제하고 어렵고 위급한 상황하에서도 예리한 상황판단과 지형지물의 적절한 이용으로 침착하게 지근거리까지 접근하여 수류탄으로 적을 일격에 격멸시킴은 물론 사살된 후에도 부비트랩 설치 유무를 확인하는 등 용감하고 침착하며 치밀한 군인정신을 그대로 행동으로 보여준 사례라고 할 수 있다.

  마지막으로 모든 요원은 우발상황에 대비하여 전원 전투요원화 되어야 한다는 것이다. 포위망 밖으로 벗어난 적이 주민신고에 의해 다시 발견되었을 때 먼 곳에 배치된 병력을 거두어 다시 새로운 현장으로 투입하기에는 시간이 부족하기 때문에 지프차로 현장에 먼저 도착된 비전투요원들이 신속하게 직접 수류탄을 들고 적지에 뛰어들어 무장간첩 2명을 격멸시킨 것은 운전병, 행정병, 당번병 할 것 없이 모든 요원에게 전술전기를 숙달시켜 전투요원화 하는 것이 대단히 중요하다는 것을 보여준 전례인 것이다.

이 작전과 울진·삼척 무장공비 섬멸작전의 성공으로 북괴는 대남침투 전술 방향을 수정하지 않을 수 없었으며 이후 대규모 무장간첩 침투가 자제되는 경향을 보였다.

　정부는 본 작전의 긍정적인 영향을 높이 평가하여 서산 부춘국민학교 운동장에서 이진삼 소령과 남상일 대위에게 화랑무공훈장, 김태용 상병에게는 인헌무공훈장을 현지에서 수여하였다.

　이렇듯 대수롭지 않게 지나쳐 버릴 수도 있었던 현지 주민의 거수자 출현 신고를 접수하고 이를 예리하게 분석, 판단하여 현장에 뛰어들어 목숨을 내어놓고 지근거리까지 접근, 무장간첩을 완전 섬멸시킨 한 청년장교의 끈질긴 집념과 결사 정신, 그리고 전투기술은 오늘의 우리 세대에게 많은 교훈이 되고 있을 뿐만 아니라 전 장병의 귀감이 되고 있다.(장병교육자료)

| 教 訓 |

第四 땅굴

(군사 연구실 제공)

o 歸順者 陳述諜報, 敵戰術, 入口 豫想地域의 敵 活動을 綜合 分析한 結果 <u>東部前線 山岳地域 重要 軸線上에 南侵用 땅굴을 構築해 놓고 있다는 指揮官의 確信과, 1군에서 제4땅굴을 기필코 찾고야 말겠다는 全將兵의 끈질긴 執念과 努力의 結實</u>이었음.

o 前方部隊에서 땅굴 探査를 위해 80年度에 굴착한 試錐孔을 10年이 지난 지금까지도 잘 管理하여 持續的인 聽音 活動을 實施한 結果 昨年 8月 80-14번孔(80年에 굴착한 14번째 試錐孔)에서 未詳音을 肉聽하는 決定的 徵候를 捕捉할수 있었음. 이는 些少한 徵候도 놓치지 않으면서 試錐孔 監視를 規定대로 徹底히 實施한 <u>探知要員의 透徹한 任務 遂行의 結果였으며, 이를 뒷받침하기 위한 指揮官의 不斷한 指揮關心 提高의 結實</u>이었음.

o 決定的 徵候捕捉 卽時, 坑道 關係 實務者들이 원점에서부터 땅굴 豫想 軸線을 再分析하고, 歸順者를 招聘하여 現場 戰術 討議를 實施한 結果, 旣存 判斷에 多少 誤差가 있었음이 確認되어 80-14번孔에서 북쪽 70m 前方 地域으로 通

路를 開拓, 試錐裝備를 再投入하여 7個의 試錐孔을 굴착한 後 最新 科學裝備를 利用·探査한 結果 새로 試錐한 地点 地下에 땅굴로 判斷되는 未詳洞孔 現象을 確認할수 있었던 것은 關係要員의 正確한 判斷과 指揮官의 果敢한 作戰 決心으로 이루어진 結實이였고, <u>最新 科學裝備가 敵 땅굴 發見에 最初로 寄與한 前例가 되었음</u>.

o 未詳洞孔 現象을 確認한 後, 同地域 洞孔에 的中시키기 위한 試錐作業도 첫번째부터 5번째 孔까지 빗나가고, 6번째 試錐孔이 洞孔에 的中 되었음.

敵 땅굴을 精密 調査한 結果 同 的中試錐地点으로부터 불과 남쪽 22m 地点에서 敵 땅굴 막장이 끝나는 것이 確認됨에 따라 <u>既存 試錐地域에서 果敢하게 70m를 推進하여 試錐孔 作業과 探査를 하지않았다면 제4 땅굴은 永遠히 發見할 수 없었을수도 있었다는 것을</u> 假想할때, 關係要員에 의한 現地 戰術討議와 持續的인 軸線 再分析 努力의 重要性 再三 認識 시켜 주었음.

o 軍司令官의 徹底한 保安對策 講究 指示에 의거 今番 제4 땅굴이 公開되기 前까지 敵의 逆對策을 豫防하기 위한 關聯 機關 및 部隊의 保安措置로 完全作戰 成功을 保障 받을 수

있었음.

이는 坑內를 監視하기 위해 투입했던 미(美) "試錐孔 카메라" 監視 結果와 前方 敵 活動 事項을 分析한 結果, 貫通 直前 수시간 전까지도 敵이 땅굴 露出 事實을 認知하지 못한 것으로 判斷할수 있었음.

ㅇ 逆坑道 工事가 한창 進行中인 지난 2월 24일 "世界日報"에 "東部前線 제4땅굴 發見"이라는 記事가 "워싱턴 타임지 인용으로 報道되자 즉시 關係機關에서 適時的인 言論 報道 統制措置를 講究했으며, 軍司令官 指示로 땅굴 發見과 關聯한 報道內容에 대해 敵의 注意를 他地域으로 誘引 및 기만하기 위하여 隣接 軍團에서 땅굴 探索作戰을 實施함으로써 殘餘 工事 期間中 效果的으로 敵을 混亂시키고 기만 할수 있었음.

이는 同作戰 實施後 부터 隣接 軍團 前方地域에서 敵의 我方 監視 活動이 活潑하였으며, 國內 輿論도 일시 鎭靜된 것으로 보아 效果的인 作戰으로 評價 되었음.

ㅇ 貫通場面 現場報道도 內外信 記者 40餘名과 軍事 停戰 委員 8名에게 直接 公開함으로써, 國內外에 北傀의 平和 攻勢 宣傳의 虛想과 持續的인 南侵準備 眞相을 暴露시키는

契機가 되었으며, 특히 지난 제1, 2, 3땅굴 發見과 KAL機 爆破 蠻行과 같은 眞相 發表에도 이를 不信하는 國內外 集團에게 今番 第4땅굴 發見의 現場報道 効果로 一部에서 誤導 되고 있는 對軍, 對政府, 不信 思潮를 拂拭시 킴은 勿論 軍의 신뢰성과 名譽를 回復하는데도 決定的 契機가 되었음.

ㅇ 軍司令官의 作戰指導指針에 의거 逆坑道 工事와 坑內 掃蕩 作戰 準備도 豫測 可能한 모든 狀況을 導出한 後, 組織的이고 치밀한 準備로써 類似 地域에서 反復 豫行演習을 徹底히 實施한 訓練의 結果로 한건의 事故도 없는 "完全 作戰"이 可能했으며, 徹底한 訓練을 實施한 部隊일수록 些少한 安全事故도 豫防할 수 있다는 것을 切感하는 契機가 되었고,

ㅇ 作戰 開始日도 上部에서 最初 3月5日로 計劃하였던 것을 3月3日로 建議, 앞당겨 實施함으로써 敵의 對應措置 時間을 最少化 했을뿐 아니라, 땅굴 現場 直接 報道와 關聯된 上部 指針과 目標도 同時에 達成하는 完璧한 作戰을 實施할 수 있었음. 이는 아직 公式報道도 되기전 時間인 3

3. 3, 14:30～14:40분에 敵 坑道入口地域에 位置한 敵GP에서 異例的으로 對面作戰을 要求, 우리쪽으로 "친구! 그기 땅굴 없으니 찾지 말라우"하는 異色攻勢와 最初 坑內 急速 掃蕩作戰間에 敵이 황급히 退却하는 一部 徵候를 捕捉한 事實로 미루어 보아, 원래 計劃보다 앞당겨 作戰을 實施 함으로써 敵에게 逆對策 準備時間을 最少化한 것으로 判斷 되었음.

o 第1, 2, 3땅굴에서 確認한 바와 같이 北傀는 全 前線에 걸쳐 71년末부터 땅굴을 掘設하기 시작하여 76年末까지 集中的으로 工事를 實施해온 것으로 判斷됨으로 <u>앞으로 探査 活動은 軍事分界線 남쪽 1Km 以內 地域에 集中할 必要 性이 要求</u> 되었으며, 豫想 軸線도 正確한 入口 地点을 再 確認하고, 이 地域에 이르는 基点이 될만한 地形을 分析 하는등 旣存 豫想 軸線의 再檢討가 要望 되었음.

o 作戰 實施間 軍司令官의 作戰指導 指針에 依據 迅速 果敢한 作戰 展開와 狀況 發生에 따른 適時適切한 措置를 취함으로써 한명의 人命 被害도 없이 作戰을 成功的으로 遂行할수 있었음. 最初 地雷地帶 逢着 當時에는 坑內에 7cm깊이로 고여있는 맑은 물속에 敵 地雷가 埋設된

것을 肉眼으로 確認할수 있었으나, 不過 3-4초만 作戰이 遲延 되었더라도 흙탕물이 흘러내려 地雷를 發見치 못하였을 것임. 또한 水中 프라스틱 地雷 1發 爆發時 忠犬은 회생 되었으나 空氣 流壓에 의한 人命 被害가 없었던것도 通路를 開拓 臨時 防護 防壁 構築을 並行하면서 作戰을 實施했기 때문에 爆風에 의한 衝擊效果를 막을수 있었으며, 십자매(十姉妹)를 利用하여 爆發後 坑內 개스 窒息效果를 試驗 함으로써 作戰 兵力의 安全을 圖謀할수 있었음.

o 79年부터 陸軍에서는 新型 試錐機(T-4W) 6台를 導入 本格的인 探査活動을 實施 하였으며, 지금까지 總 3,502孔(군정면:1,132孔)을 굴착 하였으나, 케이싱 作業(Casing:6 쇠파이프관을 표토층에 박는 작업)시 監督 疎忽과 試錐孔 管理不實로 975孔(군정면:384공, 34%)이 부너지거나 막혀서 使用할 수 없는 事實을 勘案할때 關係要員은 1개공 굴착시 所要金額 300萬원이 投資된다는 事實을 認識 하고 効果的인 豫算活用과 探査活動이 持續될

수 있도록, 試錐孔 케이싱 作業시 암반층 깊숙히(6-8m) 投入. 암반층과 케이싱 사이에 틈이 생겨 모래나 흙이 흘러 들어가 막히는 일이 없도록 細密한 指導와 監督이 要求되었으며,

o   試錐孔 水位測定도 週期的으로 實施하여, 異常變化 捕捉時 卽刻的인 措置를 取할수 있도록 하여야 하고, 今番 逆坑道 工事時 TBM 裝備가 旣存 試錐孔을 通過하면서 發生한 現象(개스분출, 시추공 수위 급속낙하)을 傳播하여 敵이 旣存 試錐孔 地点을 通過해서 땅굴을 掘設時 上記와 같은 微候를 놓치는 일이 없도록 持續的인 敎育과 監督이 이루어져야함.

結論

제4땅굴 發見은 71年 最初 徵候捕捉時 부터 90年 完全 掃蕩作戰 完了時까지 作戰에 參與한 수많은 將兵의 줄기찬 努力으로 얻어진 것이다.

忠誠心과 服從心이 充滿한 兵士들은 上官의 指示를 充實히 履行하였고, 責任感으로 充溢된 幹部들은 어려운 고비에서 마다 率先乖範 하였으며, 專門 探知 要員들은 끊임없는 硏究分析과 科學的 技法의 導入으로 크게 기여 하였다.

그러나 무엇보다 重要한것은 前·現職 指揮官의 끈질긴 執念과 意志였다. 部隊가 日常業務를 遂行할때도 수많은 葛藤과 摩擦 要因을 接하게 되는 것은 常例일 것이다. 하물며 宇宙探査 보다도 어렵다는 땅굴探知 活動을 20年 가까이 推進함에 있어서랴!

지친兵士, 나태해진 幹部를 채찍질하여 이들에게 活力을 불어넣고 새로운 覺悟로 業務를 다시 推進하게 만든것이 바로 指揮官의 意志와 執念이었고, 反復된 失敗속에서 自暴自棄狀態에 빠진 將兵들에게 날카로운 判斷力으로 새로운 方向을 提示하여 部隊의 力量을 目標를 向해 集中토록 誘導한 것도 指揮官의 意志와 執念이었다.

제4 땅굴 發見은 北傀의 南侵 威脅이 있음을 實證하였고, 全國民에게 安保意識을 鼓吹시켰다는 点에서도 높이 評價 되어야 하겠지만 部隊에서 指揮官이 무엇인가를 立證해보인 快擧이기도 하였다.

大小 部隊의 指揮官을 歷任했거나 歷任할 우리 모든 幹部들은 軍 統帥綱領에 나오는 아래의 警句를 다시한번 마음속 깊이 되새겨야 하겠다.

> ○ 指揮官은 部隊의 核心이며 原動力이다. 자고로 戰勝은 指揮官이 勝利를 確信하는데서 비롯되고 敗戰은 敗北를 自認하는데서 發生한다.
>
> ○ 部隊의 意志는 指揮官의 意志이고 따라서 <u>戰爭의 勝敗는 指揮官의 意志로 支配된다</u>.
>
> ○ <u>無敵</u>의 로마군을 恐怖에 떨게 한 것은 카르타고 軍이 아니라 <u>한니발</u>이며, 고올을 <u>占領</u>한것은 로마군이 아니라 시저이다.
>
> <u>3倍의 優勢</u>를 자랑하는 유럽 聯合軍에 대항해서 7年間이나 나라를 <u>防衛</u>한 것은 프러시아軍이 아니라 <u>프레드릭 大王</u> 이었던 것이다.

제 4 땅굴

(군 장병 교육 자료)

(군사 연구소)

험준한 지형과 악천후를 극복하고 동부전선에서 최초로 발견한 제4땅굴은 야전성 강한 이진삼 장군이 21사단장(1982-1985), 3군단장(1987-1988), 1군사령관(1989-1990)을 역임하면서 8년간 전장병과 더불어 슬기와 지혜를 모은 끈질긴 노력의 결과이다.

24시간 3교대 근무 가능한 탐지요원 및 경계병력 증원, 장교·하사관·병사 중 우수자원을 선발하여 교육, 숙영시설 보강, 특식제공 등 근무여건 조성과 사기진작을 위해 노력하였다.

적갱도 입구(항공사진)를 분석하고 시추기를 전방으로 추진하기도 하였다. 발견 후에는 적의 역대책으로 인한 방지와 보안 유지를 위하여 역갱도 관통일인 1990년 3월5일을 48시간 앞당겨 3월3일에 관통할 것을 군사령관이 직접 대통령께 건의, 조기 관통함으로써 군견 한 마리의 희생만 있었을 뿐, 아군의 희생 없이 갱도를 소탕하였다.

1982년 12월 4일, 이진삼 장군은 동기생 중 제일 먼저 소장으로 진급, 사단장을 하였는 바, 황영시 참모총장에게 험준한 동부전선의 21사단을 자청 보직하였으며, 중장 진급시에도 특전사령관에 내정되었던 것을 박희도 참모총장에게 가장 험한(21사단 관할) 3군단장을 희망하였다. 대장 진급시는 노태우 대통령이 3군사령관으로 내정하였으나, 제1야전사령관(3군단 관할)으로 건의, 부임하여 결국 제4땅굴을 발견했다. 이는 결코 우연이 아니었다.

희생을 각오하고 임무를 수행한 장병들에게 무공훈장을 달아주고 훈시를 하면서 눈시울을 붉혔던 이 장군을 지켜본 지휘관 참모 등은 당시의 훈시내용을 기억하고 있다.
"내 직책 내 모든 것과 바꿀 수 없는 땅굴을 발견한 장한 내 부하들. 한 명의 인명피해도 없이 임무를 수행한 귀한 자식들의 부모에게 나는 할 말이 있다. 名譽는 上官에게, 功은 部下에게, 責任은 나에게!"라고 훈시한 살신성인한 당시의 군사령관 모습을 우리는 잊지 못하고 있다.

이 장군은 上官과 部下에게 모든 名譽와 功을 돌리고 훈장을 사양하였다.

就 任 辭 參謀總長

1990. 6. 11
(군사 연구실 제공)

오늘 이 뜻깊은 자리를 主管하여 주시는 國防部長官님! 歷代 總長님! 그리고 內外貴賓 여러분께 感謝의 말씀을 드립니다.

아울러, 어려운 與件속에서도 많은 業績을 남기고 轉役하시는 李鍾九 前任總長님께 깊은 敬意를 表하는 바입니다.

親愛하는 陸軍 將兵, 軍務員 그리고 豫備軍 여러분!

本人은 오늘 國家安全保障의 前衛인 精銳陸軍의 指揮權을 引受함에 있어, 所任의 莫重함을 痛感하면서 大統領 閣下의 統帥理念을 받들고 歷代總長님들께서 이룩하신 業績을 이어받아 永遠한 내 祖國, 崇高한 自由民主主義, 勝利의 陸軍을 위하여 最善을 다할 것을 全將兵과 더불어 尊敬하는 長官님과 歷代總長님들을 모신 앞에서 새롭게 다짐하는 바입니다.

親愛하는 將兵 여러분!

鎔鑛爐가 偉大한 作品을 만들 듯 수많은 慾求와 葛藤이 鎔鑛爐 속에서 끓어오르는 現 時點이 굳건하고 훌륭한 民主主義라는

就任辭

玉童子를 誕生시키기 위한 陣痛이라 하겠으며, 우리는 이러한 過程을 슬기롭게 克服하고 참된 民主主義의 열매를 맺기 위한 힘찬 前進을 계속하고 있습니다.

그리고 며칠 전 美國에서 열렸던 盧泰愚 大統領 閣下와 고르바초프 蘇聯 大統領과의 韓·蘇 頂上會談, 부시美國 大統領과의 韓·美 頂上會談은 지난 88서울 올림픽과 더불어 뻗어나는 우리의 國力과 함께 意志를 가지고 推進되어온 北方政策의 結實이었으며, 太平洋時代에 아시아를 主導하는 韓國, 國際政治의 主役으로서 東·西 頂上들과 同伴者的 立場에서 協力과 妥協을 摸索하는 자랑스러운 世界속의 韓國의 모습을 보여준 것이었습니다.

또한, 베를린 障壁의 崩壞 以後 東·西獨 統一의 成熟과 아울러 동유럽 共産國家들의 民主化 改革推進 등으로 더욱 加速化된 '東·西 冷戰體制의 淸算'이라는 면에서도 이번 頂上會談은 世界史的인 흐름에 뚜렷한 里程表를 提示하는 것이었으며, 祖國의 平和統一을 앞당기고자 하는 우리의 줄기찬 努力에 큰 意味를 賦與하는 歷史的인 成果였습니다.

그러나 이와같은 世界情勢의 變化와 우리의 努力에도 不拘하고 休戰線 너머의 北韓은 지금까지 펼쳐온 對南 赤化戰略을 그대로 固守하면서, 時代錯誤的인 金日成 世襲王朝를 構築하여 1人 獨裁

就任辭

體制를 維持하기 위한 內部統制에 더욱 狂奔하고 있으며, 最近 東部戰線에서 發見된 第4땅굴이 立證하듯 機會만 있으면 手段과 方法을 가리지 않고 野慾을 드러내는 '危險한 集團'으로서의 好戰的 態度를 조금도 버리지 않고 있는 實情입니다.

親愛하는 將兵 여러분!

우리 軍의 存在 目的은 우리가 그토록 所重하게 가꾸어온 崇高한 自由民主主義 體制를 守護하고 北韓의 挑發에 强力히 對處하는 한편, 對內外의 어떠한 挑發에도 效果的으로 對應하여 粉碎함으로써, 國民의 生命과 財産을 保護하여 이 땅에 眞正한 平和를 定着시키는 것입니다.

이제 民族史의 새로운 章을 열어가는 이 偉大한 時代에, 위로는 우리의 統帥權者이시며 훌륭하신 大統領 閣下의 높으신 經綸과 統帥理念을 받들어, 榮光된 祖國의 밝은 未來를 향하여 陸軍 全將兵은 國民이 우리에게 附與한 '國家保衛의 最後의 堡壘'라는 崇高한 召命完遂에 身命을 바쳐 最善을 다해야 하겠습니다.

따라서, 우리는 敵과 싸워 반드시 이기는 野戰性이 充滿된 軍人으로서 오로지 軍 本然의 使命에 充實하면서, '任務爲主의 陸軍建設'에 總力을 기울여 첫째도 任務, 둘째도 任務, 셋째도 任務,

就任辭
___

任務를 遂行하지 못하는 者는 存在할 價値조차 없다는 悲壯한 覺悟로 戰鬪力 創造에 全力投球하여야 하며, 이를 위하여 戰鬪力 增强을 위한 强靭한 訓練과 精神力을 培養하는데 一路邁進해줄 것을 當付하는 바입니다.

陸軍 將兵 여러분!

내 짧은 人生, 숨쉬는 그날까지 永遠한 祖國을 위하여 바칠 것은 오직 忠誠 하나 뿐이며, 우리 軍人에게 가장 幸福한 瞬間은 國家가 危殆로울 때 우리의 生命을 要求받는 瞬間입니다. "이몸이 죽어서 나라가 선다면 아! 이슬같이 죽겠노라" 하였던 옛 戰友들의 노래가 새삼스럽게 생각납니다. 하늘을 우러러 땅에 盟誓하기를 우리는 國家와 民族을 위한 護國衷情의 勇士임을 自負하면서, 民主·繁榮·統一의 民族 偉業을 達成하기 위하여 最善을 다합시다.

任務를 遂行함에 있어서 우리 앞에 어떠한 逆境과 試鍊이 닥칠지라도 이를 슬기롭게 克服하고 기어이 해내고야 말겠다는 강한 意志를 가지고 前進할 뿐이며 기필코 目標를 占領하고야 말 것입니다.

就 任 辭

　끝으로 多忙하신 中에도 이 자리를 빛내주신 內外 貴賓 여러분께 거듭 感謝드리며, 鷄龍臺 時代의 새로운 章을 여시고 떠나시는 李鍾九 將軍님과 그 家庭에 榮光과 幸福이 함께 하시기를 陸軍 全 將兵과 더불어 祈願합니다.

感謝합니다.

離任 및 轉役辭　參謀總長

1991. 12. 6

(군사 연구실 제공)

尊敬하는 長官님!
오늘 參席하신 第7代 白善燁 總長님,
第19代 徐鐘喆 總長님, 第20代 盧載鉉 總長님,
第23代 李熺性 總長님, 第26代 朴熙道 總長님,
그리고 韓美 聯合司令官 리스카시 大將!
內外貴賓 여러분!

38年前 護國의 干城이 되고자 陸軍士官學校의 門을 같이 두드렸던 陸士 同期生 여러분!
　저의 코를 닦아 주시고 키워주시고 가르쳐 주신 故鄕 어른들과 스승님들!

　그리고 陸軍 全 將兵과 軍務員 및 豫備軍 여러분!

　오늘 本人은 命에 依하여 陸軍의 指揮權을 金振永 將軍에게 引繼하고, 生死苦樂을 함께 해 왔던 여러분과 惜別의 情을 나누는 자리에 서게 되었습니다.

離任 및 轉役辭

　그동안 온갖 어려움을 克服하면서 "國土防衛와 民族의 生存權 守護"를 위해 獻身해 온 全 將兵들의 勞苦에 대하여 深甚한 致賀를 보내는 바입니다.

　　親愛하는 陸軍 將兵 여러분!

　本人은 國家와 軍을 위하여 젊음을 송두리째 바친 이제, 떳떳하게 軍을 떠나게 되니 榮光과 보람된 마음을 금할 수가 없습니다.

　이 地域 내 故鄕 忠淸道 扶餘에서 잔뼈가 굵어 軍門에 들어선 이래, 어언 37년이란 歲月동안 "내 祖國 이 땅위에 父母님 나를 낳으시고, 스승님 나를 가르치셔 나라님 총칼 주셨으니 길이길이 닦아 이 나라 지키리라"는 글을 部下들에게 써주고, 말하며, 强調해 왔습니다.

　지난날들을 回顧하건대 죽느냐! 사느냐! 숨막혔던 많은 瞬間들! 死境을 넘나드는 肉體의 苦難을 수없이 겪으면서, 글로 表現하기 어려운 수많은 肉體的·精神的 苦痛을 甘受했던 지난날이 새롭게 머리를 스쳐갑니다.

　그러나 여러분과 더불어 苦樂을 같이하며 國家에 奉仕했던 지난 時節은 本人의 生涯에 가장 값진 期間이자 榮光의 나날이었으며,

離任 및 轉役辭

　그동안 여러분이 보여준 護國衷情의 뜻은 어디를 가든 잊지못할 것입니다.

　특히 지난해 6月 28代 參謀總長으로 赴任한 以來, 本人은 "任務爲主의 精銳陸軍 建設"이라는 目標를 達成하기 위하여, "어떻게 싸워 이길 것인가!"에 關心을 두고 여러분과 함께 渾身의 努力으로 어려움을 克服하면서 前後方 할 것 없이 完璧한 戰鬪準備와 實戰的인 敎育訓鍊, 그리고 確固한 精神武裝에 總力을 傾注하여 왔습니다.

　눈보라 휘몰아치는 酷寒의 高地에서, 暴炎의 햇살이 내리쪼이는 이름 모를 산과 들에서 "기필코 우리의 祖國을 지켜 내고야 말겠다"는 意志에 찬 將兵들의 눈동자를 볼 때마다 그들이 眞正한 愛國者임을 確認하면서 國家와 民族을 위한 뜨거운 熱情이 용솟음치고, 永遠한 祖國을 위하여 이 한목숨을 불사르고 싶은 마음이 넘쳐 흘렀습니다.

　때로는 國民들이 洪水나 颱風으로 극심한 被害를 입어 아픔을 겪는 곳이면 어디든지 가서 水魔가 할퀴고 간 상처를 어루만져 治癒해 주던 우리장병들, 國民이 원하는 것은 무엇이든지 스스로 찾아서 推進하는 國民의 軍隊로서의 使命完遂에 最善을 다하여 왔습니다.

離任 및 轉役辭

　本人과 더불어 우리의 基本任務인 戰鬪態勢를 完璧히 갖추는 한편, 國民과 함께 기쁨과 슬픔을 나눌 수 있는 참된 國民의 軍隊像을 確立하는 데 全力投球해 온 將兵 여러분의 그간의 勞苦에 대하여 거듭 感謝드리며, 이 모든 功을 여러분에게 돌리고자 합니다.

　勇敢하고 자랑스럽고 훌륭한 내 眞正 사랑하는 陸軍 將兵들!

　내 짧은 人生, 숨쉬는 그 날까지 永遠한 祖國을 위하여 바칠 것은 오직 忠誠 하나 뿐이며, 우리 軍人에게 가장 幸福한 瞬間은 國家가 危殆로울 때 우리의 生命을 要求받는 瞬間입니다.

　'이 몸이 죽어서 나라가 산다면 아! 이슬같이 죽겠노라!'하였던 옛戰友들의 노래가 새삼스럽게 생각납니다.

　本人은 職責을 그만둘 때, 軍服을 벗을 때, 그리고 죽어갈 때 寢臺에 누워 천정을 바라보며, 하나님께 '나는 이 세상에 태어나 내 할 일을 다하고 죽어갑니다.'라고 하는 것이 가장 훌륭한 姿勢라고 여러분들에게 늘 强調해 왔습니다.

　우리는 軍人입니다.

　우리는 지난날 歷史에 우리들의 잘 잘못을 되돌아 보고, 正義롭고 倫理와 道德性에 바탕을 둔 眞正한 勇氣를 갖추며, 軍人으

離任 및 轉役辭

로서 가야 할 正道를 묵묵히 가는 軍人을 우리 國民은 眞正 원하고 있기에 우리 모두는 이를 銘心하여야 할 것입니다.

또한 우리 軍은 절대로 懦弱해서는 안되겠습니다.
우리 國民은 軍人이 勇敢하기를 원하느냐?
卑怯하기를 원하느냐?
戰爭에서 勝利하기를 원하는가?
敗北하기를 원하는가?

國民은 분명 勇敢하고 戰爭에서 勝利하는 軍人을 원할 것입니다.

그러므로 여러분은 오직 任務에 基礎를 두고 戰爭에서 勝利하기 위한 最善의 努力을 기울여야 하겠으며, 여러분에게 어떠한 試鍊이 닥칠지라도 이를 克服할 수 있는 强한 軍人이 되어야 하겠습니다.

나아가 위로는 우리 軍의 統帥權者이신 大統領閣下의 統帥理念을 받들어 國家를 保衛하고 國民의 生命과 財産을 保護하는 神聖한 任務完遂를 위하여 總 邁進해 나아가야 하겠습니다.

愛國心에 불타는 陸軍 將兵 여러분!

北傀 共産集團은 和解와 協力의 世界的인 趨勢에 逆行하여

離任 및 轉役辭

아직도 獨裁體制 維持에 안간힘을 쓰는 가운데, 核査察을 拒否하며 軍事力을 增强하고 있어 世界로부터 가장 危險한 集團으로 注目받고 있습니다.

따라서 우리 軍은 저들의 挑發野慾을 粉碎하고 이 나라를 굳건히 지킬 뿐만 아니라, 民主・繁榮・統一의 民族의 偉業을 達成할 수 있도록 强力히 뒷받침 해야 하는 重要한 時點에 서 있는 것입니다.

이러한 重且大한 時期에 本人은 훌륭한 金振永 將軍에게 指揮權을 引繼하고 떠나게 된 것을 매우 마음 든든하게 생각합니다.

이제 陸軍 將兵 여러분은 新任 參謀總長을 核心으로 本人이 못다한 어려운 課題들을 成功的으로 完遂하고, 陸軍을 한층 더 發展시켜 주기를 當付하는 바입니다.

사랑하는 戰友 여러분!

이제 나는 떠나갑니다

또 여러분도 언젠가는 이곳을 떠나갈 것입니다. 그러나 永遠한 내祖國, 繁榮의 大韓民國, 勝利의 陸軍은 길이길이 빛날 것입니다

너는 다시 태어나서 무엇이 되겠느냐고 묻는다면, 나는 다시 軍人을 택할 것입니다.

離任 및 轉役辭

　本人은 이 고장에서 成長하여 軍門에 들어와 이 고장 鷄龍山 기슭에서 軍門을 떠나니 더욱 感懷가 새로워 지면서, 37年 以上 故鄕을 떠나 父母님께 孝道 한번 제대로 못한 지난날들이 아쉽기만 합니다.

　24年前 돌아가셔서 故鄕 扶餘 山所에 누워계신 아버님!
　제가 陸軍士官學校에 合格했다고 기뻐하시며 洞里잔치를 벌이셨던 아버님!
　그리고 살아계신 어머님을 생각할 때 不孝했던 이 子息, 容恕를 바랄 뿐입니다.

　비록 恒常 不足하다고 생각했던 저의 軍生活이었지만, 저는 다만 돌아가신 아버님께서 늘 말씀하신 "사람은 正道를 걷고, 境遇에 틀리는 일을 결코 해서는 안된다"는 지난날의 가르치심을 늘 간직하여 現實과 妥協하지 않고 勇氣있게 軍人의 길을 걸어 오면서 試練과 苦衷이 많았습니다만, 祖國과 하나님이 주신 責任과 義務를 다했을 뿐입니다.

　바쁘신 중에도 이 式典을 빛내 주시기 위해 參席하신 內外貴賓 여러분께 眞心으로 感謝의 말씀을 올립니다.

　아울러 軍生活中 셋방살이속에 27번이나 移舍를 다니면서, 좁은 단칸방 추운 겨울 생솔가지를 때며 눈물을 흘리기도 하고,

밥상이 없어 사과상자를 놓고 식사를 했으며, 오늘이 있기까지 숱한 날을 떨어져 살아야만 했던 苦衷과 아픔을, 아무말 없이 堪耐하며 內助해 준 아내에게 이 자리에서 未安한 마음으로 感謝의 말을 전합니다.

그동안 祖國山河를 지키다가 國立墓地에 고이 잠드신 英靈들과, 歷代 總長님들中 故人이 되신 初代 李應俊 總長님, 第2代 蔡秉德 總長님, 第3代 申泰英 總長님, 第6代 李鍾贊 總長님, 第11代 宋堯讚 總長님, 第15代 金鍾五 總長님, 그리고 수많은 戰鬪에서 나와 함께 싸우다 숨겨간 同僚, 그리고 部下들 앞에 삼가 冥福을 빕니다.

나는 정든 軍을 떠나면서 다음과 같은 글을 써 봅니다.

　　　　계룡산 고을마다 어린 정기는
　　　　피끓는 우리의 혼 민족의 방패
　　　　승리에 빛나는 아침 해 속에
　　　　하늘을 꿰뚫어 굳게 서 있다.
　　　　장하다 대한 육군 국민의 군대

끝으로 하나님의 지극하신 사랑과 행복이 신임총장과 전육군, 그리고 가정에 영원하시기를 하나님께 기도합니다. 여러분 安寧히 계십시오.

　　　　　　　　1991. 12. 6